贵阳学院阳明学与黔学研究院

阳明学研究丛书

王学研究

第十一辑

陆永胜 刘继平 主编

社会科学文献出版社
SOCIAL SCIENCES ACADEMIC PRESS (CHINA)

中国·贵阳
2018 第六届知行论坛
暨
"东亚儒学的现代性转化"&"阳明学与文化区域构建"
国际学术大会会议论文选集

主办单位

贵阳学院阳明学与黔学研究　　贵阳孔学堂文化传播中心
贵州省儒学研究会　　　　　　江苏儒学学会
《贵阳学院学报》编辑部　　　韩国阳明学会
韩国忠南大学儒学研究所　　　韩国始兴文化院

中国·贵州·贵阳
二〇一八年九月十四至十七日

《王学研究》编辑委员会

主办方 贵阳学院阳明学与黔学研究院
主　任 焦　艳　赵平略
委　员（按拼音顺序排列）
　　　　　陈　浩　程　瑜　顾　毳　郝光明　蒋国保
　　　　　焦　艳　金世贞　匡　钊　李承贵　李胜杰
　　　　　刘继平　陆永胜　任　健　三浦秀一　孙德高
　　　　　唐　安　吴小丽　宣炳三　叶冬梅　余文武
　　　　　张新民　赵平略　周　玲　朱　承
主　编 陆永胜　刘继平

目　录

王阳明思想研究

本体与方法：王阳明龙场悟道探微 …………………………… 张新民 / 003
论席书与王守仁的学术交流 …………………………………… 金生杨 / 034
王阳明军事智慧与"心学"背景 ………………………………… 薛正昌 / 055
阳明《大学》解释及其哲学转化 ………………………………… 黄人二 / 069
王阳明"龙场悟道"中的君子之学发微
　　——以龙场四学记为中心的考察 …………………………… 王胜军 / 080
王阳明为何推重王通？ ………………………………………… 汪　洋 / 095
王阳明心学与良知的建构 ……………………………………… 吴小丽 / 110
王阳明诗歌的精神世界 ………………………… 吕家林　吕　菁 / 116
浅论王阳明在阁部关系问题上的立场 ………………………… 焦　堃 / 125

阳明学与区域文化研究

从实心与时代精神看韩国阳明学 ……………………〔韩〕金世贞 / 141
王阳明的心学思想对越南现代社会的精神生活的影响
　　——交叉和发展的能力 ………………………〔越〕黎黄南 / 159
王阳明"知行合一"之说对于越南20世纪初开放与维新运动的
　　间接意义 ………………………………………〔越〕范越胜 / 169
聂豹归寂说的体用一源研究 …………………………〔韩〕朴炫贞 / 180
东莱心学的二元论困境与学理转向 …………………………… 王绪琴 / 201

清初关中王学略论 …………………………………………… 米文科 / 208
试论阳明与赣南文化的"小传统" ……………………………… 黄吉宏 / 221

阳明学比较研究

内心修养与文化的社会功能
　　——试论席勒之《审美教育书简》与王阳明之《传习录》中修养与
　　文化的关系 ………………………………………〔德〕施维礼 / 237

阳明学的当代价值研究

王阳明的知行论及其道德教育上的意义 …………………〔韩〕朴成浩 / 245
第四次工业革命时代下的共同体与阳明学的应用价值
　　——以人性教育领域为中心 ……………………〔韩〕赵智善 / 259
第四次工业革命时代的阳明学之意义与价值
　　——以王阳明的教育观为中心 …………………〔韩〕金容载 / 267

CONTENTS

WANG YANGMING THOUGHTS RESEARCH

Ontology and method: Exploration of Wang Yangming's enlightenmentat
   dragon field   Zhang Xinmin / 003
Academic exchangethe between Xi Shu and Wang Shouren
                                                                             Jin Shengyang / 034
Wang yang-ming's military wisdom and the background of "mind learning"
                                                                           Xue Zhengchang / 055
The interpretation about The Great Learning by Yangmingand its
   philosophical transformation   Huang Rener / 069
Elucidation subtlety about Wang yang-ming's "enlightenment of dragon
   field" and its gentleman's learning——An investigation centered on
   the four learning records in the dragon field   Wang Shengjun / 080
Why does wang yang-ming promote Wang tong   Wang Yang / 095
Wang Yangming's philosophy of the mindand the construction of conscience
                                                                             Wu Xiaoli / 110
The spiritual world of wang yangming's poetry   Lü Jialin   Lü Jing / 116
Discussion on the wang Yangming's position about the relationship
   between cabinet and ministry   Jiao Kun / 125

STUDIES OF YANGMIN AND STUDIES OF REGIONAL CULTURE

From the "the thought of Shixin and the spirit of the times" to see the Yangming Doctrinein the South Korean　　　　Kim SeJeong / 141

Wang Yangming's theory of mind has influenced the spiritual life of modern society in Vietnam——the ability of intersection and development　　　　Le HoangNam / 159

The theory of Wang Yangming "unity of knowledge and action" has indirect significance to Vietnam's opening and reform movement in the early 20th century　　　　Pham VietThang / 169

The study about Nie Bao's "guiji theory" from one source between ontology and application　　　　Park HyunJung / 180

The dilemma of "Donglai theory" and the turning of academic
　　　　Wang Xuqin / 201

The study of "guan zhong wang xue" in the early Qing dynasty
　　　　Mi Wenke / 208

The study of Yangming and the culture of "Small Tradition" in Gannan district
　　　　Huang Jihong / 221

A COMPARATIVE STUDY OF YANGMING DOCTRINE

The inner cultivation and social function of culture——the study of the relationship between Hiller's *aesthetic education book notes* and Wang Yangming's *Chuan Xi Record* about its cultivation and culture
　　　　Wolfgang Schwabe / 237

CONTENTS

RESEARCH ON CONTEMPORARY VALUE OF YANGMING

Wang Yangming's theory of knowledge and action and its significance
 of moral education　　　　　　　　　　　　　　　Paek Sungho / 245
He meaning and value of Yangming's theory under the age of the fourth
 industrial revolution──centered on the educational view of
 Wang Yangming　　　　　　　　　　　　　　　　　Cho Jisun / 259
Community under the age of the fourth industrial revolution and the
 application value of yang-ming──centered on the education view
 of Wang yang-ming　　　　　　　　　　　　　　　Kim Yongjae / 267

王阳明思想研究

本体与方法：王阳明龙场悟道探微

◎ 张新民[*]

中国文化博大精深，在中国文化面前，每一个人都是小学生，就像鹪鹩巢林，不过一枝；偃鼠饮河，不过满腹。在时间上，中国几千年的文明实际上没有中断过。在空间上，这个文明从三代开始到了唐宋（包括佛教、儒教）以后形成东亚运动。什么叫东亚运动？其实当时很多周边的一些朝贡体系的国家，都派人到中国求学。中国文化特殊的魅力把外面的文化吸引进来，并且辐射出去，辐射到整个东亚东南亚地区乃至于丝绸之路。明代以前、唐代以前主要是陆地上的丝绸之路，唐宋以后，海上的丝绸之路兴起了。现在讲的"一带一路"，就辐射到西亚乃至更远的地区。以中国为中心的儒学、佛教的东亚运动，也就是说，不管是儒学，还是佛教，都不局限于某一个国家的学问体系。佛教就是从印度传播到中国的，传播到中国以后又局限在中国吗？而是往外传到东南亚地区，日本、韩国地区。儒学也是这样的。近代国家有主权、有边界，但文化没有主权和边界，它是往外不断地传播，所以现在研究儒学包括阳明学，不光是中国大陆的阳明学、儒学，也是东南亚的阳明学、儒学，乃至于世界的阳明学、儒学。所以我们在它们面前都是小学生，共同努力、承上启下，传承学问。

我今天的讲题是：阳明"龙场悟道"探微。讲题确定后我就很后悔，"悟道"根本就是极富个人性的生命体证，从来都属于不可言诠的直观智慧范畴，"龙场悟道"怎么能够探微呢？黄宗羲认为不能将地上之光指为天上之月，禅宗强调说是一物即不中，如同"禅"外说"禅"一样，我只

---

[*] 张新民，贵州大学教授。

能"悟"外谈"悟"了。

不过,由于本体与方法可以相互定位和支撑,能够互构互动,开启有体有用的生命实践路径,成就人的价值世界或伦理生活,我们似乎也可以"龙场悟道"为中心,谈一下本体实践学的重要。本体实践学是学界较少提及的新看法,但王阳明一生的心路历程的确可以作为一个示范,能够帮助我们清楚地看到形上本体与实践功夫互动的重要性;以他"悟道"前后的经历为例证来展开讨论,看到人的存在就是不断实现自己的生命潜质并彻底超越自我的过程,我个人以为乃是十分妥当或贴切的一个重要论域。

一 "悟道"是否需要方法

现在看"悟道"的"悟",假如我们视其为精神品性大跨度提升的一种典范,代表了解宇宙人生变化之道的一种方法,当然也是证入形上本体的一种功夫,则"悟"和"知"是不一样的。"悟道"的"悟"是一种直观的智慧,不是翻书本或套成说,不是向外一物一物地求其物性之理,不是借用诸如逻辑、语言、概念、范畴来一步一步演绎推理,而是当下无分无别地直接契入形上本体,将一切逻辑、语言、概念、范畴粉碎抛掉,与形上本体浑然合为一体,乃至忘人忘己,只能是无分别境界的切身性如实现量。

与"悟道"的"悟"无分无别地消弭一切主客对立,更多地关涉难以言诠本体论与形上学的问题,需要证入康德意义上的超越于现象的"物自体"不同,"知识"的"知"是一种主体把握或认知对象的理性分析能力,不能脱离客观对象而凭空臆断,可以依据对象分门别类地加以系统化的组织,必须依靠一定的逻辑、语言、概念、范畴来一步一步地分析归纳,最后则形成与对象世界有关的一套又一套的知识系统,并利用各种知识系统来利用或掌控对象世界,因而只能解决可以纳入认知关系的知识论问题,形成各种与人的探求对象有关的知识产物。"悟"的意义主要来源于体证和生命,是生命自身存在的真实性决定了意义存在的真实性,"知"的意义往往来源于概念和对象,是知识自身存在的可靠性决定了意义存在的可靠性。"悟"是内在性的自我了解,是自我沉入生命的最深层结构来如实呈现真实的自我,"知"是外在性的对象观察,往往要借助实验室所提供的观察手段来加以分析和把握。"悟"的最高境界一定是主客打通，主客一体，物我两忘，无执无着的。"知"的存在前提必须是主客分离，主客二元，物我各别，有执有着的。"悟"只能是个体性的，个人的经验不能代替他人的经验，往往带有突发性质的，必须与形上世界相符合的，可以在境界上直契"无"的世界，当然也是能够与"虚空"合为一体的，完全可以用"无"来统摄"有"的，最终不落于"有""无"二边的。"知"则可以是普遍的，个人的经验是可以转化为他人的经验，往往带有积累性质的，必须是与形下世界相符应的，只能在境界上连接"有"的世界的，永远都要与"有"的事物打交道的，显然也不能用"有"来统摄"无"，而只能落在"有"的一边的。

"悟"既然是生命的自我体悟，而非对象知识的追求，当然就与知识的学问迥然有别，只能是生命的学问。生命的学问以"求道"为第一义，必须关注价值，重视意义，具有"朝闻道，夕死可矣"的宗教殉道精神。知识的学问则以"求知"为第一义，更为关注事实，重视对象，具有为知识而知识的科学求真精神。尽管我们可以一心开二门——价值门与知识门，人既是价值的主体，也是知识的主体，但毕竟在方法路径上存在着巨大的差异，依然不能随意将其搅乱混谈。遗憾的是，现代人都关注知识的学问，遗忘了生命的学问。遗忘了生命的学问即意味着遗忘了真实的自我，不但有可能造成价值世界的空洞或虚无，而且难免引发人生社会的畸形或变态，需要重新唤醒我们的记忆并推动其走进社会生活。

生命的学问贵在体悟，体悟即意味着从人化状态重返本然状态。前人所谓"君子之学贵于得悟，悟门不开，无以为学"（王畿《自讼问答》），即可见生命的学问离不开体悟，体悟则不能不以证入本体为根本，乃是涉及本体论与形上学的大学问，不妨将其称为本体实践之学。因此，如果真正关心生命的成长和人格的完善，就必须以"悟道"即契入形上大道为究竟，显然不能不有"道境"的豁然现前，必须是真实生命的到场及相应境界的亲证亲历，需要一定的方法或功夫才能证入，可说是一门彻底了解真实的自我的学问，不但最大化地彰显了人的自我超越的可能，而且开辟了人的自我实现的新路径。

"悟道"的境界及其方法当然不会反逻辑、反概念，却是超逻辑、超概念的。因为"道境"朗现出来的乃是涵摄万有的"空境"，"空境"无一物作得障碍，也无任何概念能够范围，是无分别智的当下现量，当然就没有逻辑的用武之地。禅宗讲虚空怎么能拿捏，正如要在虚空中钉钉，即使是概念的钉子，也找不到挂搭处，更没有用力处。但它却是生命存在的真实状况，一切都消解了，一切都回归本然了，看以无形却可以涵摄一切有形。诚如孔子所说："吾有知乎哉？无知也，有鄙夫问于我，空空如也。"（《论语·子罕》）这里的"空空"显然就是一种"悟境"，是"悟境"的时机化显现。按照王阳明的解释，"道体"的绝待无二，恰好透过"空空"两字得以显现。阳明弟子王龙溪也认为："君子以虚待人，此孔门家法。"（《王畿集·虚谷说》）其又说："空空者，道之体也。"（《王畿集·致知议略》）可见证入形上本体，必有空境的如实朗现。而连"空"也要空掉，才能无执无着，积极入世而不为世情所累，表现出儒家的真精神。所以我说"空空"作一种本体境界，既增不得一丝一毫，也减不得一丝一毫，不能以知识论的方法来加以计量测度，必须凭借生命的直觉智慧才能如实证悟。

因此，生命悟入"空境"而与之浑然合一，一切无分无别，只是直观地如如显现，严格讲是不可说的。不可说不等于不能体验或了解，只是必须在方法论上另寻一条直观体证的道路。王阳明经常以"太虚"来隐喻道体，他所谓的道体其实就是本体论意义上的良知，也可说是康德意义上的"物自体"。所以，他特别强调良知之虚就是"太虚"之虚。这显然是良知本体未发用流行的存在状况，也说明本体不离现象，有良知必有良知行为现象。与佛教讲"虚"讲"空"不讲"理"不同，儒家则讲"虚"讲"空"又讲"理"。也就是说，儒家用生命证入的"虚"与"空"不是虚无主义的存在，而是充满了"理"的存在，不仅有生命在其中流动，而且充满了切身性的价值与意义。这就是王阳明为什么既要讲"太极生生之理，妙用无息，而常体不易"，又要称"性即理"和"心即理"，而太极之理就是良知之理，太极之生生不息就是良知之生生不息，人道与天道在本体论与形上学上是浃然一体的，在作用层和生活世界也应该是和谐一致的。"生生"在天道是自然和必然，在人道就是当然与应然。无论由天而人一贯而下或由人而天调适上遂，都表现了激动不已的涵化力量或创进精神。如同天地万物都在生生不息的过程中开显或实现自己一样，人也应在生生不息的过程中开显或实现自己。自然只是在必然律与实然律上做到这一点，而人却可以在更高一层的当然律与应然律上做到这一点。可见"悟道"之后必然涵养出无限活泼的元气生机，能够最大化地激活生命的创进能力。

"悟道"的境界不可言诠，乃是儒、道、释三家的共识，西方真有超越性体验的学者也有类似的说法。例如，维特根斯坦就说，人类一思考，上帝就发笑；凡可说的，都是可以说清楚的，凡不可说的，都应当沉默。或许隐蔽的不可说的世界较诸显像的可说的世界更为重要，只是后者可以通过理性的有待的分析方法来加以认知和把握，前者则必须透过直观的绝对的智慧才能证入。直观的智慧在西方人看来只有上帝才具备。人凭借概念、逻辑、语言等多种工具，至多只能认知世界的表象；上帝只需凭借直观的智慧，世界的本质就如实朗现在眼前。也就是说，上帝既然能够凭借直观的智慧能力来了解世界的本质，逻辑、概念、范畴、推理等工具当然就显得多余。但西方人认为只有上帝才具有的这种直观智慧能力，东方人认为人透过"悟"而非"知"的方法一样可以具有。无论儒、道、释三家有何区别，他们都认为通过一系列的忘却身心的修行方法，所谓隐蔽的不可言诠的本质性世界或"物自体"世界，必然能够不期而然地豁然呈现出来。所以，语言只是我们契入道体的路标或工具，不是用语言来框定存在的真实，而是用语言来开启存在的真实。大道显则语言退，诚如庄子所说："筌者所以在鱼，得鱼而忘筌。蹄者所以在兔，得兔而忘蹄。言者所以在意，得意而忘言。吾安得夫忘言之人，而与之言哉！"禅宗也讲登岸就要舍舟，上了岸还要背着船走，请问累不累，还能走路吗？维特根斯坦也说上了楼，楼梯就可以丢掉了。东西方各种各样的说法，显然都在隐喻：一旦证入本体界，一切工具都可以扔掉，即使语言也不例外。因为禅宗已讲得很清楚："不思议境，智照方明，非言诠所及。"我们千万不可执着于语言，而遗忘了自己必须进入的"道境"。

但是，语言与人的存在毕竟是不可分离的，"说"往往就是人的存在的时机化开显。一部《传习录》就是阳明与学生的时机化对话，在对话中不断开启意义与价值的新境域。正是因为"道境"不可言诠，而我们又要千方百计传达它的信息，这才形成了十分有趣的吊诡：不可说而偏要说，不能探微而偏要探微，于是只好借用多种多样的隐喻或象征。就像我刚才讲的"虚空"，"虚空"是个无边无际的存在，难道就是本体世界吗？回答只能说又是又不是，"虚空"依然是隐喻或象征，不过用它来说明道体的形上特征——道体广大空廓，无声无臭，不睹不闻，却能显像为林林总总，有声有臭，能睹能闻的现象世界。本体不离现象，现象不离本体。本体与现象，形上与形下，尽管一隐一显，但都不过是完整世界的一体两面。道体如虚空，其发用流行，无一物能作得障碍。阳明讲良知之体即太虚之体，其发用流行，也无一物作得障碍。这当然是"悟道"之后，依据自己的深邃生命，用语言传达出来的道体信息，不仅以"太虚"来象征道体，而且以"太虚"来隐喻良知，通体与良知如"太虚"一样一体不二，超越的本体论根据就内在于人的生命之中。阳明以"道境"在身化体验为依据展开各种针对性的言说，不能不说正是"悟道"者开启他人内在德性智慧并获得超越的甘苦之言。

透过隐喻与象征来显示形上大道，也是宋儒常用的方法。例如，朱熹便讲"月印万川"，显然即是以月亮来隐喻本体，本体当然只有一个而不可能是两个，但千江有水千江月，却可以此来象征本体的"一"与现象的"多"，可说一月即是一切月，一切月即是一月，不仅一多不二，而且理一分殊。如同万川之月在本体上都同属一月一样，分殊的万象在本体上也同归一体。在这一理路脉络下，王阳明讲"天地万物为一体"，也是立足于本体界而非现象界展开的思想言说。"悟道"就是从现象界跃入本体界，又并非否定现象界，依然要在现象界展开必要的秩序建构工作。只是如果真要跃入本体界，就必须"去其私欲之蔽，以自明其明德，复其天地万物一体之本然"，并非"能于本体之外而有所增益"（《大学问》）。可见"悟道"之后所展开的言说，实际已有了反思的成分：一方面要用可说的世界开启不可说的世界，传达出不可说的世界的信息；一方面也要指出人生现象的种种问题，要人超越性地重返本来属己的形上本体世界。

当然，"悟道"者的各种言说，无论如何总是其"悟道"经验的重新整合，虽然不能直接等同于道体，但仍是对"悟道"经验的再反思，能够帮助我们踏上人生修行的路途，朝着"悟道"的终极方向前进，不致迷失在语言的丛林之中，陷入现象界的支离纷乱。王阳明说得好："大人之能以天地万物为一体也，非意之也，其心之仁本若是，其与天地万物而为一也。"（《大学问》）功夫不是通过外在的语言讲出来的，而是直入内在心体真正修出来的。稍读王阳明的撰述即不难知道，语言之路不过是生命之路的符号或坐标，它当然也能指引我们重新踏上生命之路，然而一旦一步一步踏上了生命之路，就可以用生命之路来消解语言之路，而决不可以用语言之路来消解生命之路。只有超越言诠，回归本心，透过"下学上达"的实地功夫，直入形上超越的本体世界，看到宇宙人生本体论与形上学的巨大统一性，我们才能更好地以"一"驭"多"，以"简"驭"繁"，从而更加积极地投入现实生活，从事天命与人生打成一片的社会化秩序建构工作。

二　本体实践学的重建

能够证入道体的不是外在化的语言，而是自己内在化的整个生命。语言或许能引导我们证入道体，而一旦证悟即可丢弃落言。语言只是"迹"或"形"，绝不可能是"道"或"体"。"悟道"即意味着终极意义的获得，有了安身立命的终极归宿，当然可以"朝闻道，夕死可矣"（《论语·里仁》）。

"道"既是生命的本源，人类安身立命的根基，也是大化流行得以展开的终极根据，宇宙人生共同的本体存有。人性从来都是"道"的凝聚处，而有"道"必有"理"，当然同时就是"天理"的落实处，能够在本体论上契接天地万物，因而"道"即内即外，又无内无外。所以"道也者，不可须臾离也，可离非道也"（《礼记·中庸》）。"道"与"存在"始终保持着不即不离的关系，因而道在近而不可求之远。但"悟道"总得有一定的方法，即使无方法也是一种方法——无法之法。王阳明的龙场悟道，作为"悟道"的一种典范，显然也有方法论的提示意义。尽管我们都不是悟道者，但透过他的方法不断探索和体验，或许有一天时节因缘成熟了，即所谓"果能此道矣，虽愚必明，虽柔必强"（《礼记·中庸》），一样能看到真理的大门轰然敞开，获得生命焕然一新的大彻大悟。

从本体可以开出方法，通过方法也可以进入本体。如果以龙场悟道为时间坐标，则可将其一生分成前后两个阶段：前期是寻找方法证入本体，核心问题是自己如何证道悟道；后期是根据本体展示方法，关键是如何帮助他人证道悟道。本体与方法既可相互定位，也能良性互动，如果稍有错位，亦有可能走弯路，但最后成功，则必然会归一途。

龙场悟道之前的王阳明，一般均认为他学有"三变"，即"泛滥于辞章"，"出入于佛老"，最后"豁然有得于圣贤之旨"，从此专力于弘传儒家正学，将心学的发展历史性地推到了高峰。而他之所以能"豁然有得于圣贤之旨"，龙场悟道不能不是一大关键。也就是说，龙场悟道以发生学的方式，为他的生命灌注了形上价值，改变了他的整个人生。而"成道"的同时尚有必要"成教"，即以"成教"的方式来"成人"，也有了教之"三变"，先在贵阳揭出"知行合一"之旨，以后在滁州"多教学者静坐"，最后在江右倡导"致良知"之说。而"致良知"实为晚年定论，直指心性本体，令学者言下有悟，最为明快直接。可见他一生的心路历程，以龙场悟道为历史性坐标，前期必须纳入"学"的脉络来加以考察，后期则应归入"教"的体系来加以探讨。"学"在中国文化语境中也可解释为"觉"，则前期的"学"是自我心性的不断追问、探寻、反省和觉悟，后期的"教"则为启发他人心灵不断自修、自觉、自证与自悟。正是通过不断的"先觉"觉"后觉"的启发传承活动，心学传播的社会空间才不断扩大，形成了影响深远的心学学派。

我们今天看阳明的"良知"或"致良知"学说，诚如他自己所说："一语之下，洞见全体，真是痛快，不觉手舞足蹈。"而"学者闻之，亦省却多少寻讨功夫。学问头脑，至此已是说得十分下落，但恐学者不肯直下承当"（钱德洪《阳明先生年谱序》）。但表面上极为痛快明捷的"良知"一语，却是他用一生艰难心路跋涉，历尽千辛万苦换来的体悟性"真言"。如果只是将其作为话头光影玩弄，不肯痛下生命实践的功夫，那就不仅违背了阳明讲学的本旨，而且远离了本然真实的自我。

王阳明的生命实践之学，是以良知为本体而展开的。我们看他的《咏良知诗》："无声无臭独知时，此是乾坤万有基"，便可知道在他那里"良知"不仅是生命的本体，也是天地万物的本体，因而他的生命实践学也可称为良知实践学、本体实践学。可见他的本体实践学"彻上彻下"，乃是要打通"人道"与"天道"，一方面必须彻证形上本体，契入超越界，获得创造发展的源头活水；另一方面也要转为生命的实践活动，投入现实界，成就人类社会的道德生活。借用阳明的表述，就是必须"事上磨炼"，显然就是"下学"的功夫，也可说德性生命的具体实践，不能脱离人伦日用或社会礼仪规范，但更重要的是必须"上达"。不能层层向上翻转，透悟只能默证体会的性命与天道，最终证入超越界。只有真正在本体论上有所立根，做到左右逢源，又在实践上不断锻炼，做到临事不动，才能真正激活生命的创造生机，以卓荦超越的人格风姿，做出一番即入世即出世的人生伟业。

由此可见，"下学上达"之后，当然尚要"上达下贯"，做到"上达"与"下学"不断良性互动，理想高远而功夫步步踏实，不是像西方基督教那样将"上帝之城"与"世俗之城"区隔成决然不同的两个世界，而是要将超越界和现实界彻底打通合一，做到超越而又不离现实，现实而又能超越，两个世界实际就是一个世界。我们通常说透过现象看本质，可见现象世界后面尚有一个本体的世界，但同样重要的是本质与现象根本就不可分，本体世界也可显像为现象世界。因此，无论超越或现实，本体或实践，二者之间恰好构成了合理的张力，其中任何一个方面都不可或缺。当然，一旦生态被破坏了，世界完全被污染了，生物链被彻底斩断了，人的生命异化了——完全由私欲而非良知做主了——那就意味着本体不能发用流行了，天地昏蔽隐退了，贤人逃遁远走了，丧失了活泼创进的主机了，不仅两个世界完全可能被打成两截，世界不再成为世界，而且生命彻底受到压抑而窒息，人也异化成为非人。显然，透过阳明一生心路历程获得的启示，我以为今天最重要的仍是重建中国文化一贯固有的本体实践学，一方面必须"下学上达"，证入形上超越的大道，始终受到形上本体源头活水的滋润，生命亦成为有根有本的生命，从而涵养出与天地万物一体的生命劲气，也就是真正做到"为天地立心"；另一方面则应"上达下贯"，主动承担起天命下贯于人生应负的伦理责任，始终着眼于人类社会的整体福祉，积极开展一切有利于实现人间正道的淑世事业，亦即彻底做到"为生民立命"。这恰好正是中国文化最为重视的"天道"与"人道"的一体不二，通过本体实践学则有了更好的切身性的体悟和实证性的联结。回顾几千年社会发展历史，尽管不同时代都有其理论发展的新形态，但我们当然可以说是"为往圣继绝学"；瞻望人类漫长未来前途，一旦真正转入人的生命锻炼和社会实践活动，我们或许也可说是"为万世开太平"。重建本体实践学的历史性意义，无论怎样高度评价都不过分。

三 良知说的实践论意义

现在回过头来看龙场悟道，当然即为本体实践学的重要典范。本体实践学必须有作为主体的人的真实到场，因此，阳明的思想言说也将人的主体性提到了空前的高度。前面讲他龙场悟道前是从方法进入本体，龙场悟道后是从本体开出方法。今天学界普遍认为龙场悟道是顿悟，譬如余英时就称其为"大彻大悟"，这当然没有什么不对。顿悟是闪电突发式的，不必借助任何语言工具，直入本体，彻悟人生宇宙，洞悉天地万物一贯之道，龙场"中夜大悟致知格物之旨"，洞悉"圣人之道吾性自足"，的确是电光火石般大彻大悟的表现。历史上当然也有类似的情况，比如孔子"四十不惑，五十知天命"（《论语·为政》），"不惑"是上达"天道"后的"不惑"，必然随后就有"知天命"证量功夫的显现，当然是一种开悟的境界；孟子"万物皆备于我矣，反身而诚，乐莫大焉"（《孟子·尽心上》），也只能是证知了性本，而又能通达"天道"，则是天人合一境界的开显，当然也是开悟的一种境界。孟子所谓"不动心"，实际就是本体实践学的重要法门，必须以"反身而诚"为前提，当痛下逆向内观或省察克治的功夫。心像奔竞的流水一样喧闹不已，不能回归本然性的宁静，始终为杂念所捆绑，必然一事无成。所谓"功夫"即必须回归到心如止水的宁静状态，才能从容应对变化万千的世界。而"悟道"则应继续向上层层翻转，即透过"收放心"的"上达"功夫，才能真正尽心尽性以知天，了悟人性之中具足了一切善端，从而不仅"尽人之性"，更要"尽物之性"，乃至"参赞天地之化育"，也就是"人道"与"天道"一体不二，当下即有证悟境界的豁然开显。

但是，本体不离功夫，功夫不离本体，本体与功夫不二，二者可以相互比观定位。王阳明的大彻大悟，显然也离不开他的实践性功夫，必然有一个渐修的过程。诚如他自己所说："再用功半年，看如何？又用功一年，看如何？功夫愈久，愈觉不同。"（《传习录下》）可见"功夫"在阳明思想系统中的重要性。大家需要掂量一下"功夫"两个字的分量，从中也可看到本体实践学最为重视的仍是"渐修"的功夫，并非脱离功夫上来就空讲什么"顿悟"。

为什么"渐修"在阳明的功夫系统中更为重要呢？我们看孔子曾谈到人与"道体"相关联的三种存在状况："生而知之者，上也；学而知之者，次也；困而学之，又其次也。"（《论语·季氏》）他所谓"知"的对象绝不可能是一般意义上的知识，知识必然与外部世界相关事物的产生、变化及结构、功能等问题的理解或认知有联系，即使古代社会相关知识的构成要素并不复杂，但任何人都绝不可能生下来就具足了一切与人、事、物有关的知识。显然，"生而知之"之"知"只能是关乎内在德性生命的本体之知，即与"见闻之知"不同的"德性之知"。"德性之知"用孔子的话来讲就是"仁"的自知自觉，用孟子的话来讲就是"四端"之心的敞开显用，用阳明的话来讲就是"良知"的发用流行，用康德的话来讲就是"实践理性"的展开和落实。也概括为形上超越的本体及与之相应的普遍性原则，是人之所以为人的本体论依据，也是孟子所说人之所以异于禽兽极微细的那么一点差别，本身就为一切人所具足，在完全不受到私欲遮蔽并充量敞开的情况下，当然完全有可能做到"生而知之"，能够很早就对其产生坚定不移的自觉与自任。只是揆诸历史文化的实际，真正做到"生而知之"的人可谓少之又少。例如，子贡就曾赞美孔子说："固天纵之将圣，又多能也。"孔子听到后只是谦虚地回答："吾少也贱，故多能鄙事。"（《论语·子罕》）可见即使被后人视为德行最高的孔子，也谦虚地认为自己不过"多能"而已，断然不敢以"生而知之"的圣人自居。孔子的另一段话更可作为证明："我非生而知之者，好古，敏以求之者也。"（《论语·述而》）其实"多能"不过是他一生的余事，德性的美好才是第一义的，所谓"好古敏求"亦必为"求道"（德性之知）而非"求知"（见闻之知），否则便谈不上"下学上达"，更遑论"一以贯之"，感慨"知德者鲜"（《论语·卫灵公》），强调"志于道"的重要。尤应注意的是，"学以修己"是儒家一贯重视的人生发展方向，因此，"学而知之"的"学"字也可训为"觉"，乃是一种极为深刻的价值体验及高度的道德自觉。无论"道"或"仁"，以及阳明所说的"良知"或"至善之性"，也就是我们今天通常讲的形上本体，固然可以当下悟觉，当下即有所证知，但更多的是经历了种种人生困境，才真正获得了人生真谛及价值意义的醒觉。可见孔子的说法绝非认识学或知识论的，而只能是本体论或实践论的。通读《论语》全书即不难知道，他很早就为我们开启了一条本体实践学的路径。所以"学"了"知"了就必须"行",就必须在"知""行"互动的人生活动关系中不断提升自己的境界,必然就有"知行合一"思想的发展和揭出,即阳明讲的"知"与"行"是两个字说一个功夫。而"圣人虽是生知安行,然其心不敢自是,肯做困知勉行的功夫。困知勉行的,却要思量做生知安行的事,怎生成得!"(《传习录下》)人是实践性的存在,是在实践中不断超越自己的存在,即使是人性的至善品质或良知的灿烂光辉,也必须透过人的丰富多彩的生命实践活动才能彰显。这当然便是有体有用的生命实践之学,阳明一生的心路历程恰好是一个最佳的典范。他绝不是什么"生而知之"者,绝不能夸大为"神人",更不能迳称为"奇人"。他用一生的生命实践活动来"求道"和"行道",只能是一个"困而学之"或"学而知之"者。他早年有过渐修的经历,谈不上大彻大悟,但也不能说没有小彻小悟。只是谪官龙场"居夷处困""百死千难"之后,才大悟"格物致知"之旨,证知了德性生命之体,契入了入无限超越的形上大道,了解了宇宙人生的本然真实。说明"或生而知之,或学而知之,或困而知之,及其知之,一也"(《礼记·中庸》)千蹊万径,殊途同归,本体实践学强调道体面前人人平等,德性面前人人平等,良知面前人人平等,超越面前人人平等,但也承认现实生活中的人有着根器或人品的差异,实践的方法论路径千差万别,因材施教显然也是良知教最重要的施教方法,最终都可以透过"悟道"的方法在形上本体上归为一。而无论"悟道"或"致良知",都不能是挂在嘴上装腔作势的空说,不能成为"困而不学"自暴自弃者的遮羞工具,人人都应该痛下"学而知之""困而学之"的修己功夫,真正在践形尽性的人生实践活动中绽出生命的绚丽之花。

本体实践学既要展现个体生命的价值意义,也要成就人类共同的道德世界。

孟子的"四端"之心,即"德性之知"的四个向度——恻隐之心、羞恶之心、辞让之心、是非之心——可说是一心开四门,都必须转化为生命的实践活动,成就仁、义、礼、智合为一体的完整世界,建构人类社会生活不可或缺的道德体系。德性之知即本体之知,亦即阳明所说的良知。良知在"体"上固然寂然不动,但在"用"上则能感而遂通,即寂即感,即感即寂,也就是即体即用,即用即体,不可能不进入实践界,显然最具本体实践学的一般性特征。更明白地说，良知作为沟通超越界与实践界的本体，一旦发用流行，必然就有恻隐、羞恶、辞让、是非等不同的展开向度，活化为不同伦理场景中的具体行为，诚如阳明所说："君子之酬酢万变，当行则行，当止则止，当生则生，当死则死，斟酌谓停，无非是致其良知，以求自慊而已。"（《传习录中·答欧阳崇一》）即使伦理生活行为千变万变，也始终不离良知本体。这既是良知本体的充分实践化，也是人的精神品性的高度主体化。显然，如果追问其根本价值诉求，就个人而言，则必是成圣成贤终极目标；就天下社会而言，则为广大和谐秩序的建构。二者都为德性生命实现必有的题中之意。这当然要积极面对人类社会各种难题的挑战，勇敢正视各种诡谲复杂的社会现象，在挫折逆境中时时锤炼，在苦难困厄中时时奋励。与西方基督教认为耶稣降临人世，只能"道成肉身"而不能"肉身成道"，道德实践的动力只能来自外在天国的召唤不同，中国文化始终认为人只要时时无私奉献，必定能够"肉身成道"而不是"道成肉身"，道德实践的动力就来自内在良知的召唤。这样的过程也是朱子所说"吾心之全体大用无不明"的过程，阳明所谓"良知发用流行无一物作得障碍"的过程，体现了生命创造活力的充分发挥，表征了人格完善的至高境界。

四　心性功夫的早期涵养

刚才讲到王阳明在贵州龙场的大彻大悟，认为之前实有一个"渐修"的过程，所谓"渐修"也可看成对方法论的寻找，寻找方法的目的则为如何证入本体，本体的证入则是为了解决成圣成贤终极根据的问题。这显然涉及本体实践学的"本体"与"方法"如何相互定位，即方法必须服务于本体，本体则应统摄方法，方法无论怎样变化，目的均为开显本体的终极性探问。阳明有一个很好的儒学传承家庭，他十一岁便开始有了"读书做什么"的问题意识，私塾老师考科举的回答不过是世俗流行的看法，显然与阳明读书是为了"学做圣贤"的终极目标毫无关系。换句话说，阳明十一岁便有了读书"学做圣贤"的志向，如何步入圣域在他看来就是人生"第一等事"。"第一等事"即意味着是未来人生的第一价值追求。我们以此为出发点看他人生的三个关键场景：一是三十四岁他在京师时，与另一明代大儒湛若水一见定交,"共以倡明圣学为事"。二是三十七岁在龙场中夜大悟"圣人之道,吾性自足"。三是五十七岁逝世前两月,过访湛若水住宅未遇,遂留有题壁诗云:"落落千百载,人生几知音;道同著形迹,期无负初心。"最后临终遗言为"此心光明,亦复何言"八个大字。我们就可以清楚地看到从十一岁开始,他一生均以圣学的发扬光大为职志,虽然不能说没有遭遇过挫折,但在价值理想的坚守上却始终如一。

"立志"在佛教那里或称作"发心",同样是朝向终极目标的开始,只是其最高人格形态是"佛"而非"圣"。成佛之前的菩萨有五十二阶位,第一个阶位就是发心菩萨,说明一旦发心就开始踏上了修行的路途。儒家的"立志"同样为人生终极发展方向的开始,不但宗教性的价值理想开始朗现于前,而且必须毕生朝着其所示明的方向努力。这就是为什么孔子讲"十五志于学",将"志学"视为人生有明确的努力方向并因此产生价值意义的开始。王阳明《教条示龙场诸生》开首即为"立志",显然也意味着人应该朝着"成德"的终极方向发展。而朝向终极目标的每一努力步骤,都是生命境界和人格形态不断提升的过程。至于"立志""不惑""知命""耳顺""从心所欲不逾矩"等,都是人生境界不断提升的时机化开显。如果比较西方心理学将人的一生分为什么肛门期、哺乳期、青春期、衰老期、死亡期等,从出生到死亡人的生命周期性变化完全与动物没有任何区别,我们就可从中看出儒家学者特有的人文精神取向,他们始终认为生命的价值意义就内在于迈向终极目标的动态过程之中。

王阳明十一岁开始踏上"成圣"的修行之路,《教条示龙场诸生》提到的"勤学""改过""责善"等,都是实现其人生奋斗目标的重要方法,完全可以纳入本体实践学的方法论范畴。然而本体实践学首先要解决的是实践的本体论来源的问题,亦即"成圣"的本体论与形上学依据究竟何在的问题。这当然也是王阳明"龙场悟道"之前的核心关怀意识。正是此挥之不去的关怀意识的牵引,才引发了他前期不断突破生命局限的"学"之"三变"。但从心学的渐修功夫进行观察,我们也可看到他早期的一些功夫进展痕迹。例如,他十七岁到江西洪都娶亲,结婚的当晚在铁柱宫与道士谈论养生之术,二人对坐以致通宵忘归,可证他的心智已经有了超越的向往,而内定忘俗的功夫也超过了一般寻常之人。但养生之术只是延长个人的世俗寿命,与真正的超越距离尚远。问题是养生是不是就是"道",能否成为"成圣"的本体的根据，并因此开出一整套的实践方法？阳明后来说："吾儒亦自有神仙之道，颜子三十二而卒，至今未亡也。足下能信之乎？后世上阳子之流，盖方外技术之士，未可以为道。"(《答人问神仙》)显然已有了明确的经过深层生命体验得出的答案，却是长期"渐修"并终于大彻大悟的结果。不过，这也足以说明阳明已有了将心智凝聚于功夫的特殊定力。这当然也为一个真正的悟道者所必需，只是仍有必要不断增进提升，以促使其久久成熟而愈趋完善。

结婚后他在丈人家习书法，《年谱》说："比归，数篋皆空，书法大进。"他习字的方法很特别，开始时与其他人一样模仿临帖，只是追求外在的形似，但很快就采用了以"心"观字方法，即"举笔不轻落纸，凝思静虑，拟形于心，久之始通其法"。可见他是把字先摹写在心里，将纸上外在的字变为内在于心中的字，再凝神运笔落墨，将心中之字外化为笔与纸上之字，做到了心、手、笔、字的合一，而心显然是其中最重要的关键。他后来讲"身心意知物是一件"；"但指其充塞处言之谓之身，指其主宰处言之谓之心，指心之发动处谓之意，指意之灵明处谓之知，指意之涉着处谓之物：只是一件"(《传习录下》)。以心学的方法临帖便是一个最好的例证。正因为如此，他才很快明白了"随时随事只在心上学"的道理，可见一切技艺都必须透过人的存在来彰显和展开，是活生生的人而非僵化呆板的物的技艺，是源于心运于手出神入化的必然结果，亦即阳明所说的"此心精明，字好亦在其中矣"(《年谱》)。阳明的书法固然很好，甚至受到了马一浮的称赞，但从个人思想发展的整体历程看，更重要的是这透露出了其早期"渐修"的重要信息。

尽管与后来的"龙场悟道"相较，王阳明早期的各种行为并非就是真正的彻悟，但"渐修"的各种解悟过程，实际已预示了王阳明最后大彻大悟的可能性。类似的例证尚可举出很多，譬如他曾两次科考落第，"同舍有以不第为耻者"，阳明则安慰他说："世以不得第为耻，吾以不得第动心为耻。"(《年谱》)能够不为科考的得失成败所左右，不在名利的泥潭中耗神打转，说明他已经有了一定的不动心的功夫，开始表现出不同凡俗的独立人格精神气象。

我们看"龙场悟道"之前四年，即他三十四岁在京师时，便已开始招收门人，讲的就是儒家的身心之学。讲身心之学的目的，正是反对过分沉溺于词章之学，要人先树立起必为圣人的志向。也就是在这一时期，他与湛甘泉一见定交，同时交往者尚有黄绾，三人相互交流切磋，都以弘传儒家圣学自任。《年谱》说他尽管"专志授徒讲学，然师友之道久废，咸目以为立异好名"，可证尽管到了"龙场悟道"才有可能建立起心学体系，但他既已开始讲授带有个人体验色彩的身心之学，则在内容上必与朱子学有所不同，反映了思想发展的时代新动向，否则便不会引起"立异好名"的批评性訾议。

五 静定功夫引发的身心变化

阳明之所以加倍自觉地以倡明儒家"圣学"自任，其思想深受宋代理学影响，特别是其一生都与朱子对话，当与江右名儒娄谅的见面有关。他到江西娶亲返回家乡时，曾在路上拜谒上饶大儒娄谅。娄谅与他痛论朱子格物致知义旨，并告诉他"圣人必可学而至"。受娄谅的影响，他返家后就开始深研儒家"五经"。以后又遍读朱子之书，并按照朱子"一草一木亦皆有理"，而一物之中，"其所以然而不可易者，必其表里精粗无所不尽"，开始在北京父亲的官署中格竹。这显然是受娄谅的启发，言下有悟，以后又读朱子的书受到启发，才开始付诸行为实践，从而寻找成圣成贤的本体论依据的。

谁知格了七天，不仅未格出竹子的道理，甚至因为过度劳思而大病一场。以七天的时间来格竹子而一无所获，然天下的事物是无穷无尽的，人的生命却是有限的，或者说生命是有边界的，知识是没有边界的，如果一草一木乃至天下万事万物都要知其所以然才能成圣，有限的生命受制于无限的知识而不能彻底超越，成圣就永远只能是一句空话了。正是格竹的失败，才引发了他内心的紧张和焦虑，感慨"圣贤是做不得的"，并开始转向辞章之学。他晚年回忆往事，曾告诉学生："及在夷中三年……乃知天下之物本无可格者。其格物之功，只在身心上做，决然以圣人为人人可到，便自有担当了。"（《传习录下》）而"心"上的功夫实即"尽心知性"的功夫，"能尽人之性，然后能尽物之性"（《传习录上》），最后依然可以内外打通而合一。但实际上朱子在讲"一草一木亦皆有理"的同时，也强调"公共底理"，认为"总天下之理，便是太极"。只是阳明所要探求的乃是人性世界的真理，而非自然世界的真理。人性世界无人不具的生命真理与自然世界物物皆具的客观真理。虽然未必完全隔离而不相通，但毕竟有着生命的学问与知识的学问的明显差异，不能以其中的一个来消解或代替另一个。可见他用"格竹"的方法来寻找成圣的本体论根据，乃是错认了方向，一旦返归主体，以心来统摄万事万物，便豁然坚信人人均可成圣成贤。我们从中正好可以看到，本体与方法是可以相互定位的，方法一旦错了，即使是毫厘之差，如同喜马拉雅山顶上的一滴雨，向东一点就掉入太平洋，向西一点就落入大西洋。如何实践性地透过方法证入本体，对青年王阳明来说依然是个悬而未决的重大人生问题。

正是因为格竹的失败，阳明才一度转向了辞章之学。他曾与友人结诗社于家乡龙泉山寺，相互对弈联诗，文学才能极为出众。但很快就发现"辞章艺能不足以通至道"，又开始以朱子"居敬持志"及"循序致精"之法，重新寻找证入形上本体的方法。《年谱》说他虽"思得渐渍洽浃，然物理吾心终若判而为二也。沉郁既久，旧疾复作，益委圣贤有分。偶闻道士谈养生，遂有遗世入山之意"。我们看他依然在不断调整方法，以求能证到成圣成贤的本体论依据，尽管不能说毫无所获，但"心"与"理"仍不能相通，便说明在"理"上尚有间隔，方法与本体始终未臻一致。方法与本体一旦错位，不但在"理"上不能豁然贯通，即成圣的目标也显得遥遥无期，必然会引起他对朱子之学的怀疑。这显然进一步加剧了他的内在紧张和焦虑，也是他由辞章之学转入佛老之道的重要原因。

事实上，他之所以转入释老，仍只是方法论上的调整，并非就意味着本体论与形上学探寻的放弃。王龙溪说他"为晦翁格物穷理之学，几至于殒，时苦其烦且难，自叹以为若于圣学无缘，乃始究心于佛老之学"（王畿《滁阳会语》）。可见他的确是从朱子阵营中冲杀出来的人，尽管他的思想未必就与朱子对立，但朱子学方法论上的烦琐支离，却是他转向释老另寻新路的决定性原因。我们看他的方法仍主要是练习静坐，即所谓日夜精勤练习"伏藏"。根据王龙溪得之于阳明亲口所言的记载，阳明在静定之中感觉"内照形躯如水晶宫"，以致"忘己忘物，忘天忘地，与空虚同体"，因而"似欲言而忘其所以言，乃真境象"（王畿：《滁阳会语》）。显然是身体内部气机发动，经络气脉完全打通，全身轻安，感觉有如气化一般，才会有"如水晶宫"般透明轻盈的身体现象学描述。至于"内照"两字,则不仅点出了如明镜般照物的直观智慧的特点,明显是较理性思维更高一层的智慧升华,而且说明生命一旦回归本体,必然就会有"常寂光"的豁然朗照。"常寂光"是形上本体之光,亦即《大学》"明德"之明,是含藏无尽能量而又有待展开,即本体处于"寂然不动"状态,当然也可随时"感而遂通"的常照之光。证入"与空虚同体"之形上境域,必然有"无分别智"的开显,必然能够打破时间空间的局限,做到浑然与天下万物同体,不仅无人我之别,而且也无物我之分,实即"天人合一"境界的当下现前。"龙场悟道"后,阳明强调"推其天地万物一体之仁以教天下,使之皆有以克其私,去其蔽,以复其心体之同然"(《答顾东桥书》),便是这一境界的继续发展和深化,但在"用"的层面上却表现出了明显的儒家立场。王龙溪说他已"洞悉机要。其于彼家所谓见性抱一之旨,非惟通其义,盖已得其髓"(王畿:《滁阳会语》)。可证他以释道两家的方法证悟本体,虽不能说已大彻大悟,但已初步证入了涵藏无限生机的"空性",不仅有助于"有""无"互融互摄智慧的进一步发展,预示了以后必然发生的龙场中夜大悟,而且丰富了自身学说的思想资源,象征着他可能另辟出一条与朱子有别的心学新路。他后来强调:"二氏之用,皆我之用,即吾尽性至命中完养此身谓之仙,即吾尽性至命中不染世累谓之佛。但后世儒者不见圣学之全,故与二氏成二见耳。"(《年谱》)也可见他是用儒学来包融二氏之学,因而在胸襟气度上特别显得博大。

有必要指出的是,他虽然以守静"抱一"的方法初步接近了道体,开始踏上了本体与方法互应互契的生命实践之路,但就静坐本身而言,却是儒、道、释三家的共法,并非完全放弃了自己早年成圣成贤的价值理想。我们看《大学》的一套功夫系统:"知止而后能定,定而后能静,静而后能安,安而后能虑,虑而后能得",就可概括为知、止、定、静、安、虑、得的七证功夫,显然不能随意将"静"与"定"从中抽掉,否则便谈不上"得"即悟道境界的豁然现前。宋儒程颐"每见人静坐,便叹其善学"(《二程外书·传闻杂记》)。阳明也认为学者有必要以静坐补小学收放心一段功夫。他后来"尽去枝叶,一意本源,以默坐澄心为学的,亦复以此立教"(王畿:《滁阳会语》),固然主要得力于龙场大彻大悟的深邃生命体验,但仍不能就说与早年静坐受益的渐修功夫毫无关系。他的"教"之"三变"的第二变即是教人静坐,也可见静定在儒家修身功夫中的重要。

"收放心"在方法论上，其实就是止念头的功夫。阳明在《示弟立志说》中强调"如猫捕鼠，如鸡覆卵，精神心思凝聚融结，而不复知有其他，然后此志常立，神气精明，义理昭著"。又说："精神道德言动，大率收敛为主，发散是不得已，天地人物皆然。"（《传习录上》）实际就是在讲止念头的功夫，也可说是传授心学法门。这样的功夫或法门，当然可以在社会实践中做，但一般而言，初学者仍以静坐收心最容易上手。如果总结他的功夫次第，则可说立志是第一步，静坐习定是第二步，理上证入是第三步，事上磨炼是第四步。而止念头的功夫既需要透过"立志"的方法来强化意志，也需要凭借"静定"的路径来纯一心念，也就是一有私欲私念，立即省察克治，容不得其在心体上有一刻暂住之机，当然就意味着外来的诱惑不能左右如如不动的心志，念念都能依本起用并永远长住在洁静光明的世界之中。这在方法上就必须"如猫之捕鼠，一眼看着，一耳听着，才有一念萌动，即与克去，斩钉截铁，不可姑容与他方便，不可窝藏，不可放他出路，方是真实用功，方能扫除廓清"（《传习录上》）。实际就是儒家"诚意"功夫的具体化，也是"慎独"功夫的再发扬。一旦真正痛下功夫，长久坚持，久久功夫成熟之后，必然"此心天理之精微日见一日，私欲之细微亦日见一日"（《传习录上》）。当然，儒家一贯强调"为己"和"自得"之学的重要，因而功夫也必须以个人身心的冷暖受用为衡量标准。

作为一种证道的方法，静坐止念的同时，也可以"起观"，即所谓止观双运。"起观"即在宁静的状态中观照自己的生命存在状态，是一种逆向自我体认的重要方法，亦即阳明所谓"只就思虑萌动处省察克治"。而能知道念头是否萌动，觉察念头来来去去，并痛下省察克治功夫的，当然只能是我们如如不动的心体。一旦纷纭扰乱弄得身心疲惫的念头渐渐归于宁静，如如不动的心就会像大圆镜一样朗照万物，能够不期而然地生出直观的智慧，这就是《大学》七证功夫所说的"得"。"道德"的"德"与"得"相通，儒家强调道德的修身进路，踏在道德修身的道路上即是踏在人性光明不断彰显的道路上，王阳明临终遗言"此心光明"便是他一生修行实践的最后概括性总结。

由此可见，无论修行证道还是道德实践，都不仅是一套理论言说，更重要的是要痛下生命实践的功夫。我们不能老在观念的世界中凭空讨论真理，必须在生命的实践活动中直接见证真理。见证真理的过程即是生命不断突破其局限的过程，所谓局限当然只能层层捆绑我们的私欲与偏见。因而真正的修行证道，从负面讲即是"破心中之贼"，从正面讲则"彰至善之性"，此减则彼增，彼增则此减，一切均以功夫的火候到位与否为转移。

六 透过生死磨难展现超越性的人间情怀

阳明从朱子转向佛老之学，以静坐的方法来体证生命的真谛，实际已初悟"空性"，如王龙溪所说："静坐者必有所借，境静而心始静，譬之浊水之澄，浊根犹存，才起风波震荡，尚易摇动。"（《王畿集·自讼问答》）虽不能说已臻至究竟妙境，但毕竟已身心受益。然而阳明为什么又放弃了佛老之学，转而依然重新寻找儒家成圣之路呢？《年谱》说他静定功夫深透之后，曾想到过"离世远去"，即有了出家的想法，但又挂念祖父、祖母，显得有些犹豫迟疑。稍后又想到思念亲人虽只是一念，但此念实"生于孩提"，一旦将其解构毁弃，便不能不说是"断灭种性"。加上早年立志成圣引发的"用世"心理情结，依然在他心灵深处发挥着范导的作用，这就决定了他不可能走释道两家遁世修行的路线，而只能走儒家修己治人的道路。他后来强调"事上磨练"，即在社会实践中踏踏实实做"致良知"的功夫，甚至"收放心"或"止念头"也可以纳入"致良知"的实践方法，诚如他自己所说："只是一念良知，彻头彻尾，无始无终，即是前念不灭，后念不生。"（《答陆原静书》）这显然正是以良知为体的生命实践方法，表面好像只是自如收放念头，其实一方面是要人如实证入形上本体，彻底了解生命存在的奥秘，一方面又要人随时依体起用，能够投入社会生活的具体实践，依然具有明显的"体用一源，显微无间"的本体实践学特征。

阳明证知"空性"后提到的"种性"，实际即指内涵在人性之中的生生之道，当然也可上升至更高的宇宙论层面，将其看成是天地之间无物不具的创化生机。因而"止念"与"养气"本质上也同属一个功夫论范畴，因为念头一旦回归本体并做到依体起用，则生命的元气必然就会油然生起。这就是孟子"我善养吾浩然之气"，不仅"至大至刚"充塞于天地之间，而且表现为无限的道德力量，显示了生命的活泼创造生机。其实即在大乘佛教与禅宗，作为本体实践的重要方法，当然也反对"枯木禅"，不赞成"断灭种性"，即使禅宗以"无念为宗"，强调"无念者，于念而无念"，以为"前念不生即心，后念不灭即佛"（《六祖坛经·机缘品》），如果证以阳明后来"前念易灭，而后念不生，是佛氏所谓断灭种性，入于槁木死灰"之说（《答陆原静书》）。尽管前者偏重般若智慧的开启，而与他彻上彻下的良知说不尽相同，也决然不是"断灭种性"，一样要涵养出生命存在的活机。只是禅宗强调念念皆依"自性"而起，关注的是念念皆净，以智慧为生命的引导方向，目的主要在于成佛；阳明重视的是念念皆依"良知"而起，关注的是念念皆净，以道德为生命的发展方向，目的则是真正证入"圣境"。二者在功夫论或方法论上可以相互借鉴之处虽多，但在目的论或价值论上仍有很大区别。

严格地说，人性的本质就是要生存和发展，必须创造一切条件来实现其本来固有的潜质。因此，阳明后来也以生生之道讨论良知，认为良知即是生生不息之道，不仅是生命的灵妙本体，而且是宇宙的本源性大道，即所谓"天命流行，物与无妄，在天为不已之命，而在人为不息之体"（王宗沐《传习录序》）。因此，良知本体的实践化——"致良知"的功夫——实际即意味着良知的发用流行。无论生命的创造发展，人的精神的挺立，以及自我价值的实现，道德世界的开显，乃至伦理关系的建构，社会秩序的再造，都必须透过良知的流行发用，激活为实践性的创造力量，转化为真实的生命行为，——在现实社会中展开和落实。个人的创进精神与天道的创化力量契合一致，当然就是"天人合一"超越境界的当下现量；良知之"知"与良知之"行"一本不二，显然即为"知行合一"生命原则的具体落实。人在茫茫宇宙中之所以不会孤单，即在于其至善之性本来即天所赋。不仅人能参赞天地之化育，而且天地人本来即可合德。这些当然都必须以维护"种性"即生命的价值与意义的实现为根本前提，必需透过社会化——"事上磨练"——的生命实践过程来一步一步地达致。

阳明最终放弃释老而踏上了儒家道德主体自我实现的道路，显然其道德主体自我实现的终极目标即是成圣成贤。然而成圣成贤的本体论依据究竟何在的问题依然没有解决，"格竹"事件引发的"物理吾心终判为二"的生命疑虑也始终悬而未决。他后来回忆说："某幼不问学，陷溺于邪僻者二十年，而始究心于老、释，赖天之灵，因有所觉，始乃沿周、程之说求之，而若有得焉。"(《别湛甘泉序》）可证他究心于释老之学，乃是绕道进入儒家圣学极为重要的中间过渡环节，较之早年在朱子颇有支离特征的方法论上打转，或许身心体悟意义上的收获更大。而一旦决心回归儒家圣学，又一度反复研习过濂溪、二程之书，在浸淫于儒家思想传统的同时，必然也多有对话式的发抒和讨论。恰好稍后他即因得罪宦官刘瑾，经历了"廷杖""系狱""贬官"等一系列的重大人生变故，万里投荒来到了时人多视为"蛮荒"的龙场边地。我们读他"身在夜郎家万里"，"游子怀乡兮，莫知西东"一类的诗句词语，沿着他发配路途上的踪迹不断探寻，想象他龙场驿丞任上处境的艰难及心境的寂寞，就不难理解"百死千难"四字对人生体验的重要，也可说他的真正的学问是从苦难中淬砺出来的。而"事上磨练"作为本体实践学的一种重要方法，显然也是他最终得以"悟道"的一大重要因缘。前人多引孟子"动心忍性，增益其所不能"之说，形容他在龙场的心灵搏斗和生命体悟经历，可见正是面对苦难反面逼出来的生命力量，最终促成了他在龙场脱胎换骨般的大彻大悟。

经历长久的渐修功夫，透过上下探索的心路跋涉历程，面对龙场九死一生的苦难磨炼，最终则彻悟了生命存在的真谛，见证了道与身合的存在可能，跃入了无限超越的广袤世界。诚如王龙溪所说："先师之学，幼年从亦从言入，继从静中得悟，其后居夷三载，从九死一生中练习过来，始证彻悟，生平经纶事业皆其余事。"(《王畿集·自讼问答》）王氏将"入悟"的方法分为三种类型，无不与本体实践学的入手功夫有关：一是从言而入，乃是初学之机，多为悟道者早期生命体验的常见经历，可称为"解悟"；二是从静坐而入，得自本心，即超越语言直入心体而证悟，当称之为"心悟"；三是从人情事变练习而入，即阳明所说事上功夫，随时随地都是悟道的因缘，不妨称之为"彻悟"。但以上三种方法未必就不可以交叉互用，例如阳明在龙场，就一方面反复含玩《易》理，参悟"圣人处此，更有何道"（黄宗羲《文成王阳明先生守仁传》），另一方面"日夜端居澄默，以求静一；久之，胸中洒洒"（《年谱》）。当然，最重要的仍是生死艰难困境的考验与超越。如他自己所说："瘴疠蛊毒之与处，魑魅魍魉之与游，日有三死焉；然而居之泰然，未尝以动其中者，诚知生死之有命，不以一朝之患而忘其终身之忧也。"（《答毛宪副》）他是在政治迫害与生死威逼的双重极限下，从容应对而终于大彻大悟的。而龙溪所说的三种悟道入手方法，都可在"龙场悟道"的过程中发现踪迹。

　　阳明在龙场"日夜端居澄默，以求静一"，即通过静坐不断强化"收放心"的功夫，激活内观体认反证入形上本体的机缘性可能，实际用的仍是前面提到的"见性抱一"的方法——深入澄明敞亮的心体自证境域，从而在无执无滞的境域中真正见性证道。所谓"端居"其实就是静坐的另一形式的表述，却多了一层儒家修身的意蕴。静坐的目的显然就是内在心性世界的"澄默"，"澄默"则是证入形本体必需的充分条件前提。孔子说"默而识之"（《论语·达而》），王船山以为"圣人见道之大，非可以言说为功；而抑见道之切，诚有其德，斯诚有其道，知而言之以着其道，不如默成者之厚其德以敦化也"（王夫之《读四书大全说》卷六）。尽管阳明强调的是，如果要为天下树立可以效法的大根大本，则必须以大德敦化的方法来纯化社会风俗，可见"澄默"乃是"见道之大"不可或缺的重要入手功夫，显然由"端居"而"澄默"，而"静一"也提示了证道的方法论步骤。尤宜注意的是，《年谱》还明确记载他悟道的过程："自计得失荣辱皆能超脱，惟生死一念尚觉未化，乃为石墩自誓曰：'吾惟俟命而已！'"稍加比较，则可说知识的学问是用加法，生命的学问必须用减法。前者主要是通过积累不断扩大或丰富人对世界的认知水平和知识内容，从而形成系统的独立的知识世界；后者则必须将虚假的自我层层剥落尽净，最后才有真实的人性世界的敞亮和开显，二者一加一减显然判若天壤。而一旦人性世界真正做到了敞亮和开显，外部的本体世界也会向自己如实展开和显现。更直接地说，真实的世界只向真实的人性涌现或敞开，觉解真实的人性其实也是证知真实的世界的一种方法。因为"收放心"的功夫固然即是重返心之本体，心体则可以如明镜照物般做到如如不动，但如如不动的心体毕竟又是神感神应的，能够以感而遂通的方式让天地万物如实朗现在自己面前的。我们看阳明正是将陷溺于是非、得失、毁誉、荣辱之中的自我，一切生命存在能够省察到的病根，如蚕脱茧般一层一层扫荡剥尽，最后则直面死亡的威逼，继续向上翻转获得了最终的超越。我们看他的具体做法，乃是将自己静坐其中的玩易窝视为埋葬死人的棺椁，以不悟道毋宁死的方法，主动跨进生与死的幽暗边界来谋求彻底的超越。这就是孟子所谓"君子行法，以俟命而已矣"（《孟子·尽心下》）。一切都按照道德形上学的当然性律则来行动，至于最后的不可逃遁的必然性结果则一概置之度外。最后棺椁埋葬的只能是黑暗的无意义的世界和狭隘自私的自我，迎来的却是光明的有意义的世界和广大无私的自我。悟道者生命焕然一新，前后判若两人，即在他已与真理觌面相逢，从此能在光天化日下坦然做人。

我们认为加法与减法的区分，一针对知识，一指向道德，前者也可称为正的方法，后者则为负的功夫，老子"为学日益，为道日损"的说法，其实早就有了很好的概括。阳明则强调"吾辈用功，只求日减，不求日增。减得一分人欲，便是复得一分天理；何等轻快脱洒，何等简易！"（《传习录上》）。与道家消极的"自然"的进路相较，儒家突出了积极的"道德"的进路。阳明透过人生苦难乃至生死考验表现出来的，依然是一种与"天道"精神相应的健动不已的存在勇气。

当然，我们仍有必要追问生死问题为何最难超越？其实阳明自己早已说得十分清楚："学问功夫，于一切声利嗜好俱能脱落殆尽，尚有一种生死念头毫发挂带，便于全体有未融释处。人于生死念头，本从生身命根上带来，故不易去。若于此处见得破，透得过，此心全体方是流行无碍，方是尽性至命之学。"（《传习录下》）可见他最后不仅从容面对苦难，而且坦然正视死亡。他是在苦难的淬砺中超越苦难，在死亡的威逼下超越死亡的。他直接走入了生命最隐蔽、最细微的命根处，在甚深的静定境域中追根溯源地彻底破除了生死执着之相，消弭了滋生各种人生病痛的源头病灶，化掉了一切妨碍本体发用流行的私欲杂念，撞过一切束缚生命的大关大隘之后，才在彻底无执无着的生命存在境中，豁然洞开无限广袤的超越本体世界，才做到了"心体不累于欲，无入而不自得"（《答舒国用》），获得了脱胎换骨般的大彻大悟。因此，如果说生命是最能彰显宇宙创化力量的奇迹，则人能超越生死显然便是奇迹中最令人神往的奇迹。

阳明"龙场悟道"的情形，《年谱》曾有这样的描述："忽中夜大悟格物致知之旨，寤寐中若有人语之者，不觉呼跃，从者皆惊。始知圣人之道，吾性自足，向之求理于事物者误也。"所谓"不觉呼跃"云云，显然即是悟道者跃入了无限超越的天地，不期而然地发出的震撼性惊呼，是证知了人性存在的真理才表现出来的无限欢喜赞叹，是冲破了层层黑暗惊天动地的一声春雷。而他长期蓄闷积疑在心中的问题，现在也涣然冰释般有了答案——成圣成贤的本体论依据在内不在外，千辛万苦探寻来的真理竟是如此简单："吾性自足，向之求理于事物者误也。"无怪乎他后来有诗句说："抛却自家无尽藏，沿门持钵效贫儿。"（《咏良知四首示诸生》）其实是借用《法华经·信解品》的典故，谆谆告诫学人，"无尽藏"代表了任何他物都不可代替的德性生命价值，因而人人心中皆有，反身而求便当下可得，切不可错认了人生方向，如同穷困潦倒的"贫儿"，整天沿门持钵乞讨，遗忘了"宝藏"原来就在自己心中。"无尽藏"当然就是人人均有的良知，只能向内而非向外寻觅，成圣成贤的根据问题终于有了答案，但却是用生命换来的实存主体真理。

因此，"圣人之道吾性自足"，表面只是简单的一句话，却是阳明经历长久的心路跋涉历程，最终透过生死边界的极限体验，豁然证悟到的人性真理。与孟子所说的"万物皆备于我，反身而诚乐莫大焉"类似，阳明的证悟之言也同样说明了人性中具足了一切成圣成贤的潜在可能。无论孟子或阳明，都认为人性中具足了一切善端，无亏无欠，本自圆足，反身即得，当下即可发用流行。如果比较禅宗六祖慧能的悟道语："何期自性本自清净，何期自性本不生灭，何期自性本自具足，何期自本无动摇；何期自性能生万法。"（《六祖坛经·行由品》）慧能突出了佛教成佛的本体论根据，阳明则强调儒家成圣的本体论根据，可见他们虽然在生命发展或人生价值实现的终极目标上有着明显的差异，但在本体论和形上学的深层体悟上又有着惊人的相似。他们都通过自己的证量功夫向世人宣告：无论成圣成佛，根据都在内不在外，我们只有不断挖掘人性宝藏中的无尽资源，才能达致生命价值实现的终极理想目标。

不过，即使我们已经完全彻悟"圣人之道吾性自足"，或者已彻底了然"万物皆备于我"，但从儒家修齐治平的视域看，仍必须"各竭为德为民之心，共图正大光明之治"（王阳明《裁革文移》），亦即内在的心性力量资源尚有必要通过社会化的方式，转化为建构人间社会秩序的实践性活动。这当然也是本体实践学必须思考的重要内容之一，目的在于建构合理的道德世界或人伦秩序，开出人文教化的崭新天地，实现自我与他人共同完善的终极理想。阳明后来带兵平乱，祭告战死将士，便反复强调"人孰无死，岂必穷乡绝域能死人乎？今人不出户庭，或饮食伤多，或逸欲过节，医治不瘳，亦死矣。今尔等之死，乃因驱驰国事，捍患御侮而死，盖得其死所矣。古人之固有愿以马革裹尸，不愿死于妇人女子之手者。若尔等之死，真无愧于马革裹尸之言矣。呜呼壮士！尔死何憾乎？"(《祭永顺宝靖土兵文》)他的价值理想并非高悬在天际云边的漂浮物，而是必须回向人间社会生根开花的实落者。在个人在伦理或价值选择上，也以"驱驰国事"为死得其所。且更重要的不仅是个人生命的"德化"，更是整个社会的"德化"。尽管历代都有学者批评阳明之学是"禅学"，但仅"驱驰国事"一语即可证明他是纯正的儒者。他后来在积极入世的同时又不乏超然的情怀，显然与早年的生死体验和心性彻悟密不可分。

当然，从本体实践学不可或缺的功夫论看，阳明经过长期的心路跋涉历程，通过"解悟""心悟""彻悟"等一系列的生命实践活动，显然在不动心功夫上已做到了一任生死狂澜袭来，仍能泰然处之而决不为其所左右。至于世俗荣辱得失或是非毁誉等等，更卓然超越而绝不可能造成心性上的任何执碍。因而在本体实践上必然能够从容自如，"左右逢源，譬之湛体冷然，本来晶莹，愈震荡愈凝寂，不可得而澄浠也"（王畿《悟说》）。在生命境界或证量功夫上则直入超越界，浩浩然与天地万物同体，虽应万变而心体如如不动，真情时时流露而决不为情所累。他后来之所以能建立赫赫事功，均不过是德性功夫实践化的余事而已。这样说当然并未违背阳明本人的看法，因为"当时有称先师（阳明）者曰：'古之名世，或以文章，或以政事，或以气节，或以勋烈，而公克兼之。独除却讲学一节，即全人矣。'先师笑曰：'某愿从事讲学一节，尽除却四者，亦无愧全人。'"（钱德洪《阳明先生文录序》）可证他一生尽管事功卓著，文章风传天下，但最为看重或以为不可舍弃的，仍是通过"讲学"激励他人踏实从事德性生命的实践功夫。

七 本体实践学的时代价值与意义

"龙场悟道"之后的王阳明，既然已坚信形上超越的大道就内在于人性之中，而心性之中又必然具有当然或应然之理，能够发出康德意义上的绝对律令，实际就是阳明后来所谓良知的召唤，因而必然就会提出"心外无理""心外无物""知行合一"等诸多重要哲学命题，都可看成是本体实践学的原则性依据。他所谓的"理"显然即是人性世界"当然"或"应然"之理，而非自然世界"所以然"或"必然性"之理。因而必然痛感"向之求理于事物者误也",重新发现"真理"其实并不远人,只是人自己远之,原先"格竹"事件引发的困惑,从此一扫而光。这不仅意味着他开始从朱子学说的笼罩中突围出来,而且象征着他已在依据自己深邃的生命体验创立新说,已经显得沉滞僵化的朱子官学天下,将迎面吹来一阵阳明心学的清风。

心中的"理"显然只能是隐蔽性的形上存在,却可以开显为发自生命本体的行为现象。因为"人之有心,性即吾心之体也;心之有性,知即吾性之灵也"(蔡汝楠《叙传习录后》);而"知是理之灵处,就其主宰处说,便谓之心,就其禀赋处说,便谓之性"(《传习录上》)。既然心必有"知"的直觉体认功能,而"知"又是人性之"理"的灵处,所以也可说"知是心之本体,心自然会知,见父自然知孝,见兄自然知弟,见孺子入井自然知恻隐,此便是良知不假外求"(《传习录上》)。从有特定家庭血缘对象的"孝""悌"到遍及一切陌生人的"恻隐",都可说是"致良知"或良知本体发用流行必有的道德行为现象,不仅说明内隐的心之"理"外显为社会的行为的"理",乃是人的存在内外相通决然一体必有的生命现象,甚至"理"由隐而显的行为化展开过程,本质上也是主体的人由"知"而"行"一体两面不可分割的完整过程。心的明"理"与行为的显"理",必然是彻内彻外一体不二的。至于情感的"过"与"不及",也因为循着"理"的向度而展开,必然能够做到发而中节,无时无处不归之于"正",既饱含着理性精神,更充满了人间温暖。所以无论"理"或"情",都为本体世界的展开所必需,既配合着宇宙运作的节律,更必须转化为生命实践的活动,表征了心性情理结构的完整圆融,显示了本体与行为的不可分割。因而"理"是充满了情感的"理","情"也是饱含着理性精神的"情"。一切行为都有"情"有"理",必须表现为"发而中节"的有礼有节,显然也构成了"知行合一"学说的基本原则。这就为人间道德世界与伦理秩序的建构提供了本体论及形上学的深层根据,体现了本体实践学的根本要义,不仅最大化地彰显了人的主体性地位及自我实现的"当然"与"应然",而且昭示了本体实践学"体用一源,显微无间"的"精义"和"微义"。诚如阳明所说:"吾心之灵,彻显微,忘内外,通极四海而无间,即三圣所谓'中'也。本至简也而求之繁,至易也而求之难,不其谬乎?"(引自钱德洪《阳明先生年谱序》)。他不仅重新解读了

《大学》的"格物致知"说，更重要的是还将其直接引入了"致良知"的实践活动，说明人不仅是诠释的存在，更是实践的存在。这正是长期与朱子的学问体系对话讨论，最终冲破了向外求理支离琐碎的藩篱，验之自己的身心及其与万物万事的关系，在通往"圣学"的道路上不断探寻和层层超越，才最终产生了充满活泼劲气的实践性思想理论。

但是，最能体现本体实践学精义的，仍然是阳明的"知行合一"与"致良知"学说。"知行合一"之"一"，我以为从本体实践学的理论脉络看，当然只能解释为形上本体或心性本体，因而"知行合一"作为一个实践性的哲学命题，必然只能是本体之知、德性之知、良知之知与本体之行、德性之行、良知之行在社会实践过程中的一本不二，反映本体诠释学与本体实践学之间，也是可以相互定位和良性互动的，最新则不断提高或升华人的认知能力与实践能力。今人往往将"知行合一"解释为理论与实践的统一，但一旦错误的理论与错误实践的相互结合，无论对个人还是国家社会，必然都会造成巨大的灾难，何况阳明早就有言"一念发动处，便即是行了"。"一念发动"显然便是心体的起用，尽管不排斥外在理论的积极建构，但绝非外在理论的强行输入，而是心体自由活泼的展开。阳明讲"知行原是两个字说一个工夫，这一个工夫须着此两个字，方说得完全无弊病"，显然是强调动机世界与行为世界的不可分裂，分裂即意味着人性的异化，必然造成各种人生病相，引发人际关系的危机。而从动机的产生到行为的实现，如阳明所说"知是行之主意，行实知之功夫，知是行之始，行实知之成"，二者合为一体才构成了完整的自觉性生命行为。"知行合一"作为一种德性生命层面上的自觉行为方式，既是人的本真存在不可或缺的见证，也是生命价值得以展开的前提，永远都应视为防范人的自我异化的铁律。

透过以上分析，我们已不难看到，"圣人之道吾性自足"作为阳明的悟道语，乃是他早年立志读书学做圣人，以后经过了长久的渐修功夫，最终在龙场大彻大悟，才以切身体验的方式建立起来的终极信仰。十分明显，"圣性"必须透过"心"的活动及与之相应的各种行为才能开显和落实，因而他后来强调"性"即是"心"之体，"圣性"必然"至善"，当然就会进一步发挥说"至善"即是"心"之本体，认为"个个人心有仲尼"（《咏良知四首示诸生》），"良知良能，愚夫愚妇与圣人同"（《答顾东桥书》)。只要能充分地发挥或实现内蕴在心之本体中的一切创造性潜质，便可达致《大学》所说的真善美合一为一体的"至善"境域。这就为每一个个体的"成圣"打开了大门，说明每一个个体都有不可剥夺的内在人格尊严，每一个个体都有实现自己生命价值的内在本体根据，每一个个体都拥有依据内在良知做出价值抉择和是非判断的权力。如果说"孟子尝立性善之论，上合千古圣人不言之心，下扫诸子邪论之失……孟子之言性，非一人之私言也，乃天下之公言"（张九成《孟子传》卷二十），那么也可说"自姚江指出良知人人现在，一返观而自得，便人人有个作圣之路，故无姚江，则古来之学脉绝矣"（黄宗羲《明儒学案·姚江学案》）。而阳明之所以言"良知"，同样亦非一人之私言，实乃天下之公论，明确点出了人的存在的普遍性意义。可见龙场大彻大悟"圣人之道吾性自足"发自内心的一声呼叫，如同释迦牟尼佛菩提树下大悟"一切众生皆有如来智慧德相"一样，都是对人性真理的开悟性揭示，代表了人性学说发展史上惊天动地的大事件。

内在隐蔽的良知，当然也可外显为人的道德行为，表现为良知现象，显示了良知本体实践学的一体两面，如同孔子的"仁"必有具体德目及"礼"的开显一样，显然也体现了儒家学者最为重视的"内外合一"之道。这也可说是良知说意义上的"知行合一"。外显的道德行为与内隐的心性本体是不可分割的，行为之"理"与心之"理"也是一体的。正是在这一意义脉络下，阳明才强调"吾心之良知即所谓天理也，致吾心之天理于事事物物，则事事物物皆得其理矣"（《答顾东桥书》）。而《大学》的"致知"就是致人人心中均有的良知，"格物"则为致良知之理于事事物物，则"事事物物无不得其理"，事事物物都在良知阳光的朗照下呈现出价值意义。而朱子"教人事事物物上去寻讨，却是无根本的学问"（《传习录下》），不仅在内丢失了形上本体，在外亦难免支离割裂，甚至内外打成两橛，陷入了告子"义外"说的泥坑。可见从"格竹事件"到"龙场悟道"，阳明正是长期与朱子对话，经过不断的生命体证的实践功夫，最终突破官学沉闷空气的压抑，创造性地发展出自己的一套学问体系的。他在不断探寻"悟道"的方法路径，并凭借自己的"悟道"经验来扩大和丰富良知本体实践学的空间的同时，也开辟出了一条与朱子不同的经典诠释学新路径，改变了"此亦一述朱，彼亦一述朱"的政治文化生态格局，继宋儒陆象山之后，将心学的发展推到了时代的最高峰。我们透过他一生在生命实践与经典解读两个方面所下的功夫，也可看出本体实践学与本体诠释学是可以良性互动的，二者不仅可以相互批评、修证、补充、完善，而且能相互定位、促进、推动、发展，说明实践与解释代表了生命创造活动不可或缺的两个重要向度，永远都为人类社会文明发展进步所必需。

　　前面已经一再提到，与"龙场悟道"之前有学之"三变"类似，"悟道"之后的阳明也有教之"三变"："居贵阳时，首与学者为'知行合一'之说；自滁阳后，多教学者静坐；江右以来，始单提'致良知'三字，直指本体，令学者言下有悟。"（钱德洪《刻文录叙说》）如果说前"三变"是从方法证入本体的话，那么后"三变"就是从本体开出方法，同样说明了本体实践学本体与方法可以互动与互构——本体不离方法，因"体"而可见"用"；方法不离本体，因"用"亦可见"体"。如如不变的只能是"本体"。"本体"虽是"一"，却能开出方法的"多"，透过"多"来显现"一"。可变的必然是"方法"，"方法"虽是"多"，却能证入本体的"一"，根据"一"来调整"多"。以"龙场悟道"为时间坐标，总结阳明的一生，可说前半生主要是"下学上达"，即不断尝试各种方法，同时也从经典中汲取思想资源，并反复与朱子对话，目的均为如何提升自己的精神境界，最终亲证亲历地悟入形上本体，达致成圣成贤的终极目的。后半生则为"上达下贯"，即依据本体不断调适方法，同时也重新解读了经典，匡正了朱子的旧说，目的是帮助他人提升精神境界，最终通过不断修行如实证入形上本体，达致成圣成贤的终极目标。他一生精力所瘁，实际已树立了重要的典范，说明人不仅是知识的存在、理性的存在、现实的存在，同时也是道德的存在、价值的存在、超越的存在。人能在不断的自我实现的过程中超越自己，与他人乃至万物结成意义和价值的共同体。因而人需要不断地诠释自己，实践自己，通过自己的诠释和实践体认生命，把握社会，了解世界，观察宇宙，所以人既是自己及其与世界的关系的诠释者，也是自己及其与世界的关系的实践者。但无论诠释或实践，都一头联系着人的生命活动及潜藏在背后的深邃广袤的心性超验世界，一头牵涉着活动的对象及隐蔽在后面的涵盖一切的本源性天道世界。二者在形下学与现象界虽然是分殊的，但在本体论与形上界又是一体的。人固然需要透过理论性的解释来开辟或建构形上形下两个方面人与世界共在的义理学说系统，但更重要的是凭借行动化的实践创造或开显出形上与形下两个方面人与世界共在的真实性价值意义。正是以此为出发点，我认为今天讨论阳明的"悟道"经历及其思想变化线索，不仅有必要做出解释学意义上的理论总结，更重要的是如何将其转化为实践学意义上的生命行动，将本体诠解学、本体体认学、本体实践学等合并为一片，透过多种方法的良性互动来推动人类社会健康合理地发展。

因此，真正的道德绝非空洞无根的理论说教，而是良知的到场及行为的开显，不是人为的造作的，而是自然的应机的。为了避免生命的异化与世界的残缺，确保价值与意义的弥久弥新，我们当然有必要以良知为人类永恒的超越的存在本体，彻底打通上（形上）下（形下）内（主体）外（客体）可能产生的隔阂，不仅催生出一整套有体有用的本体诠释学理论新模式，更要开创出一整套能够安身立命的本体实践学文明新体系。透过本体诠释与本体实践不断良性互动的方法，人类才能真正步入有体有用生命创造活力左右逢源地发展新境域。

论席书与王守仁的学术交流

◎金生杨*

摘要：席书作为一位务实的政治型官员，在学术上也有深入的思考与研究。他在较为艰难的情况下，独具才胆识，延聘王守仁主讲文明书院，后又积极支援守仁平定朱宸濠之乱，力荐其入阁，对阳明政治、学术的成长与发展产生了重要影响。他家传《春秋》学，不断思考朱陆异同，提出独特见解。在贵州提学副使任上，席书与王守仁讲学论道，率诸生以师礼事之；对守仁知行合一说，由疑而信，接受并践行之。王守仁也受到席书朱陆同异论的影响，深化其研究，完成《朱熹晚年定论》等论著。在议大礼的过程中，席书得到王守仁疑义相析并鼓励其弟子黄绾等的参与帮助。

关键词：席书；王守仁；心学

因为席书是王守仁走出人生低谷的"贵人"，所以席书与王守仁的关系问题就成为研究者比较关心的问题。不过，受到史料等的限制，相关研究始终不够深入。学界最早专门讨论这一话题的是中国台湾学者林继平先生。作为席书的同乡，他从小便对这位乡贤充满敬意，最终写作专文，就席书生平事迹、与王守仁的交谊及知行合一说的形成做了初步的分析，提出席书为阳明政治上的知音、深知知行合一说之真谛。[①] 其实，在此稍前，陈荣捷先生已就王守仁、席书间有关朱陆同异的学术互动做了研究，提出

---

* 金生杨，重庆万州人，历史学博士、教授。
① 林继平：《席元山与王阳明的交谊——阳明"知行合一"说的形成》，台湾《东方杂志》复刊第18卷第7期（1985），第12~26页。

席书有功于守仁之说。① 张宏敏先生从黔中王学、蜀中王学着手，重点围绕贵阳讲学、大礼议，分析席书与守仁学的关系，特别是引入黄绾，分析了席书、黄绾、王守仁等人间的互动。② 任文利先生则从大礼议中王阳明及其弟子们的角度，分析了阳明与大礼议的问题，席书也得到一定的探讨。③ 此外，冈田武彦先生、余怀彦先生等对席书与王守仁的关系做了较通俗的解读。④ 深入挖掘席书的有关史料，并从席书的角度对此问题加以探讨，则是本文的出发点和立足点。

一 平生知己，不患无知

席书是王守仁政治仕途上的荐拔者，也是王守仁政治理念的践行者，突出表现在贵州延聘、支援平叛、荐举入阁三件大事上。王守仁对席书有学术上的启迪之功，在大礼议上给予了积极的声援。他们在学术上相惜相知，互相进益，在朱陆同异、知行合一、大礼议论等方面表现尤为突出。所以，席书与王守仁不是普通的师友关系，而是患难见真情的平生知己。黄绾在与席书的信中就说："阳明先生与潘御史壮道及先生，平生颇为知己。英雄心事，固不患无知者。"⑤

正德元年（1506）二月，王守仁上封事，忤宦官刘瑾，被矫旨谪守贵州龙场驿，任驿丞。正德四年（1509），席书出任贵州提学副使，择州县子弟，延守仁教之文明书院，率诸生以师礼事之。他去函称王守仁"文章

---

① 陈荣捷：《从朱子晚年定论看阳明之于朱子》，《书目季刊》第 15 卷第 3 期（1981），第 15～34 页。其后收入《朱学论集》，学生书局，1982，第 353～383 页；《王阳明传习录详注集评》，学生书局，1983，第 437～472 页。
② 张宏敏：《黄绾与席书——浙中王学与黔中王学互动的一个案》，《贵州师范大学学报》（社会科学版）2015 年第 4 期；《蜀中王学论稿——"蜀学"与"浙学"互动的一个案例》，舒大刚、尹波主编《蜀学·湘学与儒学学术研讨会论文集》，线装书局，2018，第 226～245 页。令人好奇的是，在他的论述中，席书前文是黔中王学，后文却又变成蜀中王学，但论述内容却相同无异，岂在黔说黔、在蜀说蜀之谓？
③ 任文利：《治道的历史之维——明代政治世界中的儒家》，中央编译出版社，2014，第 88～130 页。
④ 〔日〕冈田武彦：《王阳明大传：知行合一的心学智慧中》中卷，重庆出版社，2015，第 2～3 页；胡传淮《明代蜀中望族：蓬溪席家》录有余怀彦、刘学洙、周月亮、庞思纯、何静梧、吕峥等先生的有关通俗性论说，中国文史出版社，2013，第 177～210 页。
⑤ （明）黄绾：《黄绾集》卷 19《寄席元山书》之一，上海古籍出版社，第 351 页。

气节，海内著闻"，而前督学毛科任时，王守仁"旅居书院俯教，承学各生方仰有成"而毛氏罢，所以在"省试已迫"的情况下，敦请守仁"再屈文斾"，"用副下学之望"①。

其实，王守仁未能在前督学毛科敦请下主讲文明书院固然有毛科罢任的原因，还在于王守仁根本不愿意前来，直接拒绝应请。正德三年（1508）初，王守仁逃过刘瑾追杀，好不容易来到贵州，却受到思州守令遣人来驿的羞辱。当地夷人为抱不平，将来者殴辱了一番，惹得守令大怒，言诸当道。作为余姚同乡的时任毛宪副科，不仅没有调查清楚事实，替王守仁正名，反而以老好人的方式去信守仁，要他向守令谢罪，并谕以祸福。显然，毛科将王守仁看成罪人谪臣，劝其委曲求全。王守仁本身以直为国而受谪，如何能受同乡如此责辱，直接以忠信礼义复信，以为"跪拜之礼亦小官常分，不足以为辱，然亦不当无故而行之。不当行而行，与当行而不行，其为取辱一也。废逐小臣所守以待死者，忠信礼义而已，又弃此而不守，祸莫大焉"②。对于此，钱德洪称"先生致书复之，守惭服"③，颇为怪异。毛科来函，王守仁复之，何以"守惭服"呢？事实上，毛科的态度明显有变化，所以他稍后请守仁主讲文明书院。对此，王守仁当然没有接受。他以诗答复道："野夫病卧成疏懒，书卷长抛旧学荒。岂有威仪堪法象？实惭文檄过称扬。移居正拟投医肆，虚席仍烦避讲堂。范我定应无所获，空令多士笑王良。"④从诗中可以看出，毛科以"文檄"的方式招王守仁，即用官场公文，以上命下的方式招用。这对于王守仁而言，官势压人，当然不可接受。他说出不应招有三条理由：其一，作为贬谪之臣，乃山村野夫，身体不好，止打算寻医问药，治病求生；其二，以旧学相招，但自己因病疏懒，书卷长抛，旧学已荒；其三，戴罪之身，没有威仪，不堪法象。最后表明自己的态度，避席不应。王良于王莽时，称疾不仕，教授诸生千余人。王守仁当时在修文办龙岗书院，教授生徒，正如王良的处境。所以他最后一句诗，大有挖苦之意，称毛氏如果一定要约

---

① （明）席书：《元山文选》卷5《与王阳明书》之一，明嘉靖二十年（1541）席中、席和刻本。
② （明）王守仁：《王阳明全集（新编本）》卷21《答毛宪副（戊辰）》，第838~839页；《（嘉靖）贵州通志》卷11《艺文》；《（万历）贵州通志》卷23《艺文志》。
③ （明）王守仁：《王阳明全集（新编本）》卷32《年谱一》，第1234页。
④ （明）王守仁：《王阳明全集（新编本）》卷19《答毛拙庵见招书院》，第742页。

束他，只能让士子嘲笑他而已。

　　与毛科的公文相招不同，席书则以私函相邀，词情恳切，很快得到王守仁首肯。这一呼一应，加以前后对比，就鲜明地折射出席、王的心心印许。席书随即复函，分析科举利弊，认为守仁任教可以兼顾科举时文与圣贤之学，更能为民矜式，有系风教，并为守仁执教事务做了具体的安排。①"文成既入文明书院，公暇则就书院论学，或至夜分，诸生环而观听以百数。"② 可以说，正是席书的延聘，促成了阳明学在贵州的广泛传播。李贽称："即此一事，公之才识已足盖当世矣。当是时，人之尊信朱夫子犹夫子也，而能识朱子之非夫子，唯阳明之学乃真夫子，则其识见为何如者？然有识而才不充，胆不足，则亦未敢遽排众好，夺时论，而遂归依龙场，以驿丞为师也。官为提学，而率诸生以事驿宰，奇亦甚矣。见何超绝！志何峻卓！况不虞贼瑾之虐其后乎。"③ 席书识见超绝，才充胆足，志虑峻卓，不畏惧刘瑾的报复，可见其勇毅敢当。其时之凶险，一般人皆望而畏之。"王伯安时谪贵州龙场驿丞，诸命吏方虞刘瑾之余，不敢通龙场一刺，书则独率诸生事龙场为师。"④ 林继平分析指出："席元山不惧刘瑾的权势，以提学副使之尊，前去拜访驿丞王阳明，并延聘阳明主讲贵阳书院，固然阳明在龙场的超悟，必有令元山可倾服者，而元山的为人，服善与向道，就非一般朱学化的官僚所能比拟了。况阳明处此极端险恶环境，元山非但伸以援手，并倍加礼遇，其间的情谊，已超越政治层面之上，绝非一般政治人物可比。"⑤ 所以，席书不仅才胆识志超群，还有礼贤下士，待人有情感，给人以体面，能深入人心的一面，非真知己者不能为。

　　正德十四年（1519），宁王朱宸濠乱起。王守仁提督军务，于江西吉安起义兵，集合数千人前往平乱。固然王守仁有着非凡的军事才能、过人

---

① （明）席书：《元山文选》卷5《与王阳明书》之二，明嘉靖二十年（1541）席中、席和刻本。按，（乾隆）《贵州通志》卷37席书《为诸生请王阳明先生讲学书》为节录本。
② （明）郭子章：《黔记》卷39《提学副使席文襄公书》，《云南丛书》本。
③ （明）李贽：《续藏书》卷12《内阁辅臣·太傅席文襄公》，明万历三十九年王惟俨刻本；（明）焦竑辑《熙朝名臣实录》卷12《太傅席文襄公》，明末刻本。
④ （明）尹守衡：《皇明史窃》卷70《张李席桂方夏列传》，明崇祯刻本。
⑤ 林继平：《席元山与王阳明的交谊——阳明"知行合一"说的形成》，《东方杂志》复刊第18卷第7期。

的胆识和智慧，但"提弱卒"而抗衡十余万众的朱宸濠，并取得"终明之世，文臣用兵制胜，未有如守仁者"的政绩①，是很难做到的。实际上，在平定过程中，王守仁得到了时任福建左布政使席书的大力支援。席书发库金，募兵二万，赴江西支援。途中得王守仁《预备水战牌》，"牌仰福建布政司即行选募海沧打手一万名，动支官库不拘何项银两，从厚给与衣装行粮，各备锋利器械；就仰左布政使席书，兵备佥事周期拥自行统领，星夜前赴军门，相机前进，并力擒剿"②。为此，席书返回福建制备，再度赴援，道闻贼平，乃还。王守仁称："臣遇变丰城，传檄各省，独（周）期雍与布政席书闻变即发。当是时，四方援兵皆莫敢动，迄宸濠就擒，竟无一人至者。独席书行至中途，复受臣檄，归调海沧打手，又行至中途，闻事平而止。"③ 虽然，席书只是策应，但情况紧急，容不得半点差池。席书的支援，对于阳明的平叛是一个有力的声援，在打击对手士气上起到了重要作用。其助力阳明，绝非口头空言，而是实实在在的践履，也可以说是对阳明"知行合一"论的真实践行。最关键的是："宸濠反，王守仁传檄诸省募兵，独书与按察使周期雍即日赴援，闻贼平，道归。"④ 这样的情谊，不可谓不深。

事平，面对王守仁的不如意，席书好言相劝，多加安慰。他说："曩岁江州事宁，书幸谒于信州，执事曰行将献捷行在，归阳明山，遂乃志。书亦谓盛名难居，功高不赏，履谦持盈，时道然也。"⑤ 一以遂志相告，一以谦不受功为劝，皆根底肺腑之言，毫无掩饰应酬之态。其后，王守仁再遇朝臣劾论，席书又以书解之，慰喻恳切。一则关于守仁之事功者，既为明劾者之因缘，又为其理出困之方。他说："江西之事，如日月皎然，而全躯保妻子之臣从而媒蘖其短，此不足怪。大抵功高不赏，从古为然，宜乎言者之纷纷也。然邪不胜正，归正论者恒七八。执事处此，岂俟多言。

---

① （清）张廷玉等：《明史》卷195《王守仁传》，中华书局，1974，第5170页。
② （明）王守仁：《王阳明全集（新编本）》卷17《别录九·预备水战牌》，浙江古籍出版社，2010，第611页。
③ （明）王守仁：《王阳明全集（新编本）》卷15《别录七·举能抚治疏（七年五月二十五日）》，第526页。
④ （明）何乔远：《名山藏》卷74《臣林记·文襄席元山先生书》，明崇祯刻本。
⑤ （明）席书：《元山文选》卷5《与王阳明书》之四，明嘉靖二十年（1541）席中、席和刻本。

宜再具疏，大略曰：'言官论列，臣不敢辩。兹惟大事，仰仗天威，臣实无功，乞免爵封，以息群议。'大意如此，字句不过十行，力疏三四而后已，则执事之道德不可名言矣。"一则关于守仁之学术，感慨心学为时所禁，劝守仁坚守以待后学。他说："近日谈孔、孟者，为时大禁。圣明之世有此，可为叹息"，"为执事计者，守先王之道，以待后之学者而已"。[①]

正德十六年（1521），王守仁自江西便道归省，听说席书有"内台之擢"，推测其沿途行止，派人专候，希望借此机会，作"信宿之谈"，质证学问新境。然而王守仁虽"驻信城五日"，但终无缘一面，只得"怏怏而去"[②]。由此可见，二人之情深义重，真诚相与。

嘉靖三年（1524），桂萼再掀大礼议，并上席书、方献夫先前所拟疏。席书因此得召，特旨代礼部尚书。嘉靖四年（1525）二月，席书受到首辅费宏等的阻抑，力荐杨一清、王守仁入阁。"大同军变……书持不可，请讨之，与政府忤。时执政者费宏、石珤、贾咏，书心弗善也，乃力荐杨一清、王守仁入阁，且曰：'今诸大臣皆中材，无足与计天下事。定乱济时，非守仁不可。'帝曰：'书为大臣，当抒献略，共济时艰，何以中材自诿。'"[③] 钱德洪记载："先生服阕，例应起复，御史石金等交章论荐，皆不报。尚书席书为疏特荐曰：'生在臣前者见一人，曰杨一清；生在臣后者见一人，曰王守仁。且使亲领诰卷，趋阙谢恩。'于是杨一清入阁办事。明年有领卷谢恩之召，寻不果。"[④] 荐举守仁者非止席书一人，所谓"久之，所善席书及门人方献夫、黄绾以议礼得幸，言于张璁、桂萼，将召用，而费宏故衔守仁，复沮之"[⑤]。但就地位而论，席书算不上阳明弟子，地位又高，却如此不避忌讳、不遗余力，以至受到皇帝的责让，真可算相知已深。

需要指出的是，席书不仅荐王守仁，还同时荐杨一清入阁，而且将杨一清排在首位。其实，这与杨一清与王守仁相知有密切关系。起初，王守仁由庐陵知县"入觐，迁南京刑部主事，吏部尚书杨一清改之验封"[⑥]。其

---

① （明）席书：《元山文选》卷5《与王阳明书》之五，明嘉靖二十年（1541）席中、席和刻本。
② （明）王守仁：《王阳明全集（新编本）》卷5《文录二·与席元山（辛巳）》，第193页。
③ （清）张廷玉等：《明史》卷197《席书传》，第5205页。参《明世宗实录》卷48，嘉靖四年二月辛卯。
④ （明）王守仁：《王阳明全集（新编本）》卷34《年谱三》，第1303页。
⑤ （清）张廷玉等：《明史》卷195《王守仁传》，第5166页。
⑥ （清）张廷玉等：《明史》卷195《王守仁传》，第5160页。

后，仅历五年，守仁便升至南京鸿胪寺卿。"其升迁之速，实所罕见，如非杨一清暗中大力擢拔，在政坛上是绝不可能的"①，所以才有"一清雅知守仁"之说②。显然，席书深知此事，故以杨一清、王守仁并举，以便二人相互声援，协同治理。此外，也缘于席书与杨一清的亲密关系。当桂萼将其议礼疏奏上时，或劝席书"宜勿承，不然忤众，且得罪"，席书虽不肯，但仍有疑虑，以书质杨一清，得其鼓励与支持："公既实有此疏，今安得不承，亦据其所见者耳，何必同比？"当尚书命下，或止席书不宜至时，又得到杨一清的鼓励："上命若是，公不去，恐衣冠之祸起矣。"③ 所以，席书之荐杨一清、王守仁，实乃三人互为知己之故。对于席书之荐己，王守仁感恩在心；对于席书之荐杨一清，王守仁也十分认同④。至于黄绾欲以守仁入辅而毁一清，这是后话，也反映出作为守仁弟子的黄绾，并不如席书之知守仁，故而弄巧成拙，反致一清、守仁失和。

嘉靖六年（1527）三月十一日，席书病卒。王守仁《祭元山席书文》，盛赞其为"豪杰之士，社稷之臣"，称其勇于以道自任，"世方没溺于功利辞章，不复知有身心之学，而公独超然远览，知求绝学于千载之上"⑤。这也正是对席书当年只知王守仁长于文、相交而后论道的回应。关于二人的相知，王守仁提到了两点：第一，荐举，属于政治层面："某之不肖，屡屡辱公过情之荐，自度终不能有济于时，而徒以为公知人之累，每切私怀惭愧。"⑥ 第二，论学，属于道艺层面："又忆往年与公论学于贵州，受公

---

① 林继平：《席元山与王阳明的交谊——阳明"知行合一"说的形成》，《东方杂志》复刊第 18 卷第 7 期。
② （清）张廷玉等：《明史》卷 195《王守仁传》，第 5167 页。按，杨一清《石淙诗钞》中有多首二人相唱和之诗，可以佐证。
③ （明）杨一清：《光禄大夫柱国少保兼太子太保礼部尚书武英殿大学士赠太傅谥文襄席公书墓志铭》，（明）焦竑：《国朝献徵录》卷 15《内阁四·席书》，万历四十四年（1616）刻本。
④ 王守仁在杨一清再入阁后曾致书，鼓励对方"身任天下之祸"以"操天下之权"，从而"济天下之患"，《王阳明全集（新编本）》卷 21《寄杨邃庵阁老（癸未）》，第 855~856 页。按系年"癸未"有误，具体分析参考任文利《治道的历史之维——明代政治世界中的儒家》，中央编译出版社，2014，第 20~22 页。
⑤ （明）王守仁：《王阳明全集》（新编本）卷 25《外集七·祭元山席尚书文（丁亥）》，第 1008~1009 页。
⑥ （明）王守仁：《王阳明全集》（新编本）卷 25《外集七·祭元山席尚书文（丁亥）》，第 1008~1009 页。

之知实深。近年以来，觉稍有所进，思得与公一面，少叙其愚，以求质正，斯亦千古之一快，而公今复已矣。"王守仁谦以政治无长，学术无涯而应之："自今以往，进吾不能有益于君国，退将益修吾学，期终不负知己之报而已矣。"[①] 他特别提及当年贵州论学，受知实深。其实得其益者，既有席书，一改功利辞章，而从事于身心之学，进而论朱陆同异，求绝学于千载之上，也有王守仁自己，不但成就知行合一之论，而且因朱陆同异之质问，而突破当年之疑惑，终成《朱子晚年定论》一书。但王守仁所感念的是受知之深，也应有两点：一是在艰难困苦中，被延请以讲学，受到了应有尊重；二是席书深悉其学，领会其知行合一的真谛，在学问上找到了知音，得到了激励。至于席书是否于此有讲益之功，则不言自明。

二　朱陆同异与知行合一

席书与心学颇有渊源，其六世祖席福，"学博而邃，尝游元草庐吴先生（澄）之门"[②]。席书"读书信道学，求理性，穷探苦索，务窥蕴奥"[③]，"性嗜静养，学问根本周、程。课士先德行，后文艺"[④]，在学术上早已偏祖陆学。

正德三年（1508），王守仁至谪地龙场驿，始悟格物致知。次年，悟知行合一之旨。时席书被命贵州提学副使，正对朱陆同异上心。二人相遇，于是有了两悟交感、各鸣其意之举，以相印许。席书自称："予旧知阳明，知其文也，知其才猷勋业也，因以二者质之"。王守仁则批评其所言为小，"予事文业以为观听之美固末"，"心至大而至明，君子先立其大而不晦其明"。这对席书产生了巨大的影响，以至于"心惕背汗"。但席书

---

① （明）王守仁：《王阳明全集》（新编本）卷25《外集七·祭元山席尚书文（丁亥）》，第1008~1009页。
② （明）杨一清：《光禄大夫柱国少保兼太子太保礼部尚书武英殿大学士赠太傅谥文襄席公书墓志铭》，（明）焦竑：《国朝献徵录》卷15《内阁四·席书》，万历四十四年（1616）刻本。
③ （明）杨一清：《光禄大夫柱国少保兼太子太保礼部尚书武英殿大学士赠太傅谥文襄席公书墓志铭》，（明）焦竑：《国朝献徵录》卷15《内阁四·席书》，万历四十四年（1616）刻本。
④ （明）郭子章：《黔记》卷39《提学副使席文襄公书》，《云南丛书》本。

并非不学无术之徒,他分析濂洛道统,提出朱陆同异的问题。在讲学过程中,席书感受到王守仁"悟朱陆不决之疑,直宗濂洛,上溯孔、孟",于"大中之道,恍若有得",称其为文运再兴的希望所在①。通过交谈,席书改变了以王守仁为"文士"的看法:"近觐接于贵阳,扣其所蕴,道理尤精,盖尝于静中学他道而悟正学者。"为此他专门去信好友刘绩,希望在夏口与守仁相会时,"相倾下,各吐所见所闻,以求道理归一,庶于斯道有补"②。

席书提出来与王守仁做学术交流者,大体在其所长的两个方面:其一是其家传的《春秋》学。弘治十一年(1498),席书任工部都水清吏司主事,在淮安与刘绩讲学,着《三礼春秋私论》稿十卷③。此次听王守仁教,得闻《春秋》之论,归而阅旧作《春王正月》遗稿,发现"宛有暗合阳明之意",有感于"古今天下,此心此理,本无二矣"④,不仅对当年的疑惑释然,而且更加自信。其二便是朱陆同异。席书后来寄信阳明道:"书不揣愚昧,妄为陆氏鸣者,为今日诸君鸣也。执事昔在龙场,书怀此疑,尝以质之门下,曰然,乃益信之,然梦闻也。迄今十余年,漫漫长夜,酣寐如昨,安得日侍君子,一觉我耶?"⑤席氏所言为陆氏鸣者,即其所着《鸣冤录》也。可见,席书当时确实以朱陆同异质诸守仁,而守仁"曰然",但没有给出明确回答,故席氏仅为"梦闻"。不仅如此,通过与王守仁的讲学,席书还有满满的收获,著成《定性续书》稿二卷⑥,盖发明程

---

① (明)席书:《元山文选》卷1《送别阳明先生序》,明嘉靖二十年(1541)席中、席和刻本;(嘉靖)《贵州通志》卷11《艺文·席书送别王守仁序》;(万历)《贵州通志》卷23《艺文志·(提学席书)送别王守仁序》。
② (明)席书:《元山文选》卷5《与刘用熙书》之一,明嘉靖二十年(1541)席中、席和刻本。
③ (明)席中:《元山文选》跋,(明)席书:《元山文选》卷末附,明嘉靖二十年(1541)席中、席和刻本。按:席中称此"未脱稿",今已不传。但《元山文选》中仍保留《春秋》六论,(道光)《安定席氏族谱》卷6收录明李实原叙《文襄公春秋论》,仅录文5篇,二者均无下文所言的《春王正月》稿。
④ (明)席书:《元山文选》卷5《与王阳明书》之三,明嘉靖二十年(1541)席中、席和刻本。
⑤ (明)席书:《元山文选》卷5《与王阳明书》之四,明嘉靖二十年(1541)席中、席和刻本。
⑥ (明)席中:《元山文选》跋,(明)席书:《元山文选》卷末附,明嘉靖二十年(1541)席中、席和刻本。按:《定性续书》稿,今不传,未见佚文。

颢《定性书》者，是于圣贤之学大有长进也。

虽然守仁不正面回答席书所问，而是激情地宣传其知行合一论，但席书仍在交流中似有所悟地得到了答案。"是年，先生始论知行合一。始席元山书提督学政，问朱陆同异之辩。先生不语朱陆之学，而告之以其所悟。书怀疑而去。明日复来，举知行本体证之五经诸子，渐有省。往复数四，豁然大悟，谓'圣人之学复睹于今日，朱陆同异，各有得失，无事辩诘，求之吾性本自明也'。遂与毛宪副（毛科）修葺书院，身率贵阳诸生，以所事师礼事之。"①

这里有两方面需要关注：一是席书的朱陆同异问题。关于此，王守仁没有给予正面回应，又有所肯定。席书在交谈中悟得朱陆各有得失，算是守仁不教教之。二是王守仁的知行合一说。王守仁不理睬席书之问，却极力宣扬己说，席书对此始而疑，终而信，可谓是王氏知行合一说的见证者和首批接纳者，所以席书才率诸生以师礼事之。钱德洪《刻〈文录〉叙说》称王守仁"居贵阳时，首与学者为'知行合一'之学"②，席书显然是最早的那一位。更为重要的是，席书体认得知行合一论的真谛，又体现出二人的相知。王守仁后来说："悔昔在贵阳举知行合一之教，纷纷异同，罔知所入。"③ 又说："吾居龙场时，夷人言语不通，所可与言者，中土亡命之流。与论知行之说，更无抽格。久之，并夷人亦欣欣相向。及出与士夫言，反多纷纷同异，拍格不入。学问最怕有意见人，只患闻见不多。良知闻见益多，覆蔽益重。"④ 面对"纷纷异同，罔知所入"，席书虽"有意见"，却能"入"得其里，确乎难能，这可以说是王守仁引以为知己的关键因素之一。所以，守仁在席书去世后的祭文称："忆往年与公论学于贵州，受公之知实深。"⑤ 王守仁说的受知深，没有提席书请其主讲书院，而是说"论学"，而论学内容，最核心内容就是知行合一说。

王守仁知行合一论是他在告知席书自己所悟而引发的。虽然它源于王

---

① （明）王守仁：《王阳明全集（新编本）》卷三十二《年谱一》，第1235页。
② 徐爱、钱德洪、董澐：《徐爱 钱德洪 董澐集》，凤凰出版社，2007，第185页。
③ （明）王守仁：《王阳明全集》（新编本）卷三十二《年谱一》，第1236页。
④ （明）王守仁：《王阳明全集》（新编本）卷三十九《补录一·传习录拾遗（五十一条）》，第1550页。
⑤ （明）王守仁：《王阳明全集》（新编本）卷25《外集七·祭元山席尚书文（丁亥）》，第1009页。

守仁自悟，但其因缘却在于席书之疑与问。王守仁正是在"举知行本体，证之五经诸子"时，才意识到知行合一。有意思的是，王守仁于正德三年（1508）完成《五经臆说》，乃其谪居中"默记旧所读书而录之，意有所得，辄为之训释"者①，恰好成为他为席书讲论所悟的凭借。今此书已佚，只留下弟子于废稿中所得的十三条。值得注意的是，其废弃之由："既后自觉学益精，工夫益简易，故不复出以示人。（钱德）洪尝乘间以请。师笑曰：'付秦火久矣。'（钱德）洪请问。师曰：'只致良知，虽千经万典，异端曲学，如执权衡，天下轻重莫逃焉，更不必支分句析，以知解接人也。'"②所以，《五经臆说》之佚，实因王守仁自己不满意，所谓"支分句析，以知解接人"。但考其实，乃是守仁与席书讲论而有新悟后的自弃。"（王阳明）嗣后以所记忆'五经'之言证之，一一相契，独与晦庵注疏若相抵牾，恒往来于心，因着《五经臆说》。时元山席书官贵阳，闻其言，论议有自，知其所学之非至，有诳己诳人之说，乃自信曰：'晦翁亦已自悔矣。'日与学者讲究体察，愈益精明，而从游者众。"③王阳明最终释而无疑，乃在其《朱子晚年定论》，所谓"独于朱子之说有相抵牾，恒疚于心。……复取朱子之书而检求之，然后知其晚岁固已大悟旧说之非，痛悔极艾，至以为自诳诳人之罪，不可胜赎"④。冯梦龙《皇明大儒王阳明先生出身靖乱录》虽为小说家言，但也不尽是胡言乱语，其说无疑给了人们更多启示和遐想，似足资佐证。其言道："明年癸巳，贵州提学副使席书号元山，亦究心于理学。素重先生之名，特遣人迎先生入于省城。叩以致知力行，是一层工夫，还是两层工夫。先生曰：'知行本自合一，不可分为两事。就如称其人知孝知弟，必是已行过孝弟之事，方许能知。又如知痛，必然已自痛了，知寒必然已自寒了。知是行的主意，行是知的工夫。古人只为世人贸贸然胡乱行去，所以先说个知，不是画知行为二也。若不

---

① （明）王守仁：《王阳明全集（新编本）》卷22《外集四·五经臆说序（戊辰）》，第917页。
② （明）王守仁：《王阳明全集（新编本）》卷26《续编一·五经臆说十三条》，第1023~1024页。
③ （明）雷礼辑《国朝列卿纪》卷50《南京兵部尚书行实·王守仁》，《四库全书存目丛书》史部第93册，第480~481页。
④ （明）王守仁：《王阳明全集（新编本）》卷7《文录四·朱子晚年定论序（戊寅）》，第256页。

能行，仍是不知。'席公大服，乃建立贵阳书院，身率合省诸生以师礼事之，有暇即来听讲。先生乃大畅良知之说。"① 据此，王守仁知行合一论乃由席书发问而起。林继平先生分析认为："阳明知行合一说的诞生与形成，皆由元山而起，故元山实为王学形成的一关键性人物"；正是在前一年"忽中夜大悟格物致知之旨"后，经席书之问，王守仁才将良知本体与笃实践履工夫联系起来，"良知本体，并非凭空想象出来的，而是由笃实践履的工夫证知得来的"②。这样的哲理逻辑性梳理，很能说明席书确实在知行合一说的形成中起到了重要作用。事实上，席书前来，王守仁告知以其所悟，所悟者乃其前一年始悟的格物致知，在于良知本体。对于如此虚幻的本体，作为务实的席书，自然不能接受，但又觉得很有道理，所以疑而去，去而复来。王守仁显然受到启发，故借此而阐发其良知本体乃由笃实践履工夫证知得来，从而有知行合一说。

应该说，贵州时席、王之交，席为主，王为次。只是后来王守仁学问、名望之故，反而主次颠倒。胡直记载道："方王公谪贵阳，始倡圣人之学，公首相推信，赠之文。其言曰：'君子先立其大，不晦其明，譬之开广居，悬藻鉴，物来能容，事至能应。蕴中为道德，发言为文章，措躬为事业，大至参天地，赞化育而有余。'又曰：'朱陆二氏各分门户，从陆者谓为禅会，从朱者谓为支离。道至是一明，亦至是一晦。'观斯言也，盖蒸蒸入至一无我之门矣。"③ 可以看出，当时席书极力向王守仁谈论陆学，辩朱陆异同。此后，席书也没有放弃，而是撰刻《鸣冤录》一书，并寄予王守仁指正。"书才识敏决，文章政事亦卓然可称。其学专右象山而抑考亭，尝著《鸣冤录》以明象山之冤，识者韪之。"④ 正德十六年（1521），王守仁《与席元山》书："向承教札及《鸣冤录》，读之见别后

---

① （明）冯梦龙：《皇明大儒王阳明先生出身靖乱录》卷上，日本墨憨庆新编弘毅馆刊本，第25页。
② 林继平：《席元山与王阳明的交谊——阳明"知行合一"说的形成》，《东方杂志》复刊第18卷第7期。
③ （明）胡直：《衡庐精舍藏稿》卷21《席文襄公祠堂碑》，明万历刻本。按，所谓赠文即席书《送别阳明先生序》，然所引赠文，前者为席书转述王守仁言，后者方为席书之言。胡直概以为席书言，略有不妥。
④ （明）李贽：《续藏书》卷12《内阁辅臣·太傅席文襄公》，明万历三十九年王惟俨刻本；（明）焦竑辑《熙朝名臣实录》卷12《太傅席文襄公》，明末刻本。

学力所到,卓然斯道之任,庶几乎天下非之而不顾,非独与世之附和雷同,从人非笑者,相去万万而已。喜幸何极!"① 嘉靖二年(1523),王守仁《寄席元山》,再次表示赞赏,称:"向见《鸣冤录》及承所寄《道山书院记》,盖信道之笃,任道之劲,海内同志莫敢有望下风矣,何幸何幸!"② 钱德洪记载:"(王守仁)先生刻《象山文集》,为序以表彰之。席元山尝闻先生论学于龙场,深病陆学不显,作《鸣冤录》以寄先生。称其身任斯道,庶几天下非之而不顾。"③

就此而言,需要辨析的有以下几点:其一,虽然席书早有朱陆异同之见,但不够成熟,其撰刻《鸣冤录》在闻守仁龙场论学之后。王守仁"读之见别后学力所到"、钱德洪"尝闻先生论学于龙场,深病陆学不显,作《鸣冤录》以寄先生",可以相互印证。其二,席书之见异于当时思潮,有卓然独立之见。王守仁称其"卓然斯道之任","天下非之而不顾,非独与世之附和雷同","信道之笃,任道之劲",甚至"海内同志莫敢有望下风",皆可印证,而钱德洪所记,乃转述王氏之说而已。细味其语,似还有席书从信阳明学,坚守不易,而又独立求索之意。其三,席书对王守仁学术产生了重大影响。关于此点,我们还需要进一步考察。

首先,席书朱陆异同说的时代背景。陈建称:"篁墩(程敏政)高才博学,名重一时,后学无不宗信也。于是修《徽州志》者,称篁墩文学,而以能考合朱陆为称首矣;按闽台者,称《道一编》有功于朱陆,为之翻刻以广传矣。近年,各省试录每有策问朱陆者,皆全据《道一编》以答矣;近日,缙绅有著《学则》,著《讲学录序》《中庸管窥》,无非尊陆同朱,群然一辞矣。至席元山之《鸣冤录》、王阳明之《定论》,则效尤附和,又其甚者矣。"④ 席书自己也说:"近时一二大贤尝伸此义,以救末流。信者寡,而传疑大半,是录所由鸣也。"⑤ 看来,由朱陆无极之辩等引发的朱陆异同问题,已成为当时社会上日渐重要的话题,尊陆同朱,成为共同认可的论点。席书、王守仁则是逐其流而扬其波。就陈建所论先后次第而

---

① (明)王守仁:《王阳明全集(新编本)》卷5《文录二·与席元山(辛巳)》,第193页。
② (明)王守仁:《王阳明全集(新编本)》卷21《外集三·寄席元山(癸未)》,第861页。
③ (明)王守仁:《王阳明全集(新编本)》卷33《年谱二》,第1288页。
④ (明)陈建:《学蔀通辩·前编》卷下,淳熙十六年正月,(明)陈建:《陈建著作二种》,上海古籍出版社,2015,第110页。
⑤ (明)席书:《元山文选》卷1《鸣冤录序》,明嘉靖二十年(1541)席中、席和刻本。

言，似席书《鸣冤录》又早于王守仁《朱子晚年定论》。

其次，王守仁在朱陆异同上的认知变化。王守仁当时不正面回答席书朱陆异同之问，冈田武彦推测有两方面的原因：一是与其争辩古人做学问是非，不如体悟圣学，以求吾性；二是朱学盛行，为避其锋芒，避免成为众矢之的，不便公开表明自己的看法。① 应该说，这两点说法比较符合学者们的认识，但王守仁是否就这种角度去思考问题，仍有待商榷。关于第一个原因，王守仁正处于得悟"格物致知"的兴奋点，又因问而悟"知行合一"，急迫需要与人分享交流，以验证其当否，可能更为关键。关于第二点，从前文所引陈建的论辩、明代心学发展的历程来看，说当时朱学固然盛行，但陆学私潮风起云涌，尊陆同朱更受欢迎，所以冈田氏之论不合事实。此外，王守仁之学从"格物"入，其格竹子之理的经历，充分说明他早期是朱学的坚定信仰者，虽然逐渐由信而疑，但要直接认同席书抑朱扬陆，显然比较困难。更何况，他前一年所著《五经臆说》，尚属于朱熹读书格物的"知解"工夫。如前所述，王守仁最终受席书影响自弃掷而不惜。在朱陆异同问题上，他很可能还没有认真琢磨过。他后来自称："谪官龙场，居夷处困，动心忍性之余，恍若有悟。体验探求，再更寒暑，证诸'六经'四子，沛然若决江河而放之海也。"② 虽是自言其悟，但既不满意于《五经臆说》，就难免有自我拔高之嫌。退一步说，面对正可以共同讨论学术，又是长官，又是知遇之人，王守仁恐怕也不便直接表明反对态度。他说："间尝以此语同志，而闻者竞相非议，目以为立异好奇，虽每痛反深抑，务自搜剔班瑕，而愈益精明的确，洞然无复可疑，独于朱子之说有相抵牾，恒疚于心。"③ 很显然，席书与守仁意正相契，此言闻者非议，不提席书讲益同道之功，显然是讳而不论罢了。"阳明全部精神注乎自创新见，于朱陆之辩，未感兴趣。据年谱记载，在此以前，未见对陆氏有何特殊关系。虽谓元山首次引其注目，亦无不可。"④ 但席书朱陆异同说

---

① 〔日〕冈田武彦：《王阳明大传：知行合一的心学智慧中》中卷，重庆出版社，2015，第3页。
② （明）王守仁：《王阳明全集（新编本）》卷7《文录四·朱子晚年定论序（戊寅）》，第256页。
③ （明）王守仁：《王阳明全集（新编本）》卷7《文录四·朱子晚年定论序（戊寅）》，第256页。
④ 陈荣捷：《从朱子晚年定论看阳明之于朱子》，陈荣捷《王阳明传习录详注集评》附录，台湾学生书局，1983，第446页。

对他触动很大，所以就在正德五年（1510），王守仁升南京刑部四川清吏司主事后，便一心琢磨朱陆异同的事，最终摘取朱熹、真德秀、许衡、吴澄等相关论说，编定《朱子晚年定论》一书，所谓"及官留都，复取朱子书而检求之，然后知其晚岁固已大悟旧说之非，痛悔极艾，至以为自诳诳人之罪不可胜赎"①。至正德十年（1515）年冬十一月，王守仁为之序，以言其缘由。稍后"出入贼垒，未暇宁居"②，迟至正德十三年（1518）七月，刻就《朱子晚年定论》，力图以朱子晚年悔悟之说，解朱陆异同纷争，也算是对席书之问的正式回答。正德十五年（1520），王守仁为《象山文集》作序，称陆九渊接孟子"心学"之传，与世之诋以为禅者异，士人当得于言而求诸心③，此又与席书《鸣冤录序》所言相似。席氏甚至还有"后之君子，不究晚年至论，师尊中年之书"的说法④，与王守仁《朱子晚年定论》相同。正德十六年（1521），王守仁以陆九渊得孔孟正传，其学术久抑而未彰，文庙尚缺配享之典，子孙未沾褒崇之泽，牌行抚府金溪县官吏，录其子孙，免其差役，选其俊秀子弟送学肄业。同年，他复信席书，称赞其撰《鸣冤录》，"身任斯道，庶几天下非之而不顾"⑤。嘉靖二年（1523），王守仁复信席书，再次提及《鸣冤录》，并同样予以赞许。最后，嘉定六年（1527），王守仁祭席书文，一再提及贵州论学，也说明席书朱陆异同之论对其心灵与学术刺激很大。"若程篁墩《道一编》止言朱陆晚同，席文襄《鸣冤录》止辩陆学非禅，并未尝摘朱子之疵"⑥，而"阳明之学从朱子入，不从陆子入，故《晚年定论》一编尚欲依附朱子，而显与陆子异"⑦。所以，从学术转变看，无论是席书，还是王守仁，整体上还偏向于由朱而陆。"论者从未归功元山，此又可为彼鸣冤者也。"⑧

---

① （明）王守仁：《王阳明全集（新编本）》卷7《文录四·朱子晚年定论序（戊寅）》，第256页。
② 陈荣捷：《从朱子晚年定论看阳明之于朱子》，陈荣捷《王阳明传习录详注集评》附录，台湾学生书局，1983，第438页。
③ （明）王守仁：《王阳明全集（新编本）》卷7《文录四·象山文集序（庚辰）》，第261页。
④ （明）席书：《元山文选》卷1《鸣冤录序》，明嘉靖二十年（1541）席中、席和刻本。
⑤ （明）王守仁：《王阳明全集（新编本）》卷33《年谱二》，第1288页。
⑥ （清）李绂：《穆堂类稿》初稿卷43《答雷庶常阅传习录问目》，清道光十一年（1831）刻本。
⑦ （清）李绂：《陆子学谱》卷20《附录》，清雍正刻本。
⑧ 陈荣捷：《从朱子晚年定论看阳明之于朱子》，陈荣捷《王阳明传习录详注集评》"附录"，台湾学生书局，1983，第447页。

三 大礼议中的互动

正德十六年（1521），席书以右副都御史巡抚湖广，时朝议大礼未定，形势不明，但席书揣摩帝意，拟奏疏主张嘉靖生父为皇考兴献帝，以支持张璁、霍韬之见。嘉靖元年（1522）正月二十二日庚午，奏疏成①，席书拟上之朝，遇中朝诋张璁论为邪说，因惧不敢上。二月，席书升任南京兵部右侍郎，密以示桂萼等人。

嘉靖二年（1523）十一月十五日壬辰，南京刑部主事桂萼上正大礼疏，"乃者复得见席书、方献夫二臣之疏，……并录二臣之疏以闻"②。嘉靖帝见而欣喜，迅速下廷臣议，再次掀起大礼议的浪潮。三月，特旨升席书为礼部尚书，却受到南北言官交章论劾。疏辞，不允。五月，再疏，并上所撰《大礼考议》。八月，至京任职。

王守仁弟子除方献夫外，黄绾、黄宗明也加入议礼队伍中来。席书与他们保持着良性互动，声气相通，相互支持。黄绾先后三上大礼疏，在完成大礼第一疏后，去书请益席书："绾初晋谒论此，即蒙教云：'且不可具疏。'绾云：'欲得致书当路，使其默改，公私各全，则喜动颜色，如此深厚老成之意，人孰知哉。'绾尝即此数端，谈于识者，无不深服，以为真古大臣之用心也。犹不知扶持为苍生造福，顾欲以私挤之，此何心哉！"③此后，他们更是反复交流意见，以同心同理，交互推进议礼取得成效。黄绾《三上大礼疏》称："又昨大臣席书、吴廷举等与群臣方献夫、张璁、桂萼、霍韬、黄宗明等亦尝反复论之，可见人心之同、义理之公，不可遏灭有如此者。"④所以，席书与方献夫、黄绾、黄宗明、霍韬等王守仁同道、门弟子多有往返议论。方献夫在哭席书诗中也有类似追忆："几回廷论共逶迤，百折狂澜亦既陂。公力固知如砥柱，圣心何啻苦标枝。"⑤

对于席书等人的议礼，王守仁在事有未明、议论未起时，希望相与讲

---

① （明）杨一清：《明伦大典》卷7，嘉靖元年正月庚午，明刻本，第18~22页。
② （明）杨一清：《明伦大典》卷9，嘉靖二年十一月壬辰，明刻本，第14~15页。
③ （明）黄绾：《黄绾集》卷19《寄席元山书》之一，上海古籍出版社，第350页。
④ （明）黄绾：《黄绾集》卷30《大礼第三疏》，上海古籍出版社，第581页。
⑤ （明）方献夫：《方献夫集·西樵遗稿》卷4《哭席元山次兀厓用杜韵》，上海古籍出版社，2016，第140页。

明于下，以积聚人气和力量；在议论兴起之后，则时时为之辩理析义，委曲调停，以求其成，以便周全地将事情办理妥帖无害，将对国家的损害减到最小。他在嘉靖六年（1527）《与霍兀崖宫端书》中回顾自己的默默支持与努力："往岁曾辱《大礼议》见示，时方在哀疚，心善其说而不敢奉复。既而元山亦有示，使者必求复书，草草作答，意以所论良是，而典礼已成，当事者未必能改，言之徒益纷争，不若姑相与讲明于下，俟信从者众，然后图之。其后议论既兴，身居有言不信之地，不敢公言于朝。然士夫之问及者，亦时时为之辨析，期在委曲调停，渐求挽复，卒亦不能有益也。后来赖诸公明目张胆，已申其义。然如倒仓涤胃，积淤宿痰，虽亦快然一去，而病势亦甚危矣。"① 按王守仁的话，以"典礼已成""议论既兴""已申其义"三个阶段来讨论大礼议。

"典礼已成"指正德十六年（1521）四月，世宗入继后，廷臣以为人后者为之子，拟尊孝宗为"皇考"，兴献王为"皇叔父"，世宗以父母不可更易，令廷臣再议。观政进士张璁上疏力诋继嗣之议，称继统非继嗣。廷臣迫于压力退让，世宗下谕尊孝宗为"皇考"，称兴献帝后为"本生父母"，大礼初步议定，争论暂告一段落。席书于嘉靖元年（1522）正月拟疏大礼，正处于此阶段。据守仁之说，则席书亦曾以其疏相示，并求其必复。看来，席书确实很谨慎，但用另一种方式传播了自己的主张，既密示桂萼，又派使者送达王守仁，并要求对方必须回复。王守仁认为大势已定，此时再上疏讨论，当事者不会更改礼仪，只可能徒益纷争，重要的是在朋友、官绅之间讲明大礼，让更多人信从，制造舆论和民意基础。席书显然遵从了王守仁的建议，不仅自己没有将已拟好的疏文上奏，而且还在黄绾写就大礼第一疏，相与讨论时，建议黄绾"且不可具疏"。就事实来看，应当是嘉靖二年（1523）十一月，桂萼上正大礼疏，并同时上呈方献夫、席书二疏文之前。否则，席书自己的疏文已上，却劝黄绾不具疏，不合情理②。不过，方献夫议礼疏是否正式上奏，虽然有疑，但已广传于官员间则是事实，至嘉靖元年（1522）十二月"戊戌，南京十三道御史方凤

---

① （明）王守仁：《王阳明全集（新编本）》卷21《外集三·与霍兀崖宫端（丁亥）》，第872~873页。
② 按，黄绾第一疏于嘉靖三年（1524）二月丁未上奏，见（明）杨一清《明伦大典》卷10，明刻本，第6页。

等上疏辩论吏部员外郎方献夫与张璁、霍韬议礼非是，乃欲为兴献帝立庙京师，尤为不可，因请痛黜浮言，早定大礼，兴献帝立庙安陆，以崇仁王为后。下所司知之"①。所以，"献夫疏已报闻"②，确是事实。有意思的是，方献夫疏文中的主张，"与王阳明'讲明于下'的态度相似"③。其言道："礼时当人顺次之，故非昭圣之心释然，不可改也；非举朝之心释然，不可改也。"④ 当然，王守仁也在私下与弟子交流讨论大礼问题。顾应祥就称私下撰有大礼论，"乃嘉靖二年（1523）考满赴京途中所作。因畏避人讥干进，不曾敢出，止被江西士子抄录，传至王阳明先生处。故阳明有书云：'近见《礼论》，足知日来德业之进。秦汉以来礼家之说，往往如仇，皆为不闻致良知之学耳。'今岁久论定，故附录于此"⑤。

所谓"议论既兴"，应当就是嘉靖二年（1523）十一月，南京刑部主事桂萼上正大礼疏后，再驳廷臣继统并继嗣论之非，并录上席书、方献夫二疏，于是大礼议复兴，乃大礼议的第二阶段。此时，王守仁显然在积极支持议礼诸人，特别是支持朋友、弟子参与其事。所以席书、方献夫、黄绾、黄宗明皆积极发声，更将其疏寄呈在越中讲学的王守仁，咨询其意见。而王守仁则于问及者，时时为之辨析⑥，努力调停，希望不作无益之纷争，尽快完成大礼的议定。"委曲调停，渐求挽复"是王守仁的基本主张。席书进京途中，"北行至德州，闻百官伏阙被逮击，上疏乞宥学士丰熙等"⑦；既入，效姚崇《要说》，上十二事，以为当今急务，求贤尤重⑧；"闻大礼之议，群臣有廷杖死者"，又立即与胡世宁上疏，请"依律科断"⑨；"上心亟欲祔献帝太庙，书能谏止，而又不肯偏徇璁、萼辈，议从

---

① 《明世宗实录》卷21，嘉靖元年十二月戊戌。
② （清）夏燮：《明通鉴》卷50，岳麓书社，1999，第1358~1359页。
③ 任文利：《治道的历史之维——明代政治世界中的儒家》，中央编译出版社，2014，第113页。
④ （明）杨一清：《密谕录》卷2《礼论上·论〈明伦大典〉修完升官奏对》，《杨一清集》，中华书局，2001，第940页。
⑤ （明）顾应祥：《静虚斋惜阴录》卷首《附录》，《续修四库全书》第1122册，第362页。
⑥ （明）王守仁：《王阳明全集（新编本）》卷21《外集三·与黄诚甫（甲申）》即谓："近得宗贤寄示《礼疏》，明甚。诚甫之议，当无不同矣。古之君子，恭敬撙节退让以明礼，仆之所望于二兄者，则在此而不在彼也。果若是，以为斯道之计，进于议礼矣。"第862页。
⑦ （明）杨一清：《光禄大夫柱国少保兼太子太保礼部尚书武英殿大学士赠太傅谥文襄席公书墓志铭》，（明）焦竑：《国朝献征录》卷15《内阁四·席书》，上海书店，1986。
⑧ （明）胡直：《衡庐精舍藏稿》卷21《席文襄公祠堂碑》，明万历刻本。
⑨ 《明世宗肃皇帝实录》卷45，嘉靖三年十一月甲子。

皇后入谒大庙，廷臣以其能不如璁、萼之拗执也，而颇称之"①。这些行动，显然就是对守仁主张的践行。赵廷松更有直观的感受："嘉靖甲申（三年，1524），予以部属趋缙绅，亲见议礼诸臣侈史矜经，嗷如聚讼，甚至于操戈挤穽，以快其说，昭蚀以时，祸福如射。惟公考议于家，非以要闻；辞荣于朝，非以食宠；履正于顺，非以图躬。乃其嘘恩树党，一时风颓澜倒之习，公实耻之。此时士大夫所共睹闻，非予之私言也。"②郑晓亦称赞席书："礼议盈庭，分朋树雠。风摧震烈，废死窜流。非兹曲护，自怒曷瘳。"③ 正因为委曲调停，席书从善如流。以前的相知陕西督学唐龙乡试发策论朋党、陈列大义以讽，他却亟呼秦吏，语以"为我谢唐君，谨受教矣"④。作为礼部尚书的席书，有负议礼之专责，王守仁的支持，无疑极为重要而有意义。有意思的是，钱德洪的记载却与王守仁自己的说法相左，称"是时，大礼议起，先生夜坐碧霞池"，作诗言"无端礼乐纷纷议，谁与青天扫旧尘"，又"却怜扰扰周公梦，未及惺惺陋巷贫"等诗句，更称"四月，服阕，朝中屡疏引荐。霍兀涯、席元山、黄宗贤、黄宗明先后皆以大礼问，竟不答"⑤。对此，学者深入辨析后，认为记载有误⑥。

"已申其义"指在议礼派"明目张胆"的论奏下，最终于嘉靖三年（1524）九月丙寅议定大礼，称孝宗为"皇伯考"，昭圣皇太后为"皇伯母"，献皇帝为"皇考"，章圣皇太后为"圣母"⑦。但大礼争议杖毙、废黜一大批廷臣，确如"倒仓涤胃"，被清洗一过，"积淤宿痰"虽然"快然一去"，但世宗乾纲独断、廷臣阿谀献媚，朝廷之弊更为严重，所以王守仁有"病势亦甚危"之说，亦如其所言"今天下事势，如沈痼积痿"者⑧。对此，王守仁以"无端礼乐纷纷议，谁与青天扫宿尘"诗表达其忧心，认为大礼议对于社会来说，根本是无谓之事，"无端礼乐"，再怎么议

---

① （明）尹守衡：《皇明史窃》卷70《张李席桂方夏列传》，明崇祯刻本。
② （明）赵廷松：《赵廷松集》卷9，线装书局，2009，第368~369页。
③ （明）郑晓：《郑端简公文集》卷8《志论杂著》，《四库全书存目丛书》集部第85册，第315~316页。
④ （明）朱国祯：《涌幢小品》卷11，《历代笔记小说大观》，上海古籍出版社，2012，第196页。
⑤ （明）王守仁：《王阳明全集（新编本）》卷34《年谱三》，第1302页。
⑥ 任文利：《治道的历史之维——明代政治世界中的儒家》，中央编译出版社，2014，第114页。
⑦ 《明世宗肃皇帝实录》卷43，嘉靖三年九月丙寅。
⑧ （明）王守仁：《王阳明全集（新编本）》卷6《文录三·与黄宗贤（丁亥）》，第234页。

论，都不关民生之事，不能解决社会积弊，希望官绅士大夫用心于"扫宿尘"。对于此，席书、王守仁也有互动。

席书作为务实型政治官员，李梦阳推之为"唐陆贽"①，其《漕船志》反映出他有"综理之才，通变之学"②。席书虽然参与大礼议的纷争，但始终力图调停，希望尽快解决纷争。当大礼议议定，席书马上建议图新政、修礼书，将精力转向"扫宿尘"上。"公谓礼成之后，宜图新政，以答人望"，上奏《大礼告成乞图新政以答人望疏》，"疏列十二事，皆指陈实政，触犯忌讳，言人所不敢言者"③。"世庙告成，书谓宜仿宋郊祀覃恩之典，宽释议礼获罪诸臣，具疏荐罗钦顺自代。"④ 这恰如王守仁所言，"群僚百司各怀谗嫉党比之心"，"庙堂之上，至今未有同寅协恭之风"⑤。席书所做的，正好是协调诸人，共济时艰。也如王守仁劝诫黄绾，要做一个"断断无他技，休休如有容"的"古之大臣"⑥。席书则在事实上做到了这一点，一方面，"世方媚（嫉）谗险，排胜己以嫉高明，而公独诚心乐善。求以伸人之才，而不自知其身之为屈；求以进贤于国，而不自知其怨谤之集于其身"，所以王守仁也以"断断休休，人之有技，若己有之者"称赞席书⑦。另一方面，席书又立即建议嘉靖帝编纂《大礼集议》《大礼纂要》，汇辑议礼派官员的大礼疏文，了结大礼议。可以说，席书所做的这两件事，均是实实在在地践行王守仁的主张。

对于席书的践履，王守仁仍给予了积极的支援和响应，主要是大力鼓励弟子黄绾、黄宗明支持参与编修礼书一事。嘉靖五年（1526）十二月，何渊以《大礼集议》有所未备，于是世宗下诏再行编纂《大礼全书》（后改名《明伦大典》），以时任礼部尚书席书为总裁。席书立即想到心学之士，建议

---

① （明）李梦阳：《空同集》卷20《送席副使监贵州屯学二事歌》，《景印文渊阁四库全书》第1262册，第149页。
② （明）李贽：《续藏书》卷12《内阁辅臣·太傅席文襄公》，明万历三十九年王惟俨刻本；（明）焦竑辑《熙朝名臣实录》卷12《太傅席文襄公》，明末刻本。
③ （明）杨一清：《光禄大夫柱国少保兼太子太保礼部尚书武英殿大学士赠太傅谥文襄席公书墓志铭》，（明）焦竑：《国朝献征录》卷15《内阁四·席书》，万历四十四年（1616）刻本。
④ （明）何乔远：《名山藏》卷74《臣林记·文襄席元山先生书》，明崇祯刻本。
⑤ （明）王守仁：《王阳明全集》（新编本）卷25《外集七·祭元山席尚书文（丁亥）》，第1009页。
⑥ （明）王守仁：《王阳明全集（新编本）》卷6《文录三·与黄宗贤（丁亥）》，第234页。
⑦ （明）王守仁：《王阳明全集》（新编本）卷25《外集七·祭元山席尚书文（丁亥）》，第1009页。

召方献夫、霍韬、黄宗明、熊浃、黄绾五人进京参与修纂。黄绾托疾居家，疑虑是否出仕并参与编修礼书，致函王守仁请益。王守仁为之分析出处之道，特别是当时的形势，深情地复函道："今且只论纂修一事，为可耶？为不可耶？若纂修未为尽非，则北赴未为不可。升官之与差委，事体亦自不同。况议礼本是诸君始终其事，中间万一犹有未尽者，正可因此润色调停。以今事势观之，元山既以目疾，未能躬事。方、霍恐未即出。二君若复不往，则朝廷之意益孤，而元山之志荒矣。"① 对席书的关爱、帮助之心，跃然纸上。黄绾《寄胡秀夫诸兄书》，对其出处缘由做了清晰的交代："仆归，只谓终焉而已。在家方得安乐，不意元山论荐，朝廷遂差千户来取纂修礼书。初闻亦欲坚谢，既而镇巡藩郡各差官及县官，日夕到家敦逼，不惟势不容辞，一时度义亦无可为辞者。又令人持书质诸阳明，亦云'义不容辞'。且元山后题本内，又反覆说破众人欲辞之意，不容终已，遂勉强出门。既不获辞，今已就道，今亦无可说者。"② 一方面是席书考虑周全，心知其恳辞之意；另一方面则是王守仁曲尽其理，勉励黄绾就道相助，其相惜相知，确乎心通。此外，方献夫于嘉靖六年（1527）六月，应召至京，王守仁复函道："圣主聪明不世出，诸公既蒙知遇若此，安可不一出图报！"③ 仍然在积极鼓励弟子方献夫出而助力，只不过，席书已于本年二月十日病逝。

综合来看，席书是王守仁的平生知己，对其学术、事功皆有助力。二人在贵州的讲学，互有影响。席书接受了王氏心学，特别是知行合一论，并成《定性续书》稿二卷，其后又在王氏思想影响下完成《鸣冤录》一书。王守仁则受到席书启发，确立知行合一论，并受席氏朱陆异同论的影响，持续关注此议题。其《朱子晚年定论》及《象山文集序》等，多少有席书思想的影子。在大礼议上，席书与王守仁也有交流，并得到了王守仁的默默支持。当然，二人的学术交流较为广泛，绝不仅限于此。从席书现存的与守仁的书信中，就还有他有关于格物、孝道等方面的论述④。王守仁也曾提到席书将其《道山书院记》寄赠予他之事。

---

① （明）王守仁：《王阳明全集（新编本）》卷45《补录七·与黄宗贤》，第1826页。
② （明）黄绾：《黄绾集》卷19《寄胡秀夫诸兄书》，第356页。
③ （明）王守仁：《王阳明全集（新编本）》卷21《外集三·答方叔贤（丁亥）》，第866页。
④ （明）席书：《元山文选》卷5《与王阳明书》之五，明嘉靖二十年（1541）席中、席和刻本。

王阳明军事智慧与"心学"背景

◎ 薛正昌[*]

王阳明（1472~1529），原名王守仁，幼名云，字伯安，浙江余姚人。出身书香门第、官宦世家。因筑居于会稽阳明洞，别号阳明子，世称王阳明。他是著名的思想家、文学家、教育家、政治家、军事家，是影响后世的"心学"集大成者。其思想对中国、日本、朝鲜半岛以及东南亚有着深远而巨大的影响。他不但精通儒释道诸家学说，而且善于用兵布阵并实施统战，是历史上罕见的文武全能的大儒。他一生立德、立言、立功，诠释了"三不朽"的文化内涵和人格理想。本文试就王阳明军事智慧与"心学"背景做些梳理与论述。

一 王阳明军事谋略

王阳明少年时就对军事充满兴趣。《明史·王守仁》记载，王阳明十五岁时随父亲在北京，其间考察居庸三关，即思考山川形胜的问题。"有经略四方之志：询诸夷种落，悉闻备御策。"询问各个少数民族和部落，详细地防御策略。当时京畿之地石英、王勇盗起，又闻秦中石和尚、刘千斤作乱，屡欲为书献于朝[①]。二十六岁开始学习兵法。弘治以后，西北边备军事冲突加剧，朝廷"举荐将才"。王阳明以为：朝廷武举之设，"仅得骑射搏击之士，而不能收韬略统驭之才。于是留情武事，凡兵家秘书莫不精究。每遇宾至如宾宴，尝聚果核列阵势为戏"[②]。对军事布阵和用兵的深

---

[*] 薛正昌，宁夏社会科学院研究员。
[①] 《王阳明全集》卷32，《年谱一》，中州古籍出版社，2016，第257页。
[②] 《王阳明全集》卷32，《年谱一》，第258页。

入研究，为他后来提调军队、谋兵布阵方略奠定了基础。

举乡试之后，"顾益好言兵，且善射"。少年就喜欢谈论兵事，而且善于射箭。弘治二年登进士后，被派去办理咸宁伯王越的迁葬事宜。其间，有闲暇时即"驱演八阵图"以模拟用兵方略。回京后，当时朝廷正在紧急议论西北边防事务。北元退守草原以后，对明代西北边备不断带来威胁，弘治以后逐渐加剧。朝廷急议西北边防，"守仁条八事上之"。他向皇帝上疏八个方面的防御措施，说明他对西北军事防御已有较为成熟的思考。之后出任兵部主事，与他的军事才能有直接关系。正德十一年（1516），平定了征南王谢志山、金龙霸王池仲容等江西、福建、广东、湖广等地的流民暴动；正德十四年（1519），平定了南昌宁王宸濠之乱。

（一）平定横水、左溪、桶冈、浰头之乱

兵部尚书王琼赏识王守仁的才能，正德十一年（1516）八月擢升为右佥都御史，巡抚江西南部。当时江西南部盗贼蜂起，谢志山占据横水、左溪、桶冈，池仲容占据浰头，皆自称为王。他们与大庾陈曰能、乐昌高快马、郴州龚福全等联络一起，攻占劫掠府县。其间，福建大帽山贼詹师富又起兵，一时间江西、福建相连接的广大地域烽烟四起。面对如此局面，前任巡抚文森"托疾避去"。谢志山与乐昌高快马联手攻占了大庾，之后又进攻南康和赣州，赣县主簿吴玭战死。王阳明受命抵达江西后，知道左右大都是贼寇的耳目，就找来年老的隶卒责问，"隶战栗不敢隐"，回告了贼寇的情况。于是贼寇的活动信息全知道了，便于出兵。同时，决定檄福建、广东兵会合，"先讨大帽山贼。"正德十二年正月，王守仁亲率精锐屯驻上杭，出其不意之兵"连破四十余寨，俘斩七千有奇，指挥王铠等擒师富"，平息了居大帽山十余年的詹师富之乱。虽然大帽山的贼寇解决了，但王守仁觉得权事不一，影响兵力调动。遂上疏朝廷："权轻，无以令将士，请给旗牌，提督军务得便宜行事。"[①] 兵部尚书王琼上奏皇帝答应了他的请求。

九月，"改巡抚为提督，得以军法从事，钦给旗牌八面，悉听便宜"。提督南、赣、汀、漳等处军务，给旗牌，得便宜行事。当时汀、漳各郡皆

---

① 《明史》卷195，《王守仁》。

有"巨寇"。面对江西的形势,王守仁采取了一些特殊措施。

一是推行"十家牌法"。江西的民众多为"洞贼耳目",官府的行动还没有付诸实施,贼寇已经提前知道了。王阳明责问军门的一个老隶,一切都得以验应。于是在"城中立《十家牌法》,即编十家为一牌,开列各户籍贯、姓名、年貌、行业,每天轮一家,沿门按牌审查,遇有情况可疑者立即报告官府。如果隐匿不报,十家一同犯法。同时倡导父慈子孝、邻里和睦,兴礼让风气,行忠厚朴实习俗"。①

二是选练民兵。江西南部连接广东、福建、湖广三省,山势险要,森林茂密。盗贼盘踞其中,每三人中就有一人为盗贼,伺机剽掠,成为当地老百姓的祸患。官府遇贼盗猖獗就上奏,请求军队围剿镇压。当军队赶到时,往返一年多,军费开支过万。尤其是当军队采取行动时,盗贼隐匿了形迹;大军撤离后,又重新聚首猖獗。

三是立兵符。有了尚方宝剑,作为军事家的王阳明开始变革兵制:二十五人为伍,伍有小甲;二伍为队,队有总甲;四队为哨,哨有哨长,由二位协哨辅佐;每二哨为一营,营有营官,由二位参谋辅佐;每三营为一阵,由偏将统辖;二阵为军,军有副将。各级军事指挥员皆"临事委任",不用朝廷任命。副将以下的官员,王阳明有权提调惩处。这大大增强了其指挥军队的权力,抓住了主动权,不贻误战机。

四是立社学。王阳明以为,民风不淳是因为教化没有彰显。现在贼寇稍为平定,易风易俗的事虽一时不能全部推广,那些浅近易行的方面,可以进行开导和训诲。于是发布告谕,互相告诫劝勉;兴立社学,聘请教师教育子弟,歌吟诗词,演习礼仪。这是王阳明教育思想从根本上解决愚昧无知的良药。

五是举乡约。在平定动乱的过程中,王守仁认为民众虽然知道约束自己的外在活动,但并不知道约束自己的心理活动。于是举办乡约,"务和尔邻里,齐尔姻族,德义相劝,过失相规,敦礼让之风,成淳厚之俗"②。从文化习俗的层面来约束乡民,倡导礼让之风,推崇淳厚之俗,以推动自治,从文化深层来治理乡村社会。

---

① 《王阳明全集》卷32,《年谱一》,第270页。
② 《王阳明全集》卷32,《年谱一》,第284页。

面对这里的地理环境和盗贼特点，王阳明没有动用大量的军队，而是采取挑选与招募的办法。首先，派遣江西、福建、广东、湖广四省的兵备官，在各自所属的弩手、打手、机快等项目中，挑选骁勇善战、胆略超群的人；每个县挑选八九人至十余人不等。其次，江西、福建挑选或招募五六百人；广东、湖广挑选或招募四五百人，将领由其中的优秀者担任，分队统领教习。组成的兵力，一部分专门用来守城防隘，一部分随兵备官屯守，疲惫不堪者辞退。大大节省了人力和粮饷，用特殊的方式来围剿盗寇。"善用兵者，因形而借胜于敌，故其战胜不复，而应形于无穷。胜负之算，间不容发，乌可执滞哉？"① 实际上是兵为将有的模式，大大增强了防御能力和战斗力。调整后的军力，平定了漳州贼寇。这次战役持续了三个月，漳南几十年缉捕的贼寇都平定了。

漳州贼寇平定后，乐昌、龙川贼巢尚有啸聚。在准备用兵进剿之前，王守仁告谕之曰："人之所以共耻者，莫过于身被为盗贼之名；人心之所以共愤者，莫过于身遭劫掠之苦。今使有人骂尔等为盗，尔必愤然而怒；又使人焚尔室庐，动尔财货，掠尔妻女，尔必怀恨切骨，宁死必报。尔等以是加人，人其有不怨者乎？人同此心，尔宁独不知？"② 这篇动情的晓谕之文，善意地怜悯无辜百姓，自然起到了很大的教化作用。酋长黄金巢、庐珂等人受感化而率众兵马来投降，愿意效死力回报。这是王阳明以情理化解矛盾与冲突的绝好方式，化干戈为玉帛，起到了意想不到的作用。

在整顿军队、治理地方的同时，七月向大庚进兵，贼寇谢志山乘机急攻南安，被知府季斅击败，副使杨璋等人生擒陈曰能。之后，进讨横水、左溪，各路进军进逼，都指挥许清、戆州知府邢珣、宁都知县王天兴各率一军会横水，南安知府季斅及守备郏文、汀州知府唐淳、知县舒富各率一军会左溪，吉安知府伍文定、程乡知县张戬阻击贼寇逃跑，王阳明驻南康指挥，先后攻克横水、左溪。桶冈相对险固，王阳明移营就近指挥，再攻克桶冈，贼首谢志山、廷凤等缚降，"凡破巢八十有四，俘斩六千有奇"③。横水、左溪、桶冈等地陆续收复后。王阳明回到赣州，商议进讨"浰头

---

① 《王阳明全集》卷32，《年谱一》，第271页。
② 《王阳明全集》卷32，《年谱一》，第275页。
③ 《明史》卷195，《王守仁》。

贼",紧接着"连破上、中、下三浰,斩馘二千有奇……自是境内大定"。①

当初,横水、左溪、桶冈贼寇势力正酣时,朝廷准备征发广东、湖广驻军围剿。王守仁上疏:"止之,不及。"实际上,桶冈平息之后,湖广兵才到达。进攻浰头时,广东的驻军还没有接到出兵的公文。"王守仁所将皆文吏及偏裨小校,平数十年巨寇,远近惊为神。进右副都御史,子世袭锦衣卫百户,再进副千户。"②平乱之功,充分彰显了他的军事才能,其遂被朝廷擢拔提升,而且荫及儿子。在平定江西、福建盗贼的过程中,之所以能顺利推进,从大的用兵方略,到用兵细节,都体现着王阳明的军事思想与超人的智慧。同时,还体现着他治理地方的远见卓识,将军事与政治有机地结合起来。攻占横水、左溪等地以后,根据这里的地理位置和社会现状,向朝廷建议设置地方政权建制以长远治理这一地区。朝廷同意在横水设立崇义县,同时设立三个巡检司。

向三浰用兵之前,王阳明给仕德的信里说:"破山中贼易,破心中贼难。"③将灭寇与攻心连在一起。收复三浰之后,报经朝廷同意之后,在下浰设立和平县并配置驻军戍守,马和平巡检司改设在浰头,以便遏制要害。此外,还上疏请疏通盐法,主要考虑为平定流贼筹集军饷。历史上,很少有统军将领考虑地方治理,诸如设置县治的事。

王阳明在主持军事平乱的同时,考虑到地方政权建制的增设,巡检司的增设与换位,包括社学兴建、民规相约的规范等,为社会平稳和谐发展和进步,倡导传统文化的根脉并进行根治,体现的是他的军事才能和政治智慧。

(二)平定宁王宸濠反叛

王阳明一生最大的军事功绩,就是平定宁王宸濠之乱。正德十四年(1519)六月,朝廷命王守仁"勘福建叛军"。他率大军行至丰城(今江西丰城市南),知县顾佖告知宁王宸濠反。王阳明遂返吉安(今江西吉安市),与知府伍文定征调粮饷,包括器械舟楫,"传檄暴宸濠罪"。同时,"俾令各率吏士勤王……咸赴守仁军"。④在江西的都御史王懋忠、编修邹

---

① 《明史》卷195,《王守仁》。
② 《明史》卷195,《王守仁》。
③ 《王阳明全集》卷32,《年谱一》,第278页。
④ 《明史》卷195,《王守仁》。

守益、副使罗循、罗钦德等齐集王阳明军营,他分析说:"贼若出长江顺流而下,则南都不可保,吾欲以计挠之,少迟旬日无患矣。"① 他成竹在胸。

迟滞宁王宸濠兵锋沿江东下,是王阳明必须采取的措施。他的谋略在于,一是多派些间谍,在各个府县张贴檄文,说都督许泰、郄永将边兵,都督刘晖、桂勇将京兵,各为4万水陆并进。南赣王阳明、湖广秦金、两广杨旦,各率所部合16万,直捣南昌。二是制作蜡书送给宁王伪相李士实、刘养正,"叙其归国之诚,令从臾早发兵东下,而纵谍泄之。"这一招果然让宁王宸濠起了疑心,谋士也劝他"疾趋南京即大位",他更加怀疑,尤其是十余天后并没有各地军队到来,"乃悟守仁绐之",才知道王守仁有所用心,正是应了"少迟旬日无患矣"的迟滞谋略。宁王宸濠遂决定出兵沿江东下,留宜春王拱樤居守南昌,亲率数万人袭取九江、南康,围安庆。王阳明知南昌守军少,遂邀临江、袁州、赣州等州县官员及各路驻军汇集,"合八万人,号三十万"。有人请求先救安庆,王阳明说:"不然,今九江、南康已为贼守,我越南昌与相持江上,二郡兵绝我后,是腹背受敌也。不如直捣南昌……贼闻南昌破,必解围自救。逆击湖中,蔑不胜矣。"② 决定先攻取南昌城,宜春王拱樤等人被捆绑,宫里的人大多被烧死,军士大多杀人抢劫,王阳明杀掉了违法的头目,宽容裹胁者;安定士民,慰问宗室,做好善后。

南昌攻克后,如王阳明之前所预料,宸濠果然自安庆还兵。王阳明调集各路军队设伏布阵,九江、南康相继收复,叛军大败。宸濠晨起朝其群臣时,官军"奄至",宸濠仓促"易舟遁",被万安知县王冕"所部兵追执之。"宸濠谋士李士实、刘养正等贼目被按察使杨璋等擒拿。此乱"凡三十五日而贼平。京师闻变,诸大臣震惧。"而兵部尚书王琼却发出话来:"王伯安居南昌上游,必擒贼。"③ 果然看到了王守仁的奏捷快报。

王守仁平乱之后,朝野的政治环境很复杂。宁王宸濠之乱平息过程中,明武宗御驾亲征,自称威武大将军,率京边骁卒数万南下。王阳明上疏"止帝南征,帝不许",再加上皇帝身边以前受过宁王宸濠贿赂的人左

---

① 《明史》卷195,《王守仁》。
② 《明史》卷195,《王守仁》。
③ 《明史》卷195,《王守仁》。

右谗言构祸，放言诬陷，谓："守仁先与通谋，虑事不成，乃起兵。"王守仁一时处境危险，好在世宗即位后"趣召入朝受封"，拜其为南京兵部尚书，论功"封特进光禄大夫、柱国、新建伯，世袭，岁禄一千石"①。终于化险为夷。

（三）广西平乱

嘉靖六年（1527），广西思恩（今广西平果县）、田州（今广西田阳县）土酋卢苏、王受反，总督姚镆不能平定，皇帝再诏王阳明"以原官兼左都御史，总督两广兼巡抚"②。王阳明上疏陈述对这些地区不宜用兵，也不宜设置流官。田州与交趾相邻，这里深山绝谷，且为瑶、僮等民族占据，继续设立土官为好，"斯可借其兵力为屏蔽"。朝廷没有采纳他的建议，他却推行了自己的主张。

王阳明到达浔州（今广西桂平市境），会巡按御史石金商定实施招抚之策，全部遣散各队士兵，只保留永顺、保靖士兵数千人。王阳明到南宁后，卢苏、王受二人遣使乞降，"抚其众七万"。随后奏闻于朝，并提出四点建议：一是"陈用兵十害，招抚十善"；二是"请复设流官"（改变主张）；三是"割田州地，别立一州"；四是在田州设立十九个巡检司，"以苏、受等任之，并受约束于流官知府。帝皆从之"③。皇帝听从了他的意见。王阳明用招抚的办法平定了思恩和田州之乱，增加地方行政建制和巡检司，旨在加强地方治理。巡检司人选用招降的头目出任，就是要发挥本土人士区域治理的作用。

断藤峡地理位置重要，上连八寨，下通仙台等"诸洞蛮"，"盘亘三百余里，郡邑罹害者数十年"。王守仁准备讨平这里，但辞退湖广兵，由布政使林富率思恩、田州招抚的卢苏、王受部士兵"尽平八寨"④，不筹措粮饷，没有较大的军事冲突，事件是在相对平稳的过程中解决的，这是他怀柔体恤军事思想的体现。朝中有人诋毁王守仁安抚不当，也有人为他抗争，说各处的贼寇祸患多年，起初曾经发兵几十万，只攻得一个田州，不

---

① 《明史》卷195，《王守仁》。
② 《明史》卷195，《王守仁》。
③ 《明史》卷195，《王守仁》。
④ 《明史》卷195，《王守仁》。

久又被贼寇占据。守仁几句话，恩、田二州就拜首受降。对于八寨、断藤峡的平乱，朝中也有人说：王阳明是受命征讨恩、田二州，没有受命攻取八寨。对此也有人说：大夫出征边疆，有利于安定国家社稷的事，自己决断是可行的。况且，王守仁本来就是承诏便宜行事的。这些话，都是朝中正直的臣子为王阳明鸣不平的，可见朝廷政治斗争的复杂性与残酷性。

作为文臣的王守仁，他运筹帷幄，在军事方面的特殊才能和智慧，通过以上几次军事行动得到了长足的显现。首先，对于边远地区少数民族地区的动乱不主张军事围剿，而乐于怀柔招抚，从文化心理上取胜。其次，军事行动与地方治理并举，增强了地方政权有效性管理。再次，对于宁王宸濠的平叛过程，体现了他谙熟军事、长于用兵的军事谋略。

二　王阳明心学与龙场驿

王阳明"心学"是以"心即理""知行合一""致良知"三个命题为核心而展开的，但它的生成背景却与王阳明人生中的两次政治磨难关联密切。一次是正德二年（1507）受宦官刘瑾迫害而贬谪贵州龙场，"龙场悟道"就是这个背景。一次是正德十四年（1519）受阉党张忠、许泰威胁而近乎不能脱身的处境，即"宸濠忠泰"之变。这两次大的变故，使王阳明对政治、社会和人生有了深切的体会，从而影响到他几十年来对已有哲学思想的重新审视，是一次又一次的突破，在王阳明思想形成过程中有特殊意义，尤其是对朱熹"格物穷理"说的怀疑和否定。

武宗初期，刘瑾窃权。正德元年（1506）冬天，宦官刘瑾逮捕南京给事中御史戴铣等二十余人。王阳明"抗章救"，"君仁臣直，铣等以言为责，其言如善，自宜嘉纳；如其未善，亦宜包融，以开忠谠之路。乃今赫然下令，远事拘囚，在陛下不过少示惩创，非有意怒绝之也。下民无知，妄生疑惧，臣切惜之！自是而后，虽有上关宗社危疑不制之事，陛下敦从而闻之？"[①]。他的上疏激怒了刘瑾，"廷杖四十"，"既绝复苏"。在朝廷上打他四十杖，"谪贵州龙场驿丞"（《明史》卷195《王守仁》）。正德二年夏天，王守仁前往贬官地方的途中到了钱塘，刘瑾派人侦察。他估计到不

---

① 《王阳明全集》卷32，《年谱一》，第261页。

会完结，就托人放出话说投江已死以摆脱跟踪，"因附商船游舟山"。此时王阳明父亲为官南京吏部尚书，他从鄱阳去看望父亲。十二月返钱塘，赴龙场驿。正德三年春天，赶到了龙场驿。①

> 先生之学，始泛滥于辞章，继而遍读考亭之书，循序格物，顾物理吾心终判为二，无所得入。于是出入于佛、老者久之。及至居夷处困，动心忍性，因念圣人处此更有何道？忽悟格物致知之旨，圣人之道，吾性自足，不假外求。其学凡三变而得其门。自此以后，尽去枝叶，一意本原，以默坐澄心为学的。②

在黄宗羲看来，王阳明感悟与变化，龙场是一个特殊节点。从早年的任侠、骑射、辞章之习中摆脱出来，终于大悟于龙场，"始知圣人之道，吾性自足"。

（一）龙场驿是体悟"心学"之地

龙场驿，在贵州西北修文县境内。这里山峦重叠，荆棘丛生，蛇虺魍魉横行，蛊素瘴气弥漫，生存环境相当恶劣。对于王阳明来说，不仅是地理环境，当地人的语言难懂，可以通话的都是些从中原逃亡而来的人。在王阳明《初至龙场无所止结草庵居之》诗看，初到龙场的环境是这样的：

> 草庵不及肩，旅倦体方适。开棘自成篱，土阶漫无级。迎风亦萧疏，漏雨易补缉。灵濑响朝湍，深林凝暮色。群獠环聚讯，语庞意颇质。鹿豕且同游，兹类犹人属。污樽映瓦豆，尽醉不知夕。缅怀黄唐化，略称茅茨迹③。

这里以前没有固定的住房，他开始教当地人利用泥土筑墙，再架木盖房，建屋居住。劝导当地民众学习，逐渐受到民众爱戴。

王阳明"谪龙场，穷荒无书，日绎旧闻。忽悟格物致知，当自求诸心，不当求诸事物，喟然曰：道在是矣"④。龙场驿安身后，在王阳明心中

---

① 《王阳明全集》卷32，《年谱一》，第262页。
② 黄宗羲：《明儒学案》卷十《姚江学案》，中华书局，1985，第181页。
③ 《王阳明全集》卷19，《外集》，第210页。
④ 《明史》卷195，《王守仁》。

刘瑾造成的遗憾还没有消失。他考虑"荣辱皆能超脱,维生死一念,尚觉未化,乃为石墩自誓曰:'吾惟俟命而已!'日夜端居澄默,以求静一。久之,胸中洒洒"①。得失荣辱都能够超脱,只有生死这一念头,自己觉得还没有看透。跟随他到了龙场驿的门徒们都生病了,他不但砍柴取水做饭,而且给他们吟诗唱曲,还说些诙谐的笑话,以此来解闷,"始能忘其为疾病夷狄患难也"。为门徒解闷,实质上是为自己解闷。"忽中夜色大悟格物致知之旨……始知圣人之道,吾性自足,向之求理于事物者误也。"②他对"心学"有了精深领悟,认为心是万事万物之根本,世间一切皆由心而来。史称"龙场悟道"。清代学者黄宗羲说:"先生命世人豪,龙场一悟,得之天启,亦自谓从《五经》印证过来,其为廓然圣路无疑。"③由此看来,龙场驿的特殊环境与经历,是王守仁"心学"顿悟的重要节点。明代人已有评论,"文成大业,亦始基龙场"④,"黔为文成过化地"⑤,都认为"顿悟"与龙场驿这个特殊的环境有关。

钱德洪是跟随王守仁的门徒,着有《王文成公年谱》。他说:"先生之学凡三变,其为教也,亦三变。少之时驰骋于辞章,已而出入二氏。继乃居夷处困,豁然有得于圣贤之旨。是三变而至道也。"⑥他也是这样理解:"继乃居夷困处,豁然有得于圣贤之旨。"龙场驿这个特殊的环境,让王守仁对心学有了深刻的认识。"王阳明的思想转向,正是在这种艰险危难的处境中发生和完成的。"⑦先生尝言:"吾良知二字,自龙场以后,便已不出此意,只点此二字。"又曰:"某于良知之说,从百死千难中得来,非是容易见得到此。"(《刻文录叙说》,《王阳明全集》)这里表述得更为清晰:"某于良知之说,从百死千难中得来,非是容易见得到此。"此又是王阳明体悟其心学的另一个特殊节点。"龙场悟道"乃王阳明早年思想变迁之一大拐点。⑧

---

① 《王阳明全集》卷32,《年谱一》,第262页。
② 《王阳明全集》卷32,《年谱一》,第262页。
③ 黄宗羲:《明儒学案·师说》,中华书局,1985,第7页。
④ 陶望龄:《歇庵集》卷6《与姜养大冲》。
⑤ 焦竑:《淡园集》,中华书局,1999,第483页。
⑥ 《刻文录叙说》,《王阳明全集》,第183页。
⑦ 林乐昌:《从"亭前格竹"到"龙场悟道":王阳明思想转向新释》,《陕西师范大学学报》(哲学社会科学版)1994年第4期。
⑧ 钱明:《儒学正脉:王守仁传》,浙江人民出版社,2006,第138页。

正德四年（1509），王守仁仍在贵阳。这一年，提学副使席书聘请王守仁主持贵阳书院，提出"知行合一"的学说。开始，提督学政席书（字符山）"问朱陆同异之辩，先生不语朱陆之学，而告之以其所悟……求之吾性，本自明也"①。朱熹、陆九渊异同各有得失，没有必要互相辩问攻诘，向我的本性里寻求，它的根本就自己明白起来。"某尝说知是行之主意，行实知之功夫。知是行之始，行实知之成，已可理会矣。古人立言所以分知行为二者。……今说知行合一，使学者自求本体，庶无支离决裂之病。"② 这就是知行的本体关系，其核心论述也是在贵阳形成的。离开贵阳就任庐陵县知县，过常德、辰州（今湖南沅陵县），见到门人冀元亨、蒋信、刘观时等喜曰："悔昔在贵阳举知行合一之教，纷纷异同，罔知所入。"③ 王守仁明确指出"知行合一"的学说始于贵阳。

正德九年（1514）在南京时，王阳明与王嘉秀、萧惠坐而谈道。他说："吾幼时求圣学不得，亦尝笃志二氏。其后居夷三载，始见圣人端绪。"④ 他还在叙说，"心学"始于龙场。在夷人之地居住了三年，才开始发现圣人之学的端绪。

正德十三年（1518）七月刻《朱子晚年定论》，王阳明在序略中仍追述他"心学"思想与龙场的关系："昔谪官龙场，居夷处困，动心忍性之余，恍有所悟。证诸'六经''四子'，洞然地复可疑。独于朱子之说，有相抵牾。"⑤ 他的动悟是建立在朱熹学说基础上的，有"动悟"才有"抵牾"。

正德十五年（1520）在江西，王阳明对"格物"一个诠释。"故格物者，格其心之物也，格其意之物也，格其知之物也。"⑥ 即探究其心中之物，探究意念之物，探究认识中的事物。良知观是王守仁"在贵州龙场悟道之后对其毕生心学精髓的总结升华"⑦，他在贵州的经历，对"格物"有

---

① 《王阳明全集》卷32，《年谱一》，第262页。
② 《王阳明全集》卷32，《年谱一》，第262页。
③ 《王阳明全集》卷32，《年谱一》，第264页。
④ 《王阳明全集》卷32，《年谱一》，第269页。
⑤ 《王阳明全集》卷32，《年谱一》，第283页。
⑥ 《王阳明全集》卷33，《年谱二》，第297页。
⑦ 陈华森、刘亚鹏：《王阳明的良知观及其对多民族地区政治认同构建的价值》，《贵州师范大学学报》2015年第5期。

新的理解，与他"心学"的提出有着密切关联。

  王阳明在贵州贬谪生活两年余。在这里住的时间长了，当地人每天来亲近，觉得先生居住的地方潮湿，就砍伐树木修建了龙冈书院和寅宾堂、何陋轩、君子亭、玩易窝让他居住，他已经与当地人融在一起。思州的守官派人到龙场驿侮辱先生，当地人就不答应。水西安宣慰听说了王守仁的名字，派人送业米和肉，还有金帛鞍马，他都不接受。朝廷在水西修筑城池、设立防卫的事，安宣慰觉得占据了他的腹心之地而表示异议，就此事咨询王守仁。他"遗书析其不可，且申朝廷威信"。身为贬谪之臣，国家依然为上。

（二）平宸濠之乱是体悟"心学"的重要经历

  正德十四年（1519）六月宁王宸濠之乱，王守仁是平息者。七月宸濠兵败被俘，武宗御驾亲征，自称威武大将军，安边伯许泰为副将军，偕提督军务太监张忠、平贼将军左都督刘晖将京军数千南下，至涿州而王阳明捷奏至，武宗途中淫乐，继续南下溯江而上。这个过程增添了王守仁处境的复杂性，尤其是宦官张忠与个别嬖幸之臣，他们与宁王宸濠有着千丝万缕的联系。王守仁初上宸濠反状的折子时，就写道："觊觎者非特一宁王，请黜奸谀以回天下豪杰心，诸嬖幸皆恨。"[①] 这些人在皇帝身边肆意诬陷，王守仁从中看到了人性的龌龊与肮脏。尤其让王阳明无法明白的是，因为平叛胜利而招来祸端。原来明武宗好大喜功，以亲征藩王为名率军南下。王阳明擒获宁王宸濠后，有过让武宗止兵的上疏。武宗非但继续南下，而且身边宦官张忠、许泰要王阳明放囚，纵宸濠去鄱阳湖，让武宗擒拿显功。王阳明因怕祸害百姓，没有听从，直接将宸濠移交宦官张永手中。这样触怒了阉党，张忠、许泰在皇帝身边谗言威胁，使得王阳明处境十分危险。这样险恶的政治环境，成为"致良知"学说的背景。"宸濠忠泰之变"，是王阳明内心世界从"未忘忧"转换到了"得自由"的又一次重要契机，即从"天理"转向"良知"，从"事功"转向"自我"，迎来其思想创新的又一个高峰。[②]

---

  ① 《明史》卷195，《王守仁》。
  ② 钱明：《儒学正脉：王守仁传》，浙江人民出版社，2006，第185、194页。

正德十六年（1521），王阳明在江西，他开始揭示"致良知"的学说。这一年，武宗帝崩，嘉靖帝继位，王阳明出任南京兵部尚书。因平定宁王之乱的功绩，嘉靖帝敕封其为"新建伯"，他是明朝开国以来第二位因军功受爵的文官。何为"致良知"？"得其所性之觉，曰'良知'。因示人以求端用力之要，曰'致良知'。"① 这是王阳明思想体系的核心。"自经宸濠、忠之变，益信良知真足以忘患难，出生死。所谓考三王，建天地，质鬼神，俟后圣，无弗同者。"② 王阳明虽然平息了宁王宸濠之乱，但由于各种错综复杂的关系，王阳明当时的处境很糟，有人随时都想置他于死地。在这种氛围中，他更加相信良友知，它可以忘却遭受的患难，超脱生死，和所说的"考察三王的圣迹，建立天地之大制，探讨鬼神的变化，等待后来的圣人没有不同地方"。所以他就给守益写信说："近来信得知信得'致良知'三字，真圣门正法眼藏。"③ "致良知"是王阳明现实经历的领悟，也是圣人之门的核心所在。

他有更为直白的说教，"我此良知二字，实千古圣圣相传一点滴骨血也"。他还说："某于此良知之说，从千死百难中得来，不得已与人一口说尽。只恐学者得之容易，把作一种光景玩弄，不实落用功，负此知耳。"④ 无论怎样表述，王守仁"致良知"学说背景，是宁王宸濠平乱过程中社会背景、自身处境的深切领悟。良知之说，发于正德辛巳之说："盖先生再罹宁藩之变，张许之难，而学又一番证透。"良知的学说，大概是先生再次遭受宁藩的变乱，张、许的发难，而学问得到进一步体证和透彻。

对于贵州而言，在历史的长河里，王阳明是一位过客。艰苦环境里两年多的时光，是一段无法忘却的记忆，尤其是他"心学"思想的形成。同时，贵州有幸，贵州的门徒有缘。王阳明在贵州讲学时，曾出现过"士类感慕者云集听讲，居民环顾而观如堵"的盛况，聆听者达数百人之多。⑤从传承与影响的视角看，王阳明过世后，嘉靖十三年（1534）五月，"又

---

① 黄宗羲：《明儒学案》上册《师说》，中华书局，1985，第7页。
② 《王阳明全集》卷33，《年谱二》，第301页。
③ 《王阳明全集》卷33，《年谱二》，第301页。
④ 《王阳明全集》卷33，《年谱二》，第302页。
⑤ 李迎喜：《黔中王门系统考》，《王学之魂》，贵州民族出版社，2005，第256页。

见士民岁时走龙场致奠,亦有遥拜而祀于家者;始知师教入人之深若此"①。在民间,贵州的门徒都在纪念这位伟大的先生。在官方,巡按贵州监察御史王杏建王公祠于贵阳。② 由此可见王阳明与阳明学在贵州根深叶茂,影响深远。

---

① 陈恕编校《王阳明全集》卷35,"年谱附录一",中州古籍出版社,2016,第3页。
② 陈恕编校《王阳明全集》卷35,"年谱附录一",中州古籍出版社,2016,第3页。

阳明《大学》解释及其哲学转化

◎黄人二[*]

《大学》是小戴《礼记》的第四十二篇，内容大致分为两部分：其一，以"明明德""亲民""止于至善"为三项基本原则，又称为"三纲领"；其二，以"格物""致知""诚意""正心""修身""齐家""治国""平天下"为"内圣""外王"的八种方法，此即"八条目"。但是，其原本面目如何，具体文字，有无错简、脱讹？文本里面的文字，有无经传关系，自古以来的学者，又是如何看待？这是研究此一儒家经典文献的过程中，必须反复面对的一个课题。

郑玄《三礼目录》云："名曰'大学'者，以其记博学可以为政也。此于《别录》属通论。"定性质偏于"外王"一面。孔颖达《礼记正义》，加以解释："此《大学》之篇，论学成之事，能治其国，章明其德于天下。却本明德所由，先从诚意为始。"谈到"内圣"功夫，强调以"诚意"为始。朱子哲学，特重《大学》"格物""致知"的问题。朱子临终之际，对其《大学章句》，仍在修改。大家都知道，朱子将《大学》的文字，分为"经""传"两个部分。

其实，二程兄弟也都有改正《大学》之举，虽然未必说其有阙文，然认为其有错简。这便能说明，《大学》的结构与文字组成，确实有不好说清楚的地方。

阳明则以古本为正，以为无阙文、错简，文本文正通顺，无不可通。其云："《大学》古本乃孔门相传旧本耳，朱子疑其有所脱误而改正补辑之，在某则谓其本无脱误，悉从其旧而已矣。"[①] 徐爱云："先生于《大

---

[*] 黄人二，华东师范大学教授、博士生导师。
[①]《答罗整庵少宰》，《全书》卷二。

学》格物诸说,悉以旧本为正,盖先儒所谓误本者也。爱始闻而骇,既而疑,已而殚精竭思,参互错综,以质于先生,然后知先生之说若水之寒,若火之热,断断乎百世以俟圣人而不惑者也。"① 互参可知。而被视为王门的教典之《大学问》,则是阳明死前一年(嘉靖六年),由他口授钱德洪笔录而成。这点,倒亦颇似朱子。但是,《大学问》只解首章,与《大学古本旁释》解释全文,有所不同。而《传习录》中,亦有大段文字,解释首章,与《大学问》繁简不一,然《传习录》在前,《大学问》在后,可以确定。

阳明对《大学》的解释,在大的方向上的见解,则为"以古本为正"、"改'新'为'亲'"、"以'格'为'正'"和"以'物'为'心'"②"意之所在,以格物为'去其心之不正'"等几个范畴,下文则将渐次条理地析论。

一 文本原文与阳明注解

朱子《大学章句》:"大学者,大人之学也。""大人"应该指"君王",若不是此意,则需要修正。其将本篇分为经一章,称此章为孔子之言,而曾子述之,以下为传十章,解释经文,则是曾子之意,其门人记录。《十三经注疏》将本篇分为六大段,格物、诚意、正修、修齐、齐治、治平。案,清狄子奇《大学质疑》,参考家数极多,抉择亦很有见地。

> 大学之道,在明明德,在亲民,在止于至善。知止而后有定,定而后能静,静而后能安,安而后能虑,虑而后能得。

在明明德,彰明人的本心,天赋德性。即"忠",亦"成己"也。为士希贤的层级。①生知安行,尧舜性之也。②学知利行,汤武反之也。③困知勉行,汤武身之也。亲,新也,使民众不断去旧图新,二程、朱子皆以"新"解"亲"。在新民,即"恕","成物"也,为贤希圣的层级。

---

① 《全书》卷一。
② 解释"格物"之"物"为"心之物"。

《传习录》第一条，记载门人徐爱与阳明关于《大学》"亲民"的问答，阳明解释，为什么旧本作"亲"是对的，而朱子改读为"新"，是错误的。[①] 止，之也，往也。意思相当于《孟子》之"义"，即人作为人所应该行走的大道。止，非前止之意，知止谓"人具明德，明其明德"，知得此意，即"知止"。定，定向。静，去除不合于此定向的杂念。另外，意见其他书证，（一）《礼记》："人生而静，天之性也。"（二）《论语》："仁者静。"（三）《管子·内业》："天主正，人主安，地主平，静。"（四）又："圣人与时变而不化，从物而不移，能正能静，然后能定。"安，畅于四肢，百体令从。安佚，安爽，舒适。虑，过虑。得，得明德，《孟子》"思则得之"，"自得则居之安，资之深，取之左右逢其源"。

此章为三纲。

> 物有本末，事有终始，知所先后，则近道矣。古之欲明明德于天下者，先治其国；欲治其国者，先齐其家；欲齐其家者，先修其身；欲修其身者，先正其心；欲正其心者，先诚其意；欲诚其意者，先致其知；致知在格物。物格而后知至，知至而后意诚，意诚而后心正，心正而后身修，身修而后家齐，家齐而后国治，国治而后天下平。自天子以至于庶人，壹是皆以修身为本。其本乱而末治者否矣；其所厚者薄，而其所薄者厚，未之有也。此谓知本，此谓知之至也。

"物"，"天下、国家、身"此一物，即《尚书·尧典》："克明峻德，以亲九族；九族既睦，平章百姓；百姓昭明，协和万邦，黎民于变时雍。"亦"外王"也。

"本"，应该指"身心"，下文有"壹是皆以修身为本"。《论语》"君子求诸己"、"修己以敬"（诚）。

"末"，天下一物。

"事"，平、治、齐、修。

"近道"，（一）道，大学之道。（二）本末先后，能得其本末先后即近道。格致章是近道之认识，诚意章是近道之实践。正、修、齐、治、平是临事收功。此乃先难后获，世间一切自然、社会存在的各种条理，知

[①] 根据年谱，这段讨论是在正德七年壬申归省途中。

它，或不知它，它总是客观存在的。一般，只得从知它处着手。"古之欲明明德于天下者"至"先修其身"，《孟子》："人有恒言，皆曰天下国家；天下之本在国，国之本在家，家之本在身。"致知在格物，推己者，格物也。尽己者，致知也。其所厚者薄，而其所薄者厚，《论语》云"躬自厚而薄责于人"，《孟子》云"所求乎于人者重，而所以自任者轻"，皆类似之语。此谓知本，此谓知之至也，孔疏："既以身为本，若能自知其本，是知本也，是知之至极也。"

以上为"内圣外王"之道。

> 所谓诚其意者，毋自欺也。无恶恶臭，如好好色，此之谓自谦。故君子必慎其独也。小人闲居为不善，无所不至；见君子，而后厌然，掩其不善而著其善。人之视己，如见其肺肝，然则何益矣？此谓诚于中，形于外，故君子必慎其独也。曾子曰："十目所视，十手所指，其严乎！"富润屋，德润身，心广体胖，故君子必诚其意。

所谓诚其意者，诚，心在当下，敬也。意，心之所发，人们恒时所要持有的，还没有行动，仅有思念。《中庸》"诚者天之道也"，在天什么事情就是什么，人之不诚，是想要背天，但结果是背叛不了，是什么还是什么。

"毋自欺也"，通常人们的意，多少难免有自欺成分在，只不过不承认不悔改者，特为严重。人能知自欺，即是心正。毋自欺，即是身修。意诚、心正、身修，一齐俱到，功夫全在慎独。知自欺是知，恶自欺是行。

"自谦"，慊也，快足、满足也。

"是故君子必慎其独也"，慎，谨慎。独，独自。

"厌然"，厌，黡也，闭藏起来。

"肺肝"，犹今人所言之心也。

"诚于中"，仁也。

"形于外"，义也。两句合看，内里心情是怎样的，外面总是会显露形迹。内有所情，外必有其形。《孟子》："胸中正则眸子了然，胸中不正则眸子眊然。"心广体胖，胖，盘，乐也。内心坦然，身体便会舒泰。（一）《孟子》："居天下之广居。"（二）《论语》："君子坦荡荡。"（三）《易》："君子黄中通理，正位居体，美在其中，畅于四肢，发于事业，德之至也。"

以上诚意章。

《诗》云:"瞻彼淇澳,绿竹猗猗!有斐君子,如切如磋,如琢如磨;瑟兮僩兮,赫兮喧兮;有斐君子,终不可喧兮。"如切如磋者,道学也;如琢如磨者,自修也;瑟兮僩兮者,恂栗也;赫兮喧兮者,威仪也;有斐君子,终不可喧兮者,道盛德至善,民之不能忘也。《诗》云:"于戏!前王不忘。"君子贤其贤而亲其亲,小人乐其乐而利其利,此以没世不忘也。

以上为格物、致知、诚意、修身之《诗》证。

《康诰》曰:"克明德。"《大甲》曰:"顾諟天之明命。"《帝典》曰:"克明峻德。"皆自明也。

以上举"明明德"之《书》证。

汤之盘铭曰:"苟日新,日日新,又日新。"《康诰》曰:"作新民。"《诗》曰:"周虽旧邦,其命维新。"是故君子无所不用其极。《诗》云:"邦畿千里,惟民所止。"《诗》云:"缗蛮黄鸟,止于丘隅。"子曰:"于止,知其所止,可以人而不如鸟乎?"《诗》云:"穆穆文王,于缉熙敬止。"为人君,止于仁;为人臣,止于敬;为人子,止于孝;为人父,止于慈;与国人交,止于信。

以上举汤为例,概其乃反之功夫的标准人物,即释"新民"也。

并举文王为例,以文王为知止、安身而止至善的标准人物,即释"止于至善"也。

子曰:"听讼,吾犹人也,必也使无讼乎!"无情者不得尽其辞,大畏民志,此谓之知本。

以上归结于"知本",与格致章同,疑错简。

所谓修身在正其心者,身有所忿懥,则不得其正;有所恐惧,则不得其正;有所好乐,则不得其正;有所忧患,则不得其正。心不在焉,视而不见,听而不闻,食而不知其味。此谓修身在正其心。

以上正修章。

所谓齐其家在修其身者,人之其所亲爱而辟焉,之其所贱恶而辟焉,之其所畏敬而辟焉,之其所哀矜而辟焉,之其所敖惰而辟焉。故好而知其恶,恶而知其美者,天下鲜矣。故谚有之曰:"人莫知其子之恶,莫知其苗之硕。"此谓身不修不可以齐其家。

以上修齐章。

所谓治国必先齐其家者,其家不可教,而能教人者,无之。故君子不出家,而成教于国。孝者,所以事君也;弟者,所以事长也;慈者,所以使众也。《康诰》曰:"如保赤子。"心诚求之,虽不中,不远矣。未有学养子而后嫁者也。一家仁,一国兴仁;一家让,一国兴让;一人贪戾,一国作乱。其机如此,此谓一言偾事、一人定国。尧、舜帅天下以仁,而民从之;桀、纣帅天下以暴,而民从之。其所令反其所好,而民不从。是故君子有诸己,而后求诸人;无诸己,而后非诸人。所藏乎身不恕,而能喻诸人者,未之有也。故治国在齐其家。《诗》云:"桃之夭夭,其叶蓁蓁,之子于归,宜其家人。"宜其家人,而后可以教国人。《诗》云:"宜兄宜弟。"宜兄宜弟,而后可以教国人。《诗》云:"其仪不忒,正是四国。"其为父、子、兄、弟足法,而后民法之也。此谓治国在齐其家。

以上齐治章。

所谓平天下在治其国者,上老老而民兴孝,上长长而民兴弟,上恤孤而民不倍。是以君子有絜矩之道也。所恶于上,毋以使下;所恶于下,毋以事上;所恶于前,毋以先后;所恶于后,毋以从前;所恶于右,毋以交于左;所恶于左,毋以交于右。此之谓絜矩之道。《诗》云:"乐只君子,民之父母。"民之所好好之,民之所恶恶之,此之谓民之父母。《诗》云:"节彼南山,维石岩岩;赫赫师尹,民具尔瞻。"有国者不可以不慎,辟则为天下僇矣!

以上治平章。

《诗》云:"殷之未丧师,克配上帝;仪监于殷,峻命不易。"道得众则得国,失众则失国,是故君子先慎乎德。有德此有人,有人此有土,有土此有财,有财此有用。德者,本也;财者,末也。外本内末,争民施夺。是故财聚则民散,财散则民聚。是故言悖而出者,亦悖而入;货悖而入者,亦悖而出。《康诰》曰:"惟命不于常。"道善则得之,不善则失之矣。楚书曰:"楚国无以为宝,惟善以为宝。"舅犯曰:"亡人无以为宝,仁亲以为宝。"

《诗》,指《诗·大雅·文王》。

"殷之未丧师",师,民众,可解为民心。

"克配上帝",克,能够。配,匹敌。

"仪监于殷",仪,宜也。监,今本《诗》作"鉴"。

"峻命不易",峻,大也。不易,不容易。

"道得众则得国",道,"这是说明"之意。

"是故君子先慎乎德",金文常有"克慎明德"或"克慎厥德"之语。

"有德此有人",此,斯也。

"是故言悖而出者",悖,悖逆。

"惟命不于常",命,天命。常,常在一家一姓。

"楚书",《左传》有郑书,殆《国语》之一部分,或相类之书。

"惟善以为宝",指贤者。

"舅犯",晋文公重耳舅父狐偃。

"亡人",逃亡在外之人。

"仁亲以为宝",指贤者,亦《孟子》"乐正子好善优于天下"之意。

以上论以"德"为本,以"财"为末。案,关于"本""末"之解释,加上前文,有两种不同的解释。可能是孔门弟子里不同学派对孔子的"本""末"解释各有不同,所以有此等大同小异的文字产生,主流学说是不会变的,但要争胜,要立为学官,要得君行道,在次要学说上,必须对宗主(或教主)的学说加以变态改造,使之更为精良,适应当时的时代需求。

《秦誓》曰:"若有一个臣,断断兮无他技,其心休休焉,其如有容焉,人之有技,若己有之;人之彦圣,其心好之;不啻若自其口出，实能容之，以能保我子孙黎民，尚亦有利哉！人之有技，媢嫉以恶之；人之彦圣，而违之俾不通；实不能容，以不能保我子孙黎民，亦曰殆哉!"唯仁人放流之，迸（摒）诸四夷，不与同中国。此谓唯仁人为能爱人，能恶人。见贤而不能举，举而不能先，命也；见不善而不能退，退而不能远，过也。好人之所恶，恶人之所好，是谓拂人之性，菑必逮夫身。是故君子有大道，必忠信以得之，骄泰以失之。

"一个臣"，个，今本《尚书·秦誓》作"介"。

"断断"，诚实专一貌。"休休"，安闲宽裕貌。两者皆下文"必忠信以得之"之"忠"的意思。

"人之有技，若己有之"，即下文"必忠信以得之"之"信"的意思。

"人之彦圣"，彦，或作"盘"，美也。

"不啻"，不止。

"媢嫉"，"媢"，《尚书》作"冒"，嫉妒也。

"俾"，使也，本又作"卑"。

"迸诸四夷"，迸，摒也，驱除。

"此谓唯仁人为能爱人，能恶人"，两句话类似的文字，亦见于《论语》。

"举贤而不能举，命也"，命，慢也，轻慢之意。

"拂人之性"，拂，逆也。

"菑必逮及身"，逮，及也。

"是故君子有大道"，君子，在位者。

"骄泰以失之"，骄，存在心内之傲慢。泰，表现于外之情态。

以上文字说治平原则，且关于政治之措施与用人，好恶同民，举贤为先，不善而远之。

生财有大道：生之者众，食之者寡，为之者疾，用之者舒，则财恒足矣。仁者以财发身，不仁者以身发财。未有上好仁而下不好义者也，未有好义其事不终者也，未有府库财非其财者也。

"为之者疾"，为，治也，指种植农桑之事。

"仁者以财发身"，发，发扬也。

与下段合看，此"先富后教"之理。生产要增加，消费要节约，分配有平均。

此段论富之。"《诗》云：殷之未丧师"至"仁亲以为宝"之一段文字，似应排放在此章文字之后。

> 孟献子曰："畜马乘，不察于鸡豚；伐冰之家，不畜牛羊；百乘之家，不畜聚敛之臣；与其有聚敛之臣，宁有盗臣。"此谓国不以利为利，以义为利也。长国家而务财用者，必自小人矣，彼为善之。小人之使为国家，菑害并至，虽有善者，亦无如之何矣。此谓国不以利为利，以义为利也。

"孟献子"，鲁国大夫仲孙蔑。
"畜马乘"，指大夫。
"察"，苛察。
"伐冰之家"，卿大夫。
"百乘之家"，有国者。
"不畜聚敛之臣"，《论语》："有国有家者，不患寡而患不均。"
"此谓国不以利为利，以义为利也"，与《孟子》说同，义利之辩。《论语》："君子喻于义，小人喻于利。"
"长国家而务财用者"，长，掌也。务，专务也。
"必自小人矣"，自，由也。
"彼为善之"，善，擅也。
"小人之使为国家"，为，治也。
"菑害并至"，菑，灾也。
"虽有善者"，善，贤人。

此段论教之。（与上章论教之，似皆为羡衍。或者，要移到本篇之某处。）

二　阳明的解释

正德十三年（阳明47岁），年谱云："以诚意为主而为致知格物之功，故不必添一敬字，以良知指示至善之本体，故不必假于见闻。至是录刻成书，傍为之释，而引以为序。"

《大学古本序》："《大学》之要，'诚意'而已矣。'诚意'之功，'格物'而已矣。'诚意'之级①，'止至善'而已矣。'止至善'之则，'致知'而已矣。'正心'复其体也，'修身'着其用也。以言乎己谓之'明德'，以言乎人谓之'亲民'，以言乎天地之间则备矣。是故'至善'也者，心之本体也。动而后有不善。意者其动也，物者其事也。'格物'以诚其意，复其不善之动而已。不善复而体正，体正而无不善之动矣，是之谓'止至善'。圣人惧人求之于外也，而反复其辞，旧本析而圣人之意亡矣。是故不本于'诚意'而徒以'格物'者谓之支，不事于'格物'而徒以'诚意'者谓之虚，支与虚其于'至善'也远矣。合之以敬而益缀，补之以传而益离，吾惧学之日远于'至善'也，去分章而复旧本，傍为之释以引其义，庶几复见圣人之心而求之者有其要。噫，罪我者亦以是矣。"② 前半部文字，突出"诚意"，后半段"致知"，然后托出"致其本体之知"，为"致良知"说之先声。事实上，初刻《大学古本旁释》时，已经有"致良知"的说法。阳明对"格物、致知"的理解，有一个从"诚意"转向"致知"，并以为重心的过程；然后再加入《孟子》的"良知"，成为"致良知"，变成其学说的主线；最后，认为将《大学》分"经""传"者为"益离""学之日远于'至善'"，批评不可谓之轻矣。

参考文献

[1] 吴光、钱明、董平、姚延福编校《王阳明全集》（新编本），浙江古籍出版社，2010。

[2]（汉）郑玄注、（唐）孔颖达正义、（唐）陆德明释文、（清）阮元勘刻：阮刻《十三经注疏》《礼记》，艺文印书馆，1956。

[3]（汉）许慎撰、（清）段玉裁注《说文解字注》，天工书局，1992。

[4] 杨国荣：《心学之思——王阳明哲学的阐释》，三联书店，1997。

[5] 鲍世斌：《明代王学研究》，巴蜀书社，2004。

[6] 宇同：《中国哲学问题史》，汇文堂出版社，1987。

[7] 侯外庐、邱汉生、张岂之主编《宋明理学史》（下卷），人民出版社，1987。

---

① 按，"级"，疑作"极"。
② 《全书》卷七。又，罗钦顺《困知记》也记录了这一大段文字，繁简略不同。最大的不同是：时代较早的罗钦顺录本，无"以致知为本"的字眼。

［8］徐复观：《中国人性论史》，台湾商务印书馆，1990。

［9］陈来：《宋明理学》，辽宁教育出版社，1991。

［10］李明辉：《孟子重探》，台北：联经出版事业公司，2001。

［11］劳思光：《新编中国哲学史》（三下），台北：三民书局，1990。

［12］曾阳晴：《无善无恶的理想道德主义》（文史丛刊之九十一），台北：台大出版委员会，1992。

［13］郑力为：《儒学方向与人的尊严》，台北：文津出版社，1987。

［14］（明）季本撰《四书私存》，朱湘钰点校、锺彩钧校订，台北：南港"中央"研究院中国文哲研究所，2013。

［15］（宋）朱熹：《四书章句集注》，中华书局，1983。

［16］陈来：《有无之境——王阳明哲学的精神》，三联书店，2009。

王阳明"龙场悟道"中的君子之学发微

——以龙场四学记为中心的考察

◎王胜军[*]

摘要：君子之学是王阳明"龙场悟道"的重要内容，集中体现在龙冈书院三学记《何陋轩记》《君子亭记》《宾阳堂》和其为最初悟道之地所作的《玩易窝记》之中。君子之学不同于仙人的逍遥避世，也不同于圣人的不学而知，它是以与书院教育直接相关的功夫和实践为特征的。龙场四学记展示了王阳明对君子之学的诠释，包括文质相资、德操时容相济、洗心求明、居易俟命等。王阳明君子之学的形成是其在龙场解决内心矛盾冲突的产物，是书院教育的逻辑结果。君子之学还深刻影响到王阳明化民成俗的底层路线、重质反文的教法和史观、格物致知的实践取径、心体光明的生命体验等方面，是阳明心学形成和发展的重要理论源头之一。

关键词：王阳明；龙冈书院；君子；龙场悟道

关于"龙场悟道"的主要内容，束景南教授提出了"三悟"之说：一是悟"仙、释之非"，二是悟朱熹"向外格物之非"，三是悟朱熹"敬知双修、先知后行之非"[①]，皆为不刊之论。然而就当时所遗文献进行考察，龙场悟道的内容似更应该包括实践意义层面的君子之学。君子之学集中地体现在龙冈书院三学记即《何陋轩记》《君子亭记》《宾阳堂》和其为最初悟道之地所作的《玩易窝记》之中，四学记每篇都以"君子"这一概念为中心进行撰写，这一现象绝非偶然。应该说，王阳明心学的维度与朱

---

[*] 王胜军，博士，贵州大学历史与民族文化学院副教授，硕士生导师。
[①] 束景南：《王阳明年谱长编》，上海古籍出版社，2017，第536页。

熹最大的不同就在于它不是纯知识层面的探索，而是指向成圣成贤的道德实践。玩易窝悟道和龙冈书院讲学恰恰是这种实践取径的一个逻辑结果，而君子之学又可以统摄其他有关纯知识的是非之辩。因此，要更为完整和准确地理解"龙场悟道"和阳明心学，龙场四学记所展示出来的君子之学是绝不可以忽略的。目前，探讨阳明心学君子人格的相关研究间或有之[①]，但是对《君子亭记》《宾阳堂记》《玩易窝记》三学记的意义和价值则论及绝少，《何陋轩记》在此视角下也可以进一步发其微言。所以，本文主要在分析《何陋轩记》等四学记的基础之上，以"君子之学"为线索和中心，对王阳明玩易窝悟道和龙冈书院讲学相关内容进行考察，探求四学记与此后阳明心学的走向及其思想体系之间的关系，希望有助于进一步加深对"龙场悟道"和王阳明心学特质的理解。

一　从仙人到君子：王阳明人格取向在龙场的转变

从早年"私塾答师"开始，王阳明一直立志学为圣贤，在到龙场之前的十五六年中苦苦追寻却没有结果。其中，王阳明至少两次尝试以程朱理学为优入圣域之道：一次是"官署格竹"即实践朱熹"即物穷理"的格致法；另一次是实践朱熹"循序致精"的读书法。两次努力均由于"心"与"理"不能为一而失败，最终还以大病为结局。究其原因，这两次活动都是极其理性化的行为，王阳明对儒家圣贤没有建立起人格意义层面的向往和追求，而是在脱离了自身的情感世界、伦理境遇和文化环境的情况下，去进行一种纯知识的思辨，因而无法获得将外在之理与自己的气息血脉贯通为一体的生命体验。

这种纯知识学的取径，与以术数和思辨为特色的道家、佛家之学却多有暗合之处，于是王阳明将更多精力投入二氏之学尤其是道家之学中。道家的各种仙人人格如浮丘公、王子乔、广成子、碧霞元君等常常浮现于其

[①] 专从君子角度对阳明心学进行探讨的成果主要有陆永胜《试析王阳明心学视域中的三种人格典范——兼论王阳明的理想人格》（《贵阳学院学报》2008年第3期）、郝永《儒家圣贤人格精神贯穿——王阳明"龙场教育四篇"教育思想》（《孔子研究》2017年第4期）及张小明《浅议王阳明对儒禅的融通——从其理想人格视角切入》（《船山学刊》2010年第1期）等。

笔端，诸如"呼浮丘于子晋，招句曲之三茅"(《九华山赋》)、"相期广成子，太虚显邀游。枯槁向岩谷，黄绮不足俦"(《登泰山》第二)、"尘网苦羁縻，富贵真露草！不如骑白鹿，东游入蓬岛。遥见碧霞君，翩翩起员峤"(《登泰山》其四)、"长生在求仁，金丹非外待。缪矣三十年，于今吾始悔！"(《赠阳伯》)等。孔子在其笔下却是"鲁叟不可作，此意聊自快"(《登泰山》第五)。可见，对王阳明而言，佛老二氏之学远较儒学为亲近，它不仅是超凡入圣的工具，更有终极人格的认同。王阳明后来即曾回忆说："吾亦自幼笃志二氏，自谓既有所得，谓儒者为不足学。其后居夷三载，见得圣人之学若是其简易广大，始自叹悔错用了三十年气力。"①

王阳明的人格取向之所以会发生变化，在于二氏之学的"理"尽管高居于纯知识学的云端，却无法真正与现实中情欲交杂、痛痒相关的"心"打通，无法给生命注入应对现实的力量。所谓"既有所得"，只能是在阳明洞中、九华山上与外界隔绝的一种"消极避世"，面对王阳明在人生逆旅中遇到的种种现实困境却无力解决。尤其是正德元年（1506）谏君失败之后，入狱、廷杖、被谪等诸多不曾遇到和想象的境遇，彻底将王阳明抛进现实世界之中，直接将现实世界的重大问题诸如得失、荣辱、生死等摆在了其面前。只要王阳明准备面对这个现实世界，就必须重建彼此之间的意义关系，建构一种与现实世界能够和谐一体的人格。

因此到龙场之后，王阳明已然抛弃了对浮丘公、王子乔等人物的幻想（亦即悟仙、释之非），而孔子、颜回、曾点等儒学人物开始活跃在其笔端。阳明写孔子有"谪居屡在陈，从者有愠见"(《谪居绝粮请学于农将田南山永言寄怀》)，写颜回有"邈矣箪瓢子，此心期与论"(《始得东洞遂改为阳明小洞天》第三)，写曾点有"缅怀风沂兴，千载相为谋"(《诸生夜坐》)。关于弃绝仙人之道，则有《答人问神仙》一文。王阳明在该文中对比了儒、道两教的人生价值和意义，自述其求仙问道三十年而"齿渐摇动，发已有一二茎变化成白，目光仅盈尺，声闻函丈之外，又常经月卧病不出，药量骤进"的后果，进而断言："吾儒亦自有神仙之道，颜子三十二而卒，至今未亡也。"② 王阳明虽未明确指出原因，然而"颜回"之未死

---

① 王阳明：《传习录上》，《王阳明全集》，上海古籍出版社，2011，第 42 页。
② 王阳明：《答人问神仙》，《王阳明全集》，第 887 页。

无疑是指其人格精神力量之长存。正是汲取了这种从往古绵亘而来的人格力量，王阳明在龙场"箪瓢屡空"的状态之下才能自得其平淡之乐。

此时，王阳明不仅从理性上，更是从情感上亲近先圣先贤。孔子"厄于陈、蔡"，颜回"箪瓢屡空"，曾点"归咏春风"，那种平易和乐的人生态度、陶然自足的人格精神，都令阳明心驰神往。早在二程从学于周敦颐时，周氏即令二人去寻"孔颜之乐"。孔颜之乐代表了一种不同于经学时代向外建功立业的新的生活方式和价值认同模式。而从概念和逻辑上来看，心、性、理、气、意、知、情、欲等概念及其关系被各派学者反复地阐释和论述，儒学人格的建构其实已经达到剥丝抽茧的地步。其中，程朱理学将其人格分为两个层次，一是合于天理的固有"天命人格"，二是由后天气血和惯习养成的"气质人格"。理学功夫就是变化气质，从而将气质人格转变为先天固有的天命人格。

君子人格就是在变化气质的过程中产生的，既有理学修养的过程，又是书院教育的目标。从理学的角度来看，"君子，成德之名"，"非乐不足以语君子"[1]，君子人格最终呈现的境界其实与圣贤无异，表现为一种理主欲从、七情得正的心灵和谐的状态。王阳明早年理学实践的失败和病倒，就是理与心不能合一，理、气、心、性等人格诸要素不能中和，从而导致内心长期处在极度焦虑和分裂的状态。

王阳明在龙场提倡君子之学，是其认同儒学、人格取径转变的逻辑结果，是心与现实世界接触最终取得和谐的过程。在理学思想体系中，圣人是最高的人格等级。宋儒张载曾指出，"学必如圣人而后已"，"求为贤人而不求为圣人，此秦、汉以来学者大蔽也"[2]。在这样一个"学为圣人"的文化环境中，王阳明与门人多以"圣人"为中心进行讨论不足为怪。但若细加考察就会发现，相关表述中，"圣人"绝大多数是指孔子本人或列代圣王，"圣人之学"则多指孔子之学；"圣人之学"的使用主要是为了区别佛、老等所谓异端，比如：

> 夫禅之学与圣人之学，皆求尽其心也，亦相去毫厘耳。[3]

---

[1] 朱熹：《四书章句集注》，中华书局，1983，第47页。
[2] 脱脱等：《宋史》，中华书局，1977，第12724页。
[3] 王阳明：《重修山阴县学记》，《王阳明全集》，第286页。

自以为有志圣人之学，乃堕于末世佛、老邪僻之见而弗觉，亦可哀也夫！①

圣人有时还会延伸比喻心体或良知，如王阳明对王畿、邹守益讲的"人胸中各有个圣人，只自信不及，都自埋倒了"② 即是如此。

君子之学与圣人之学的意旨极其接近，有时可以相互替换，不过君子之学还具有可实践性和可操作性，即如何在具体功夫中去实践，包括在具体的伦理社会中的待人接物和出处辞受。圣人可以不学，以其纯乎天理，已是至善；君子则不然。王阳明在正德十年（1515）所作《谨斋说》就如此论述：

> 君子之学，心学也。心，性也；性，天也。圣人之心纯乎天理，故无事于学。下是，则心有不存而汩其性，丧其天矣，故必学以存其心。③

因此，王阳明论君子之学多与具体功夫结合，比如：

> 是以君子之学，无时无处而不以立志为事。正目而视之，无他见也；倾耳而听之，无他闻也。如猫捕鼠，如鸡覆卵，精神心思凝聚融结，而不复知有其他，然后此志常立，神气精明，义理昭著。④

> 是故君子之学也，于酬酢变化、语默动静之间而求尽其条理节目焉……于升降周旋、隆杀厚薄之间而求尽其条理节目焉。⑤

> 君子之学，为己之学也。为己故必克己，克己则无己。无己者，无我也。⑥

在王阳明看来，君子之学是由立志、克己、成性、尽心等一系列功夫构成的，其重心在于学。所以，书院作为儒家道场，不仅仅要提倡圣人之学，从而与佛老二氏相区别；更要提倡君子之学，使圣人之学有其可以实

---

① 王阳明：《书王嘉秀请益卷》，《王阳明全集》，第 303 页。
② 王阳明：《传习录下》，《王阳明全集》，第 105 页。
③ 王阳明：《谨斋说》，《王阳明全集》，第 293～294 页。
④ 王阳明：《示弟立志说》，《王阳明全集》，第 290 页。
⑤ 王阳明：《博约说》，《王阳明全集》，第 297 页。
⑥ 王阳明：《书王嘉秀卷请益卷》，《王阳明全集》，第 303 页。

现和实践的具体方式。龙冈书院的讲学正是王阳明及其生徒共同实践君子之学迈向圣域贤关的开端。在王阳明之前，书院学记往往只是宏观记述书院本身的沿革。王阳明在龙冈书院讲学时，将书院各建筑以及悟道之所玩易窝都一一作记，而且都明确地指向了君子人格，这说明君子之学是王阳明在龙场悟道时期思考和关注的重心。这也说明，王阳明的学术思考维度与朱熹的不同，具有强烈的实践特征，这一实践特征又突出、集中地表现在书院教育上。

二 龙场四学记：心学君子人格的面面观

龙冈书院建立之后，理论思考与教育实践结合并进一步发展已经成为最重要和最基本的问题。王阳明与来学诸生相约，订立了学规《教条示龙场诸生》，提出了立志、勤学、改过、责善四条为学原则，其中即以"为君子、不为小人"为中心，但是仍侧重于为学方法。就此而言，阳明于讲学间所作的《何陋轩记》《君子亭记》《宾阳堂记》和之前悟道时的《玩易窝记》分别从不同角度对君子之学的内容进行了说明，足以与教条相辅以成。

1.《玩易窝记》：君子之俟命

对于玩易窝，钱德洪《年谱》、黄绾《行状》均以之为与何陋轩、君子亭、宾阳堂一样的木制建筑。事实上玩易窝应为修文县城南里许小孤山下的一个天然石洞，距龙冈山三里，是龙冈书院讲学的思想发端之地。《玩易窝记》主要阐释王阳明对"知命"之学的新理解，认为应以"俟命"为本，开启了龙冈书院三学记对君子之学的多重描述。

《论语》末篇末章首先就讲："不知命，无以为君子也。"可见知命对君子、对道德成就的意义。《中庸》有类似的命题是："君子居易以俟命，小人行险以徼幸。"所谓"徼幸"，朱熹的解释为"所不当得而得者"[①]，即财富、地位、功名等于义理可得则得之，于义理不可得则不强求之。

对于"君子"的这一定义，王阳明以前并未深刻理解。在狱中，王阳明就曾以《周易》来卜问前途、消解内心的苦闷。其《读易》诗先后运用

---

① 朱熹：《四书章句集注》，第24页。

了"蒙""蹇""震""遁""蛊"等卦,表明出狱之后终老山林的志愿。据束景南教授考证,阳明出狱之后确实曾计划隐居武夷山中。① 可见,《周易》的卦象爻辞被看作如何"逃避"人生困境的一种预测。

在玩易窝澄心静坐中,王阳明发现《周易》的卦象爻辞不是指向如何逃避命运,相反却是告诉读者在人生不同的境遇中怎样去坚守自己的德性。逃避命运往往基于一种"徼幸"心理,是危险的;相反,坚守德性反而是平坦的大道。在此,王阳明对君子知命之学的理解发生了转折,以心学的新视角解释了何为困境和险境、何为易境和乐境。

所以,在玩易窝中"玩易"时,阳明就不再计较"得失"和"利害",而是"视险若夷,而不知其夷之为厄也",并发出"嗟乎!此古之君子所以甘囚奴,忘拘幽,而不知其老之将至也夫!吾知所以终吾身矣"②的感叹!就这样,王阳明终于解悟了君子"知命"应先之以"俟命"。

2. 《何陋轩记》:君子之质

何陋轩是夷民为了使阳明避免穴居的阴湿之苦而凿山砍树建起来的有窗户的木庐。木庐建成之后,诸生来集,请名"龙冈书院",其轩谓之"何陋"。从这一角度来看,《何陋轩记》其实就是《龙冈书院记》,有发凡起例的意义。

这篇文字主要阐述孔子的文质相资之说,典出《论语·雍也》:"质胜文则野;文胜质则史。文质彬彬;然后君子。""质"是人之未受外在文化熏陶而固有的性情和气质,"文"是指后天的学问、礼仪修养。汉儒后来将文质之辨发展到社会政治伦理之中,与夷夏之辨结合起来成为春秋学的重要组成部分。文质论在宋代又回到了道德修养上,朱熹主张两者要合宜,反对子贡"文犹质、质犹文"之说。

与前人不同,《何陋轩记》高度突出了"质"对成就君子的意义。宋明以来,严夷夏之防一直都是儒学的主流,即以礼仪之文为标准进行文化的判断和衡量。"驱逐胡虏,恢复中华,立纲陈纪,救济斯民",王阳明所生活的明朝就是在宣扬华夏优越论的论调中诞生的。而纵观《明实录》,少数民族在明代君主口中更多是被称作"禽兽""鼠辈""丑虏""豺狼"

---

① 束景南:《王阳明年谱长编》,上海古籍出版社,2017,第429页。
② 王阳明:《玩易窝记》,《王阳明全集》,第989页。

"犬羊",这与朱熹所谓"到得夷狄,便在人与禽兽之间,所以终难改"① 如出一辙。这样,夷民就与君子无缘了。而在王阳明笔下,龙场夷民却如"未琢之璞,未绳之木"一样质朴无华,华夏族群引以为自豪的"典章礼乐"、"轩裳宫室之观,文仪揖让之缛"和"言辞物采"只如一层写满"君子"的外衣,事实上却是"蔑道德而专法令,搜抉钩繁之术穷,而狡匿谲诈无所不至",将君子之质都丢了!由此,长期被等同于禽兽的边域夷民反而先于华夏族群拥有了成为君子的内在素质。

3.《君子亭记》：君子之道

君子亭为书院师生游憩之所。《君子亭记》乃次《何陋轩记》而作。记文序言云"阳明子既为何陋轩,复因轩之前营,驾楹为亭,环植以竹,而名之曰'君子'",以是可知。《君子亭记》采用比喻的方式,集中阐释和赞美了四种君子之道,分别是"君子之德""君子之操""君子之时""君子之容":

> 中虚而静,通而有间,有君子之德;外节而直,贯四时而柯叶无所改,有君子之操;应蛰而出,遇伏而隐,雨雪晦明无所不宜,有君子之时;清风时至,玉声珊然,中采齐而协肆夏,揖逊俯仰,若洙、泗群贤之交集,风止籁静,挺然特立,不挠不屈,若虞廷群后,端冕正笏而列于堂陛之侧,有君子之容。②

(1)君子之德就是谦虚、宁静、通达、条理。《周礼·地官》"在心为德,施之为行",君子之德即强调其内心的素质:虚为心之特质,静乃心不妄动的状态,通达是指人内心秩序与外在事物秩序之间的和谐,条理是接物时心所产生的远近厚薄的分寸。这几点王阳明都曾经论及,比如言心体之虚云:"虚灵不昧,众理具而万事出。"③言静则云:"良知之体本自宁静。"④言通达则云:"盖其心学纯明,而有以全其万物一体之仁,故其精神流贯,志气通达,而无有乎人己之分,物我之间。"⑤言心之条理则云:

---

① 黎靖德:《朱子语类》,中华书局,1983,第58页。
② 王阳明:《君子亭记》,《王阳明全集》,第938页。
③ 王阳明:《传习录上》,《王阳明全集》,第17页。
④ 王阳明:《传习录中·答陆原静书》,《王阳明全集》,第76页。
⑤ 王阳明:《传习录中·答顾东桥书》,《王阳明全集》,第62页。

"禽兽与草木同是爱的,把草木去养禽兽,又忍得。人与禽兽同是爱的,宰禽兽以养亲,与供祭祀,燕宾客,心又忍得。至亲与路人同是爱的,如箪食豆羹,得则生,不得则死,不能两全,宁救至亲,不救路人,心又忍得。"①(2)君子之操是指君子立身须要刚直,不以各种人生境遇而改变自己的志节,正如孔子所讲的:"君子无终食之间违仁,造次必于是,颠沛必于是。"(3)君子之时是指面对不同的境遇,采取不同的方式去应对,均以得义理之正为原则。孟子认为孔子就是"圣之时者",因为孔子"可以速则速,可以久则久,可以止则止,可以仕则仕",也就是孔子讲的"无可无不可"。(4)君子之容是指外在的威仪和气象。朱熹讲"整齐严肃",主张以内敬与外义相挟持而进修其德,如"正衣冠,尊瞻视"之类。而在王阳明诗意的笔法之下,"整齐严肃"不仅仅是一种形式和规矩,更是一种美的享受。

诸生认为王阳明本人具有竹子的诸多品格,故借竹以自喻;而王阳明则将之作为对诸生的期许,认为应该不畏人言、高举"君子儒"之帜,不以小人自居为足。

4.《宾阳堂记》:君子之明心

宾阳堂一般被认为是书院的迎宾会客之所,但就其建筑形式"堂"而论,很可能就是书院的讲堂。其堂东向,即日出的方向,故曰"宾阳","宾阳"二字取意于《尚书》(原文为"寅宾出日,平秩东作")。《瘗旅文》是从否定意义上讲君子之心"未尝戚戚",而《宾阳堂记》是从正面讲君子之心的"光明"。

记文共三部分。第一部分对原文"宾日"做了新的解释。王阳明指出:

> 宾日,义之职而传冒焉。传职宾宾,义以宾宾之寅而宾日,传以宾日之寅而宾宾也。不曰日乃阳之属,为日、为元、为善、为吉、为亨治,其于人也为君子,其义广矣备矣。②在其看来,原文义仲以迎接宾客的那种恭敬之心来接引日出,《书集传》又以为当如恭敬地迎接日出一样接引宾客,均着重于"宾",却未指出"日"在其中的意

---

① 王阳明:《传习录下》,《王阳明全集》,第122页。
② 王阳明:《宾阳堂记》,《王阳明全集》,第986页。

义，作为阳之属的"日"，有日、元、善、吉、亨治之象，在人则为君子。

第二部分从"日"的角度阐发君子之学。先是运用"泰"卦说明宾阳堂以君子之学期许诸生之意。该卦内为乾，外为坤，乾为阳，坤为阴，阳为君子，阴为小人，是以"象"文作"内君子而外小人"。前人将其解释为"宾君子而容小人"，而在王阳明看来，既然彼此以君子相宾，那来学诸生又岂自甘于为小人呢？

第三部分是为宾日之歌，四句韵文，回环反复，表达了对太阳的礼赞以及君子之心如熙熙如日的意象。在宾日之歌中，王阳明描绘了自己对东方冉冉升起的旭日一次次稽首下拜的情形，并反复感叹，若不是这一轮朝日如此恭敬又如此温暖地升起，那么我岂不自暴自弃了！云翳和雨雾终究遮蔽不了这旭日的光辉！王阳明在这里礼赞太阳，正是赞美君子，礼赞君子缉熙光明的心态。

总体来看，《玩易窝记》提倡的"俟命"是君子之学的开端和前提，《何陋轩记》所突出的"质"是君子之学达成的根本，《君子亭记》的君子四道"德操时容"是君子之学的多层面展开和具体实践，《宾阳堂记》追求的心态光明则展现了君子之学最终大成的状态。

三 地域特征和心学特质：四学记与作为时代命题的君子之学

哲人对时代的回应构成了文化源源不断的活力，它表现为对传统的重新诠释。"君子"本义是指居于高位的贵族男子。春秋末期，孔子通过话语革命，完成了"君子"这一概念的时代转换，从此"君子"转变为对有德行和有学问之人的尊称。龙场四学记就是王阳明对君子之学新的诠释，它是王阳明在西南夷域生死炼狱的悟道过程中形成的，是阳明心学后来思想体系形成和发展的重要理论源头之一。

1. 西南夷域与四学记关于人生困境和意义的解答

哲人的思考首先是基于其生活的特定地域和时代的，对于王阳明这样一位以生命体验为特征的哲人更是如此。中国固有的广袤土地以其各具特色的地方文化为其哲人的诞生提供了土壤。在明代，诸夷聚居的西南地区就是这样一片文化异域。长期以来，中原固有的文化体系极其成熟和稳定，自我革命并不容易，王阳明早先长达十五六年对圣贤之学的求索，就是在这样的一种文化中迷惘和徘徊，直到龙场悟道才获得突破。龙场四学记展示了王阳明在巨大的文化落差中解决内心之理与外物冲突的过程。

《何陋轩记》论君子文质相资，以"美夷之质"与"化夷之俗"对自身处境给予了一种意义塑造。在《瘗旅文》中，王阳明曾问讯吏目的亡魂说：若只为不及五斗米的微薄俸禄，那率妻子儿女躬耕乡里即可获得，何必万里跋涉？要是诚心为做这样一个小官，就应该欣然就道，却又为何满面愁容、不堪其忧？对吏目而言，就是生命的意义未曾与西南这片夷域建立起关系来。同样从朝廷到边夷，离开了代表着文明的华夏文化圈，王阳明何尝不需要寻取生命的意义？与吏目不同，王阳明透过"夷夏之辨"的叙事模式看到所谓绝缘于文明的被贬为禽兽的夷民其实是如此热情、真诚、质朴、善良，有着璞玉般的美质，并且较之饱读诗书的士人还更容易教化，几近文化荒原的夷域由之转变成中原士人梦寐不可一见的黄虞之世，万里绝域转瞬间成为华夏文明业已失去的最为亮丽的那一部分底色。而在这样的世界中，王阳明还担负起化夷之俗的现实使命，去完成孔子文质相资的理想，尽管龙场的生活如此孤独和艰难，王阳明生命的意义却得到升华，与外在夷域取得了心理上的认同。

《君子亭记》标志着王阳明在"格物知致"之学上的突破和转折，表明君子之学是在生命实践中达成的。王阳明早年格物的方式是以遍读朱熹的著作为主，先知识而后实践，欲以之打通心与理而未之能。到龙场之后，一方面"书卷不可携"，失去了原来依知识而求天理的可能性；另一方面，生命的困顿使王阳明不再无中生有、平白无故地去制造各种与自身无关的被格之物，而是将格致之学与自身的境遇联系起来。所以当王阳明赞美竹子的四种君子之道后，诸生就说："夫子盖自道也"，尤其是"君子之时"，诸生所谓"昔也行于朝，今也行于夷，顺应物而能当，虽守方而弗拘，非君子之时乎"即是对王阳明被谪的生动写照，"风止籁静，挺然特立，不挠不屈"的君子之容也是其心志的说明。此时，王阳明已经在与边夷的心物互动的过程中变化了气质，中和了其跳脱和沉溺的性情，从而向圣贤之学更进一步。

《宾阳堂记》展示了王阳明在龙场悟道之后光明和乐的心态。从当时的诗文中,可以窥见王阳明那无可与语的孤独、烟灯无寐的忧思、持刀忌触的忌讳、风雨摧翼的苦楚、天深雁杳的乡思……这些都如雨雾一样掩盖了心体中本有的灿烂和光明。好学如颜回也只能三月不违仁,这种光明如日一样的心境时为云翳雨雾所遮蔽,对悟道之初的王阳明而言也是时而多有的。彼时,王阳明只是一度窥见良知那灿烂如日的本体,但是要扩充开来则还要无限功夫,所以该文结尾是"条其雾矣,或时以熙;或时以熙,孰知我悲",感叹这种心境之难持。有学者认为王阳明身处龙场的逆境之中,当地土著人犹如太阳一样给予了他温暖,使王阳明渡过了生存的难关,对生命充满了期待和希望。[①] 的确,从魍魉四出的黑暗政治中走出之后,正是这边域的夷民,告诉王阳明在粗陋的外表之下人性之本善依然可以闪烁光芒。但是文中的"日"主要还是指一旦脱去遮蔽的心体而言,龙场夷民只是达成这种心境的触媒之一。

《玩易窝记》论述的是君子知命即如何面对人生困境的问题。王阳明自幼身体虚弱,从八岁开始就沉溺二氏、求丹问药,其实都是不肯认命,在《答人问神仙》一文中,阳明这样讲:"呼吸动静,与道为体,精骨完久,禀于受气之始,此殆天之所成,非人力可强也。"[②] 到龙场之后,王阳明开始认识到死生实由天命,这是其走出佛老二氏的关键。对儒学外王的理解也是,得君行道亦不可强求,理想主义的义理之直在现实政治面前很多时候软弱得不堪一击,正如朱熹所感叹的"道未尝一日得行于天地之间",在这种困境之中,如何去认知、去践行圣人之学、君子之道呢?这荒芜的边域将王阳明的一切理想都打翻了,不反观内省、上溯天命,就无法获得心与物的和解、达成心灵的宁静。而在对君子知命、俟命之学有了新的理解之后,王阳明就又开始走出曾有过的焦虑、苦闷和迷惘,在心理上获得了质的解脱。

2. 四学记的君子之学在阳明心学体系中的展开

王阳明离开贵州之后,"君子"已经不再是集中出现于其笔下的概念。不过,龙场四学记中关于君子之学的种种思考,并没有就此消失,而是不断内化和深化到王阳明心学的思想学术体系之中,成为其重要的理论源泉

---

① 华建新:《王阳明散文研究》,安徽师范大学出版社,2012,第118页。
② 王阳明:《答人问神仙》,《王阳明全集》,第887页。

之一。主要表现为四个部分的内容。

一是"化民成俗"的底层传教路线。从龙场悟道开始，王阳明逐渐开辟了一条与以往"得君行道"不同的"觉民行道"之路，这已经为余英时所揭示。① 不过，王阳明"觉民行道"的最终目标不是小人，仍为君子，之所以要从"小人"入手去教化，在于其良知没有被知识形成的意见完全遮蔽，其如璞玉般的美质还在熠熠生辉。龙冈书院讲学，夷人向慕来学，更是从实践上给了王阳明以信心和鼓励，及至贵阳讲"知行合一"而士人议论纷纷对阳明又是一个反向刺激。应该说，王阳明由此更加确信文质相资之中质对于教化的重要意义，从《何陋轩记》"诚有君子而居焉，其化之也盖易"到《象祠记》"天下无不可化之人"，龙场夷民就是最早的这样一类人群。因此，觉民行道并不是余英时所描述的一种特殊政治生态的不得已的行为，不是王阳明知难而退、失去了虽千万人吾往矣的大勇，而是随着王阳明对君子之学和圣人之学的特殊理解而展开的。

二是重质反文的教法和史观。在龙场，王阳明以极大的理论勇气，礼赞着夷民如璞玉一般的气质之美。程朱理学以气质为恶，与其长期以书册为重心、以文字诠释的义理为准衡不无相关，弊端就是有可能会忽视教育对象的具体特征。而王阳明之教法就回到生徒本身，从各人气质之不同入手，如其所论：

> 圣人教人，不是个束缚他通做一般：只如狂者便从狂处成就他，狷者便从狷处成就他。人之才气如何同得？②

尤其是晚年，王阳明特别强调曾点之狂，这多为学者所称述，然而其教学非仅止步于狂者。在文化发达之域，士人往往如《何陋轩记》中讲的已丧失了自身的美质而变得"狡匿谲诈""浑朴尽矣"，若不以狂者精神唤醒其良知，就会为沉沉偏见所压迫、难以焕发出内在美质的光彩。有门人问阳明说："狂狷为孔子所思，然至乎传道，不及琴张辈，而传习曾子，岂曾子乃狂狷乎？"王阳明如是答云："不然。琴张辈，狂者之禀也。虽有

---

① 余英时：《宋明理学与政治文化》，吉林出版集团有限责任公司，2008，第188~211页。
② 王阳明：《传习录下》，《王阳明全集》，第118页。

所得，终止于狂。曾子，中行之禀也，故能悟入圣人之道。"① 可见，对于教法而言，文质相资的中行之德仍然是最为根本的。尽管王门一派中有以"赤手搏龙蛇"而著称的泰州学派，但是王阳明对王艮的期许并非如此。王艮本名银，王阳明改之为"艮"，字汝止，正是要王艮改变原来的狂放之习。对于气血未定的孩童，王阳明更强调《君子亭记》中讲的"君子之容"，对其礼容有严格的要求，如其手定《教约》就规定："清朗其声音，均审其节调；毋躁而急，毋荡而嚣。毋馁而慑。久则精神宣畅，心气和平矣。""凡习礼，须要澄心肃虑，审其仪节，度其容止；毋忽而惰，毋沮而怍，毋径而野；从容而不失之迂缓，修谨不失之拘局。久则体貌习熟，德性坚定矣。童生班次，皆如歌诗。每间一日，则轮一班习礼。其余皆就席，敛容肃观。"②

王阳明对质的阐发还拓展到社会政治历史之中。在其看来："天下所以不治，只因文盛实衰，人出己见，新奇相高，以眩俗取誉。徒以乱天下之聪明，涂天下之耳目，使天下靡然争务修饰文词，以求知于世，而不复知有敦本尚实、反朴还淳之行：是皆著述者有以启之。"③ 对以往的儒学而言，知识之学长期占据主导，先是两汉的经学，继之以即物穷理的程朱理学，都是以知识求道德的路向。应该说，坚定阳明这种反知识的路径，还是要回到龙场；正是这一段亲身经历，王阳明看到了知识之外的一个庞朴如黄虞之世存在的可能。

三是"格物致知"的实践取径。王阳明在格物致知上主张"俟命之学"，反对朱熹的"知命"之学。朱熹的知命之学的思路是从书册之上考索、琢磨，先了解命为何物，再用以指导和规范道德行为。王阳明认为这种格致之法"使初学之士尚未能不贰其心者，而遽责之以圣人生知安行之事，如捕风捉影，茫然莫知所措其心"④。初学者当从"俟命"之学入手，"俟命"是"困知"，就是在困顿之中去认知生命，这种强烈的实践指向，正是王阳明在龙场种地、拾柴、烧饭、浇园中亲身体认出来的。

四是心体光明的生命体验。《宾阳堂记》对朝日的礼赞，实际上已是

---

① 王阳明：《传习录拾遗》，《王阳明全集》，第1287~1288页。
② 王阳明：《教约》，《王阳明全集》，第101页。
③ 王阳明：《传习录上》，《王阳明全集》，第9页。
④ 王阳明：《传习录中·答顾东桥书》，《王阳明全集》，第50页。

阳明窥见了良知的影像，正如后来所讲："吾良知二字，自龙场以后，便已不出此意。只是点此二字不出。于学者言，费却多少辞说。"① 良知显现的状态不常有，相反是多被遮蔽，阳明说："良知本来自明。气质不美者，渣滓多，障蔽厚，不易开明。"② 这与《宾阳堂记》对雨雾掩翳朝日的思路是相同的。王阳明常用的"明镜说""磨镜说"都是以光明来喻良知本体。门人也曾就此问阳明："近来用功，亦颇觉妄念不生。但腔子里黑窣窣的，不知如何打得光明？"王阳明回答：

> 初下手用功，如何腔子里便得光明？譬如奔流浊水，才贮在缸里。初然虽定，也只是昏浊的。须俟澄定既久，自然渣滓尽去，复得清来。汝只要在良知上用功。良知存久，黑窣窣自能光明矣。③

王阳明认为不同的修养境界有其不同的心理状态，比如："圣人之知，如青天之日；贤人如浮云天日；愚人如阴霾天日；虽有昏明不同，其能辩黑白则一。虽昏黑夜里，亦影影见得黑白，就是日之余光未尽处；困学功夫，亦只从这点明处精察去耳！"④ 王阳明晚年的名句"吾心自有光明月，千古团圆永无缺"即是形容良知或心本体的，只是由日转月，但是光明之性则未曾之改。王阳明临终时讲"此心光明"是其最后对良知或心本体的解说、总结和定性，有人以之为佛老之言，其实不然，而是早在西南夷域撰写《宾阳堂记》时，王阳明就已然在追求这种内心的光明状态了。

---

① 王阳明：《传习录拾遗》，《王阳明全集》，第1290页。
② 王阳明：《传习录中·答陆原静书》，《王阳明全集》，第77页。
③ 王阳明：《传习录下》，《王阳明全集》，第113页。
④ 王阳明：《传习录下》，《王阳明全集》，第126页。

王阳明为何推重王通？

◎ 汪　洋[*]

摘要：王阳明十分推重隋末河汾大儒王通，究其原因有二。其一，二人在思想上多有契合之处，这表现在：对"义利之辨"的重视、"三经皆史"的观念、反对训诂支离、心学的学术理路。其二，对比朱熹、王阳明对王通的不同评价，可见王阳明与王通有着相同的学术性格。

关键词：王阳明；王通；《中说》

王阳明对隋末河汾大儒王通评价甚高。《传习录》卷上记王阳明云："退之，文人之雄耳；文中子，贤儒也。后人徒以文词之故，推尊退之，其实退之去文中子远甚。"[①] 这是将王通与韩愈对比，认为王通在儒学上的地位远超韩愈。《传习录》卷上又记王阳明云："文中子庶几'具体而微'，惜其早死。"[②] "具体而微"，出自《孟子·公孙丑上》："昔者窃闻之：子夏、子游、子张皆有圣人之一体，冉牛、闵子、颜渊则具体而微。"孟子认为颜渊等人已经具备孔子的圣人全体，不过未达到与圣人同等的境界。王阳明以此评价王通，足见文中子在其心中的地位。王阳明《书同门科举题名后录》："尝读《文中子》……予尝论文中子，盖后世之大儒也，自孔孟既没，而周程未兴，董韩诸子未或有先焉者。"[③] 王阳明将王通誉为得传孔孟道统的大儒，其地位高于董仲舒、韩愈。由此文，我们还知道，

---

[*] 汪洋，贵州阳明文化研究院副教授。
[①] （明）王守仁撰，邓艾民注《传习录注疏》，上海古籍出版社，2012，第17页。
[②] （明）王守仁撰，邓艾民注《传习录注疏》，第46页。
[③] （明）王守仁撰，吴光、钱明等编校《王阳明全集》卷二十八，上海古籍出版社，2014，第1125页。

王阳明对王通的评价并非凭空假说,而是精研了《文中子》一书后得出的结论。《文中子》即《中说》,是王通弟子记述与其师讲论的记录。

王阳明为何如此推重王通呢?笔者以为,是因为王通的思想与王阳明有契合之处,且二人学术性格相类。笔者寡闻,未见学界对此问题进行详论者。兹以《中说》为主要依据①,结合阳明文献,论述如下。

一 二王思想的契合

(一) 重视义利之辨

"义利之辨",由孟子大力提倡,指出人们行事的动机有为义、为利的差别,提倡为义。而孟子到唐代中期之后,才逐渐受到士人重视,韩愈自视为道统的传人。宋代,孟子地位逐渐上升,《孟子》进入"九经",继而被朱熹列入"四书"。② 随着孟子地位的提升,"义利之辨"成为宋明理学的重要议题。其实,王通在隋末已经重新注重这一问题。

《中说》卷一《王道篇》:"子曰:'我未见嗜义如嗜利者也。'"③ 这里,王通模拟孔子"吾未见好德如好色者也"(《论语·子罕》),慨叹好利者多,好义者少。《中说》卷二《天地篇》:"子曰:'君子之学进于道,小人之学进于利。'"④《中说》卷四《周公篇》:"王孝逸谓子曰:'天下皆争利弃义,吾独若之何?'子曰:'舍其所争,取其所弃,不亦君子乎?'"⑤ 王通认为,"义利之辨"是区分君子、小人的标准。王通对"义利之辨"的强调还体现在对行事的评价上。《中说》卷一《王道篇》:"子曰:'或安而行之,或利而行之,或畏而行之,及其成功一也,稽德则远。'"⑥ 王通化用《中庸》,将行仁的三种情况进行比较:有人安于仁德

---

① 关于王通是否真有其人,《中说》一书是否伪托,唐宋以来颇多争论。邓小军《唐代文学的文化精神》(台湾文津出版社,1993)第一章"贞观之治与河汾之学"对这两个问题皆有详细、精深的考论,认为王通确有其人,《中说》并非伪作。
② 关于孟子地位的变化,请参考徐洪兴《思想的转型——理学发生过程研究》第二章"儒学更新引出的文化变动"第二节"孟子升格运动",上海人民出版社,2016,第87~116页。
③ (隋)王通撰,张沛校注《中说校注》,中华书局,2013,第36页。
④ (隋)王通撰,张沛校注《中说校注》,第49页。
⑤ (隋)王通撰,张沛校注《中说校注》,第110页。
⑥ (隋)王通撰,张沛校注《中说校注》,第17页。

而行，有人因行仁有利而行，有人因为畏惧而行。三者都是行仁，但是有高下之判，只有安仁才是有德。这里王通强调的还是行仁的动机问题，也就是"义利之辨"。

因注重"义利之辨"，王通对从义出发反而获得不恰当结果的行为，予以正面的评价。如《中说》卷三《事君篇》：

> 薛收问："恩不害义，俭不伤礼，何如？"子曰："此文、景尚病其难行也。夫废肉刑害于义，损之可也；衣弋绨伤乎礼，中焉可也。虽然，以文、景之心为之可也，不可格于后。"①

汉文帝、汉景帝是王通认可的古代帝王。汉文帝废除肉刑，王通认为是"害于义"，但是他又肯定文帝的行为是出于仁心，肯定其动机。

王阳明提倡"知行合一"，便有重视"义利之辨"的含义在内。《传习录》卷中：

> 知之真切笃实处即是行，行之明觉精察处即是知，知行工夫本不可离；只为后世学者分作两截用功，失却知行本体，故有合一并进之说。真知即所以为行，不行不足谓之知，即如来书所云"知食乃食"等说可见，前已略言之矣。此虽吃紧救弊而发，然知行之体本来如是，非以己意抑扬其间姑为是说，以苟一时之效者也。②

王阳明《答顾东桥书》的这段文字，是他论述"知行合一"的经典表述。王阳明强调"知行合一"，是用于补偏救弊。这个偏、弊就在于，知、行分作两截，即如陈来先生指出："人们了解社会通行的道德准则，但并不依照这种准则去行动；明知为道德律令所禁止，却仍然违背禁令去做。"③ 王阳明强调"知之真切笃实处即是行""知是行之始"即指出：一念发动处已有不善，便是行了，便是为不善了；行为上虽然具有道德性，但也可能存在行为动机的非道德性。从这一方面而言，王阳明的观点与"义利之辨"是契合的。

---

① （隋）王通撰，张沛校注《中说校注》，第88页。
② （明）王守仁撰，邓艾民注《传习录注疏》，上海古籍出版社，2012，第95页。
③ 陈来：《有无之境——王阳明哲学的境界》，生活·读书·三联书店，2009，第121页。

（二）提出三经皆史

《中说》卷一《天地篇》云：

> 子谓薛收曰："昔圣人述史三焉：其述《书》也，帝王之制备矣，故索焉而皆获；其述《诗》也，兴衰之由显，故究焉而皆得；其述《春秋》也，邪正之迹明，故考焉而皆当。此三者，同出于史而不可杂也，故圣人分焉。"①

王通这里提出了"三经皆史"的观点。他认为：三经具有差异性，《书》言帝王之制，《诗》言兴衰之由，《春秋》言邪正之迹。同时，三经根源于史，且具有史的作用：索《书》，可以获帝王之制；究《诗》，可以得兴衰之由；考《春秋》，可以明邪正之迹。"三经皆史"这一观点，为王通首创。②

王阳明在王通基础上，有"五经皆史"之说，《传习录》卷上：

> 爱曰："先儒论'六经'，以《春秋》为史。史专记事，恐与五经事体终或稍异。"先生曰："以事言谓之史，以道言谓之经。事即道，道即事。《春秋》亦经，'五经'亦史。《易》是包牺氏之史，《书》是尧舜以下史，《礼》《乐》是三代史。其事同，其道同，安有所谓异！"
>
> 又曰："'五经'亦只是史，史以明善恶、示训戒。善可为训者，特存其迹以示法；恶可为戒者，存其戒而削其事以杜奸。"③

王阳明"五经皆史"的观点有三层含义。其一，"五经""以事言谓之史，以道言谓之经。事即道，道即事。"这是说，"五经"记事而言，属于史；而就其中蕴含的道理而言，则可谓之经。其二，"五经"皆是史书，不过记载的历史时期不同。其三，经与史的作用一致，都是"明善恶、示训诫"，是"存天理之本然、遏人欲于将萌"（徐爱语）。

---

① （隋）王通撰，张沛校注《中说校注》，第8~9页。
② 邓小军：《唐代文学的文化精神》，台湾文津出版社，1993，第44页。
③ （明）王守仁撰，邓艾民注《传习录注疏》，第22页。

就王通"三经皆史"与王阳明"五经皆史"的观点来说，二者的内涵固然不一致。然而，王通是思想史上第一个提出类似观点的思想家，王阳明又对其有极高的评价，受其启发提出"五经皆史"的说法极有可能。

（三）反对训诂支离

王通身处儒学的衰微时期——隋末，且当时儒学侧重注疏之学。王通讲学河汾，阐扬"六经"，重明孔、孟之道，却不随逐当时经学潮流，解经以义理为主，不重记诵以及细枝末节之训诂。

《文中子》卷二《天地篇》："子曰：'学者，博诵云乎哉？必也贯乎道。文者，苟作云乎哉？必也济乎义。'"① 王通认为：学问之道，不重广博地记诵，而必须将大道贯穿其中；作文并非为辞章华美，而应该有补世用。谢无量就曾评价道："文中子经纶之怀，非与缺抱训诂校文字者同矣。"② 王通这里虽然是祖述孔子之言，却具有相当重要的意义。前文已经言道，当时儒学的潮流是以训诂为主，不重义理。王通这里的谈论具有孤明先发的意义，是宋明儒学重视义理之先声。王通在与刘炫的谈论中，表明了他的为学倾向。《文中子》卷四《周公篇》：

> 刘炫见子，谈"六经"，唱其端，终日不竭。子曰："何其多也！"曰："先儒异同，不可不述也。"子曰："一以贯之可矣，尔以尼父为多学而识之耶？"炫退，子谓门人曰："荣华其言，小成其道，难矣哉。"③

《文中子》卷五《问易篇》：

> 刘炫问《易》，子曰："圣人于《易》，没身而已，况吾侪乎？"炫曰："吾谈之于朝，无我敌者。"子不答，退谓门人曰："默而成之，不言而信，存乎德行。"④

---

① （隋）王通撰，张沛校注《中说校注》，第45页。
② 谢无量：《中国哲学史》第二编，上海中华书局，1916，第48页。
③ （隋）王通撰，张沛校注《中说校注》，第111页。
④ （隋）王通撰，张沛校注《中说校注》，第127页。

据《隋书》卷七十五《儒林传》，刘炫是当时的大经学家，精通诸经。唐初孔颖达撰《五经正义》，其中《毛诗注疏》《尚书正义》多本于刘炫所著《毛诗述议》《尚书述议》。由此可见，刘炫为学仍旧是传统的义疏之学。由引文，刘炫与王通谈论六经，辩论先儒训诂异同，终日不竭。王通认为，刘炫的学问之道失之于"多"，即因注重细枝末节的训诂而过于繁复，应该学习孔子"一以贯之"。王通还告诉弟子，刘炫为学注重文辞，获得的是小道，不是孔子的学问思路，更不是孔子所传的仁义大道。在与刘炫谈《易》时，王通提出了"圣人于《易》，没身而已"的说法，认为学《易》重在体会其中的大道，并非在于熟习《易》的经文、注疏。王通还进一步指出，文字、注疏上再高明的见解，都不是最终极的学问，而大道在于个人德行的修养（"存乎德行"）。

王阳明的为学理路不重字词训诂，只求大义的明了，而传统儒家经典只是认识道的工具。其《五经臆说序》云：

> 得鱼而忘筌，醪尽而糟粕弃之。鱼醪之未得，而曰是筌与糟粕也，鱼与醪终不可得矣。五经，圣人之学具焉。然自其已闻者而言之，其于道也，亦筌与糟粕耳。窃尝怪夫世之儒者求鱼于筌，而谓糟粕之为醪也。夫谓糟粕之为醪，犹近也，糟粕之中而醪存。求鱼于筌，则筌与鱼远矣。[1]

《五经臆说》是王阳明"龙场悟道"时期所作，序中所言代表着王阳明自"悟道"之后的一贯经学思想。王阳明认为，大道就如鱼与醪，而"五经"就如筌与糟粕，只是求道的工具，非道本身。所以，对于经典，字词训诂明白便不是最重要的，不是为学的头脑处。《传习录》卷上：

> 问："看书不能明，如何？"先生曰："此只是在文义上穿求，故不明。如此，又不如为旧时学问。他到看得多，解得去。只是他为学虽极解得明晓，亦终身无得；须于心体上用功。凡明不得、行不去，须反在自心上体当，即可通。盖'四书''五经'不过说这心体，这

---

[1] （明）王守仁撰，吴光、钱明等编校《王阳明全集》第3册，第965~966页。

心体即所谓道，心体明即是道明，更无二。此是为学头脑处。"①

弟子不能明了书本所讲，以之求教于王阳明。王阳明认为，"看得多""解得去"的是"旧时学问"，即字词训诂。字词训诂得再明白，于大道上，也是终身无得，应在心体上用功（"体当"）。因为"心即理"，天下无心外之物，无心外之理，自然不能外心以求理。不能从事事物物上求至善，自然不能从语言文字求理。王阳明在《稽山书院尊经阁记》中还提出："'六经'者，吾心之记籍也。而'六经'之实，则具于吾心，犹之产业库藏之实积，种种色色，具存于其家，其记籍者，特名状书目而已。"② 这也是以"六经"为记载"吾心"（即理）的账簿，非"吾心"本身。

与王通一样，王阳明的经学思想也是有为而发。他所处的明代中期，因朝廷科举的提倡，朱熹对"四书"的注解成为学界的主流。更因考中为官的绝大诱惑，多数士人将朱熹的传注当作教条，认为学问便在于斯。王阳明对此倾向进行了严厉、持久的批评，名之为"支离"。在《别湛甘泉序》中，阳明将这一问题阐述得十分清楚：

> 颜子没而圣人之学亡。曾子唯一贯之旨，传之孟轲终，又二千余年而周、程续。自是而后，言益详、道益晦；析理益精，学益支离无本，而事于外者益繁以难。……世之学者，章绘句琢以夸，俗诡心色取，相饰以伪，谓圣人之道劳苦无功，非复人之所可为，而徒取辩于言词之间。古之人有终身不能究者，今吾皆能言其略，自以为若是亦足矣，而圣人之学遂废。则今之所大患者，岂非记诵词章之习？而弊之所从来，无亦言之太详、析之太精者之过欤？……夫求以自得，而后可与之言学圣人之道。③

王阳明认为，圣学应该是一以贯之的，应该是求以自得的。周敦颐、二程之后的儒者，将精力放在分析、训诂经典，使得大道支离。周、程之后的儒者，自然包括朱熹。王阳明对朱熹"支离"的批评是延续南宋陆九渊在"鹅湖之会"上对朱熹的评论。王阳明还指出，当时学者的"大患"，在于记

---

① （明）王守仁撰，邓艾民注《传习录注疏》，第33页。
② （明）王守仁撰，吴光、钱明等编校《王阳明全集》卷七，第252页。
③ （明）王守仁撰，吴光、钱明等编校《王阳明全集》卷七，第257页。

诵词章之习，也就是为求科举中第而将朱熹的《四书》注解认作教条，而记诵词章之习形成的根源在于"言之太详、析之太精"，即训诂支离。

（四）心学的学术理路

王通之学，颇具心学倾向。《中说》卷九《立命篇》：

> 子曰："气为上，形为下，识都其中，而三才备矣。气为鬼，其天乎？识为神，其人乎？吾得之理性焉。"薛收曰："敢问天神、人鬼何谓也？周公其达乎？"子曰："大哉，周公！远则冥诸心也，心者非他也，穷理者也，故悉本于天；推神于天，盖尊而远之也，故以祀礼接焉。近则求诸己也，己者非他也，尽性者也，卒归之人；推鬼于人，盖引而敬之也，故以飨礼接焉。古者观盥而不荐，思过半矣。"……收曰："敢问三才之蕴。"子曰："至哉乎问！夫天者，统元气焉，非止荡荡苍苍之谓也；地者，统元形焉，非止山川丘陵之谓也；人者，统元识焉，非止圆首方足之谓也。乾坤之蕴，汝思之乎？"于是收退而学《易》。①

此段引文中，王通以《周易》结合《孟子》谈天、地、人三才之蕴。分析如下：第一，"气为鬼，其天乎？识为神，其人乎？"一句，按照王通天、地、人三才的逻辑结构，并结合下文"推神于天""推鬼于人"，则"鬼"应作"神"，"神"应作"鬼"，原文或有错简。第二，《阮逸》注"吾得之理性焉"一句云："穷理尽性，则能行变化，通鬼神。"谓欲通天、地、人三才之意蕴，方法在于穷理尽性。结合王通下文，此注得王通原意。第三，周公达乎此道，分为远、近两个层次，即讲天神、人鬼之道。天神之道，较远，那如何明天神之道呢？王通以周公为言，认为："大哉，周公！远则冥诸心也，心者非他也，穷理者也，故悉本于天。"冥者，暗也。这是说，天道内在（冥）是心，这个心是宇宙本心即道心，即理。同时，这个心也是人心，人心是穷理的主体（穷理者）。这两个心，并非二分，皆是本于天的。第四，人鬼之道，较近。王通认为，欲明此道，关键在于"求诸己"，即在于"尽性"，便是复归人之本性。阮逸注此处云："返己复性"，亦具卓识。第五，王通还认为，天、地、人，并非形体物质

---

① （隋）王通撰，张沛校注《中说校注》，第242~245页。

的天、地、人，形体物质之外，还蕴含着大道，即他所言的心（理）、性、天之间的一致关系。第六，此段引文，王通与弟子谈论的主要是《周易》，"穷理尽性"本于《周易·说卦》："穷理尽性以至于命。"王通阐释时，引入了"心"的概念，显然又将《孟子·尽心上》："孟子曰：'尽其心者，知其性也。知其性，则知天矣。'"这一理路引入。通过王通的论说，可以得出这样的观点：心即天理，穷理可知天，即天神之道；求诸己以复归本性（尽性），即人鬼之道。

由个人德行注重修心，进而至于治理天下也是如此。《文中子》卷三《事君篇》：

> 房玄龄问事君之道，子曰："无私。"问使人之道，曰："无偏。"曰："敢问化人之道。"子曰："正其心。"问礼乐，子曰："王道盛则礼乐从而兴焉，非尔所及也。"①

房玄龄问如何教化百姓，王通告诉他说："正其心"，亦即使百姓内心向善，恢复其本心。

阳明心学的学术理路与上述王通的观点是契合的。"龙场悟道"后，王阳明完全确定了"吾性自足，不假外求"的学术路径。他认为，"于事事物物上求至善，却是义外也，至善者心之本体"（《传习录》卷上），反对朱熹"外心以求理""析心与理为二"的"格物说"。他认为"心即理也"，"心外无理"。王阳明所说的心，是道心、人心合一。《传习录》卷上：

> 爱问："'道心常为一身之主，而人心每听命。'以先生'精一'之训推之，此语似有弊。"先生曰："然，心一也，未杂于人谓之'道心'，杂以人伪谓之'人心'。'人心'之得其正者即'道心'，'道心'之失其正者即'人心'，初非有二心也。程子谓人心即人欲，'道心'即天理，语若分析而意实得之。今日道心为主而人心听命，是二心也，天理人欲不并立，安有天理为主人欲又从而听命者。"②

徐爱说，从阳明"精一"之训来看道心、人心，则朱熹所言"道心为

---

① （隋）王通撰，张沛校注《中说校注》，第70页。
② （明）王守仁撰，邓艾民注《传习录注疏》，第17页。

一身之主，而人心每听命"，有弊。阳明的"精一"之训指："'惟一'是'惟精'主意，'惟精'是'惟一'功夫；非'惟精'之外，复有'惟一'也。"（《传习录》卷上）"惟一者，一于道心也；惟精者，虑道心之不一，而或二之以人心也。"（《重修山阴县学记》）王阳明不同意将人心、道心分为二：杂以人伪，"着些人的意思"，就是"人心"；"人心"得其正，就是"道心"。王阳明的"心即理"，心既是宇宙本心，也是人心。

既然"心即理"，心的本体就是至善，内在的至善就是道德原理的根源和基础，那么为学就是要恢复本心。其《别黄宗贤归天台序》云："君子之学以明其心。其心本无昧也，而欲为之蔽，习为之害。故去蔽与害而明复，匪自外得也。"[①]《紫阳书院集序》进一步指出："故君子之学，惟求得其心。……心外无事，心外无理，故心外无学。"[②]"求得其心"，即是回复本心，所以王阳明在"心外无理"的基础上提出"心外无学"，或者"圣人（贤）之学，心学也"（《象山文集序》）。王阳明后来提出"致良知"，为学的理路也未尝改变，其《大学问》指出：大人是以"天地万物为一体"，小人之本心也是如此，不过小人并没有"去其私欲之蔽，以自明其明德"，恢复其心之本体。而明德之本体，便是良知。[③] 仍然是一样的学术思路。

既然大人之学是恢复其本心，"人胸中有个圣人"（《传习录》卷下）那么，化民之道也在于此。王阳明《节庵方公墓表》云：

> 阳明子曰：古者，四民异业而同道，其尽心焉，一也。士以修治，农以具养，工以利器，商以通货，各就其资之所近，力之所及者而业焉，以求尽其心。其归要在于有益于生人之道，则一而已。[④]

王阳明认为，士、农、工、商，皆以其所业而有益于生人之道，以尽其心。这一方面固然是讲四民平等，另一方面正是说人人皆可"尽心"，人人皆应"尽心"。

[①] （明）王守仁撰，吴光、钱明等编校《王阳明全集》卷七，第257页。
[②] （明）王守仁撰，吴光、钱明等编校《王阳明全集》卷七，第267页。
[③] （明）王守仁撰，吴光、钱明等编校《王阳明全集》卷二十六，第1066~1067页。
[④] （明）王守仁撰，吴光、钱明等编校《王阳明全集》卷二十五，第1036页。

二 朱熹、王阳明对王通评价的差异

历代学者对王通其人、其思想皆有较大争议。朱熹作为宋代理学的集大成者，他对王通的评价对后世影响深远，其观点集中体现在《晦庵先生朱文公文集》卷六十七《王氏续经说》一文中①，文长不具引。兹以该文为主，结合朱熹其他的评论文字，略论如下。

第一，朱熹认为，王通有志于继承孔孟道统，研求"明德""新民"之学，但是不得其根本，即"于大体处有所欠阙"，"本原上功夫都不曾理会"（《朱子语类》卷一百三十七）。朱熹所言的本原，自然是指"正心诚意"之学，"天理人欲"处的分明。而王通所得只是"窥觇想象之仿佛"，"向上处只是老、释"，即谓王通思想中论及形而上的都是佛、道二家的思想，并非儒学。而王通值得肯定的地方在于，他的学问"颇近于正而粗有可用之实"，"恳恻而有条理"，意即王通的学问于道体固然未得，而于用上却是有见地的。

第二，朱熹认为，王通谒见隋文帝献策、续"六经"的行为是"不胜其好名欲速之心"，"急急地要做孔子"（《朱子语类》卷一百三十七）。而王通所续"六经"，是"不足以供儿童之一戏"。朱熹认为，三代以后的历史皆是以"智力把持天下"，是"霸道"而非"王道"，那么，这一时期的君王如何能比文武周公，这一时期的文献又如何可与三代文献相比？王通根据此鄙陋之文献，学孔子删述"六经"，自然是缘木求鱼了。

第三，朱熹认为，王通《中说》仿效《论语》，以孔子自比，是好高自大之心。通观《中说》，其中确有不少模仿《论语》、自比孔子的地方，甚至许多王通的事迹都有模仿孔子的地方。王通自己也说要学孔子："千载而下，有绍宣尼之业者，吾不得而让也。"② 朱熹虽然也隐微地以继承道统自命③，但不敢自比孔子，王通的言行，当然是自高自大，自然是僭越

---

① （宋）朱熹撰，朱杰人等编《朱子全书》第23册，上海古籍出版社、安徽教育出版社，2002，第3282~3283页。
② （隋）王通撰，张沛校注《中说校注》，第58页。
③ 朱熹：《大学章句序》："河南程氏两夫子出，而有以接孟氏之传。……虽以熹之不敏，亦幸私淑而与有闻焉。"《四书章句集注》，中华书局，1983，第2页。

了。朱熹还认为，王通效法孔子删述"六经"，是要"显得我是圣人"。清代的李光地曾总结说："文中子何等学问，只以拟圣人，至今诟厉。"(《榕村续语录》卷九)

因为朱熹对宋代之后的巨大影响，所以王阳明的弟子在与他谈论时，秉承的还是朱熹的观点。《传习录》卷上：

> 爱问文中子、韩退之。先生曰："退之文人之雄耳。……"爱问："何以有拟经之失？"先生曰："拟经恐未可尽非。且说后世儒者著述之意，与拟经如何？"爱曰："世儒著述，近名之意不无，然期以明道；拟经纯若为名。"先生曰："著述以明道，亦何所效法？"曰："孔子删述'六经'以明道也。"先生曰："然则拟经独非效法孔子乎？"爱曰："著述即于道有所发明，拟经似徒拟其迹，恐于道无补。"先生曰："子以明道者，使其反朴还淳，而见诸行事之实乎？抑将美其言辞而徒以说说于世也？天下之大乱，由虚文胜而实行衰也。使道明于天下，则'六经'不必述。删述'六经'，孔子不得已也。……孔子述'六经'，惧繁文之乱天下，惟简之而不得，使天下务去其文以求其实，非以文教之也。春秋以后，繁文益盛，天下益乱。始皇焚书得罪，是出于私意，又不合焚'六经'。若当时志在明道，其诸反经叛理之说，悉取而焚之，亦正暗合删述之意。自秦、汉以降，文又日盛，若欲尽去之，断不能去；只宜取法孔子，录其近是者而表章之，则其诸怪悖之说，亦宜渐渐自废。不知文中子当时拟经之意如何？某切深有取于其事，以为圣人复起，不能易也。"①

徐爱与王阳明谈论王通拟（续）经的问题，徐爱的观点与朱熹一致，认为王通是为一己之名，模仿孔子的"迹"，于道无补。王阳明则持不同的观点。第一，王通拟（续）经是效法孔子删述"六经"。孔子删述"六经"以明道，为的是让社会风气"返朴还淳"。秦汉以后，文章日盛，虚文胜实，应该效法孔子进行删述。文中子拟经，正是惩于虚美流行，欲删述以返淳朴、去异端。实际上，王阳明强调王通续经是为了纠正虚美流行而不重实际的风气，也有批评明代当时注重训诂虚文而不重真正的圣贤之

---

① （明）王守仁撰，邓艾民注《传习录注疏》，第17～18页。

学的目的。

第二，王阳明在与另外一位弟子谈论王通续经时，认为他"良工心独苦"，即从其欲阐明大道、有补世用的动机出发，肯定他的续经行为。其实，王通面对时人对他续经行为的诸多质疑，有过回答，《中说》卷九《立命篇》：

> 或非《续经》，薛收、姚义告子。子曰："使贤者非耶，吾将饰诚以请对；愚者非耶，吾独奈之何？"因赋黍离之卒章。①

王通面对时人的批评而赋《黍离》卒章，即"知我者谓我心忧，不知我者谓我何求"，认为时人对他续经进行批评是不明白他的苦心。那么他续经的目的是什么呢？《中说》卷六《礼乐篇》：

> 程元问"六经"之致，子曰："吾续《书》以存汉晋之实，续《诗》以辩六代之俗，修《元经》以断南北之疑，赞《易》道以申先师之旨，正《礼》《乐》以旌后王之失，如斯而已矣。"程元曰："'作者之谓圣，述者之谓明'，夫子何处乎？"子曰："吾于道屡伸而已，其好而能乐。勤而不厌者乎？"②

王通的弟子程元询问续经的目的，王通回答说：《续书》是为了保留汉魏时期的事实真相；《续诗》是为了辨明六代风俗之厚薄；修《元经》是为了判断南北朝之正统、褒贬；赞《易》是为了阐扬《易》道；正《礼》《乐》是为了纠正汉魏以来的礼、乐之失。面对诸多质疑与反对，王通也经常与弟子讲"《元经》不得已而作矣"③，"《诗》可以不续乎"④，都是表明自己续经的行为是有感于当时政治之腐败、风俗之浇漓而欲正之。王阳明对此问题的评价，既是深究《中说》而后的知己之言，也是有感于明代社会现实而发。

第三，王通面对的种种质疑，阳明晚年也曾遭遇，这激发了他的"狂

---

① （隋）王通撰，张沛校注《中说校注》，第236页。
② （隋）王通撰，张沛校注《中说校注》，第165~166页。
③ （隋）王通撰，张沛校注《中说校注》，第151页。
④ （隋）王通撰，张沛校注《中说校注》，第152页。

者胸次"。钱德洪《王阳明年谱》嘉靖二年（1523）二月：

> 邹守益、薛侃、黄宗明、马明衡、王艮等侍，因言谤议日炽。先生曰："诸君且言其故。"有言先生势位隆盛，是以忌嫉谤；有言先生学日明，为宋儒争异同则以学术谤；有言天下从游者众，与其进不保其往，又以身谤。先生曰："三言者诚皆有之，特吾自知诸君论未及耳。"请问。曰："吾自南京以前，尚有乡愿意思。在今只信良知真是真非处，更无掩藏回护，才做得狂者。使天下尽说我行不掩言，吾亦只依良知行。"请问乡愿狂者之辨。曰："乡愿以忠信廉洁见取于君子，以同流合污无忤于小人，故非之无举，刺之无刺。然究其心，乃知忠信廉洁所以媚君子也，同流合污所以媚小人也，其心已破坏矣，故不可与入尧舜之道。狂者志存古人，一切纷嚣俗染，举不足以累其心，真有凤凰翔于千仞之意，一克念即圣人矣。惟不克念，故阔略事情而行常不掩。惟其不掩，故心尚未坏而庶可与裁。"①

嘉靖二年，王阳明在越，谤议日炽，与弟子讨论遭谤原因，提出了"狂者胸次"的说法。王阳明认为，自从悟得良知后，心中便没有乡愿的意思，只依照良知而行，更无掩藏回护，即使有人说他"行不掩言"也不为所动。这种"狂者胸次"，是心无累于俗，如凤凰翱翔。王阳明进一步解释，"乡愿"是忠信廉洁以媚君子，同流合污媚小人，与物无忤。显然，这种"狂者胸次"指的是自信良知之后，那种不顾世俗的超越学术品格与人生境界。结合上文所述王通的情状，他处于注疏的学术潮流而重义理阐发，明知质疑纷然而学孔子删述"六经"以明道，岂不是与阳明的"狂者胸次"相符合么？王阳明评价王通的最晚文献在嘉靖三年（1524），正是王阳明谤议日炽的时候，其中自然有易代知音之感。

第四，王阳明认为王通的续经，是"圣人复起不能易"，并没有觉得王通的行为是僭越之举，这与其自身的学术性格密切相关。王阳明早年就有志成为圣贤，据钱德洪《王阳明年谱》，王阳明十一岁居京师时，便提出"第一等事"是"读书学圣贤"。"龙场悟道"之后，讲学时先教弟子立志，即"立志而圣""立志而贤"（《教条示龙场诸生》）。随着"致良

---

① （明）王守仁撰，吴光、钱明等编校《王阳明全集》卷三十五，第1420~1421页。

知"的提出，他深信自己获得了"千古圣传之秘"（《传习录》卷中），是"孔门正法眼藏……异此而言，即谓之异端"（《与杨仕鸣》）。这是自居为孔孟道统的传人。同时，阳明也自比孔子。正德十三年（1518），阳明作《祭徐曰仁文》，文中以徐爱比颜渊，则自比孔子可知。由此，王阳明自有其"僭越"之处，自然欣赏同样"僭越"的文中子了。

王阳明心学与良知的建构

◎吴小丽

阳明学是"心学",而"心"又是一个广义的范畴,主要是思想、心灵、精神、人格、心态、观念等,即心外无理,心外无事。

王阳明也经常在讲学中引用《中庸》里的一句话:"素富贵,行乎富贵;素贫贱,行乎贫贱;素夷狄,行乎夷狄;素患难,行乎患难。君子无入而不自得焉。"就是一个人处在富贵、贫贱、顺境、逆境等截然不同的境遇之中,都能够时时保持一种超然物外、自得其乐的良好心境;始终保持内心的原来面目,以"圣人"与"君子"面目和心灵状态,教导众生达到崇高的精神境界。这一过程中所运用的方法和实践就是必须通过"良知"和"致良知"的探寻与践行。这也是类似于佛教中的修行,只是佛教中的修行更多是超然的、神圣的宗教意义。

一 良知与心之本体

王阳明认为良知是人们的心之本体,也就是性善也,即:"良知,心之本体,即所谓性善也,未发之中也,寂然不动之体也,廓然大公也。何常人皆不能而必待于学邪?中也,寂也,公也,既以属心之体,则良知是矣。今验之于心,知无不良,而中寂大公实未有也。岂良知复超然于体用之外乎?"性无不善,故知无不良,良知即是未发之中,即是廓然大公、

---

* 本文为贵阳学院人文类项目[项目号:GYU-RWD(2018)-008]阶段性成果;贵州省教育厅高等学校人文社会科学研究基地项目(项目号:2019jd120)阶段性成果。

** 吴小丽,哲学博士,贵阳学院阳明学与黔学研究院专职研究员,中央民族大学东亚佛教研究中心特邀研究员,贵阳孔学堂签约入驻学者。主要研究方向为中国哲学与佛教哲学。

寂然不动之本体，人人之所同具者也。但不能不昏蔽于物欲，故须学以去其昏蔽，然于良知之本体，初不能有加损于毫末也。知无不良，而中寂大公未能全者，是昏蔽之未尽去而存之未纯耳。体即良知之体，用即良知之用，宁复有超然于体用之外者乎？①

王阳明同时强调"日用工夫"，即在日常生活中下功夫，无有间断，就像禅宗中方便法门，就是在日常的砍柴担水中觉悟解脱之道。《传习录》中具体讲道："日用工夫，只是立志。近来以先生诲言时时体验，愈益明白。然于朋友不能一时相离。若得朋友讲习，则此志才精健阔大，才有生意。若三五日不得朋友相讲，便觉微弱，遇事便会困，亦时会忘。乃今无朋友相讲之日，还只静坐，或看书，或游衍经行，凡寓目措身，悉取以培养此志，颇觉意思和适。然终不如朋友讲聚，精神流动，生意更多也。离群索居之人，当更有何法以处之？此段足验道通日用工夫所得。工夫大略亦只是如此用，只要无间断，到得纯熟后，意思又自不同矣。大抵吾人为学紧要大头脑，只是立志，所谓困忘之病，亦只是志欠真切。今好色之人未尝病于困忘，只是一真切耳。自家痛痒，自家须会知得，自家须会搔摩得。既自知得痛痒，自家须不能不搔摩得。佛家谓之方便法门，须是自家调停斟酌，他人总难与力，亦更无别法可设也。"②

宋明以来的理学家强调：存天理，去人欲。近百年来，受到解放思想运动影响，人们对宋明理学的口诛笔伐集中在把"天理"等同于吃人的封建礼教，"人欲"就等同于人的一些基本欲望。对"存天理，去人欲"批判，就集中在了残酷的扼杀人性等方面。

在朱熹建构的理学的体系里，"天理"并非简单的迷信思想，而是古人在朴素的认知世界范围之内，指向的宇宙的普遍法则。王阳明的"天理"指的是"心即理"，是客观世界的宇宙和个体精神世界的统一。"人欲"不是要灭除人的衣食住行等基本欲望，而是指现实社会中一些可能会触犯法律、道德等方面的不合理、不正当的各种欲望。阳明心学让人们洞察宇宙与个体共通的规则，用觉知觉照观照个体内心世界，像是禅宗"扫尘除垢"的修行方式，不断去检查和制止内心深处那些不合理、不正当的

---

① 《传习录》上，第36页。
② 《传习录》中，第34页。

欲望。

二 心与理统一

王阳明把心与理统一起来，心即理。当明白其中的道理，天理即是人欲，世间万事万物之理不会再于吾心之处向外求索，天理即是人欲。采取一种反求内心的实践修养方法，达到一种"万物一体"的境界。即"譬之植焉，心其根也。学也者，其培壅之者也，灌溉之者也，扶植而删锄之者也，无非有事于根焉而已"，即"惟学得其心"，倡导从人们内心去寻找"理"，而不是外求。因为"理"存在于人"心"，可以化生宇宙、天地之间万物，人的"心"可以秉承其精华。佛教中也谈到"良知"，但与王阳明不同，

> 儒谓良知良能赤子之心，不知赤子之爱，非待引之而后爱。赤子之啼，亦非必使之而后啼也。不假外缘，任运自起，俱生之恒于吾身者，独不可显见于赤子之乎？特以执之在人心者，分别显而俱生不知，非无俱生也。如病之在人身者，毒疾显而细病不觉，非无细病也，思之。（《成唯识论订正》卷1）[1]

> 明知即良知之义，觉明者识也，识虽觉明之咎，其体实真。故曰：觉明真识，体用不二，真妄一如，以互举。文中初言汝元不知，言犹，次言尚，次言宛，次言全，次言曾，又复言元，皆有次第浅深。初言元不知者，言元本自迷，所以不知。再与明知，犹且不谕，故次言犹。后复与明，而益不知，故次言尚。转不知故言宛，浑不知故言全，甚不知故言曾，终不知故言元。初意恕之，终意责之，轻重之序如此。深别曰审，审议曰详，当理曰谛。谛视曰观，初于地大，独言汝观，于火大言谛。其言更谛观审谛观，至见大，重叠而言，至识大番覆而言。意同言宛言曾之类，为其转不知，浑不知，甚不知故也。（《楞严经述旨》卷3）[2]

---

[1]《成唯识论订正》卷1，CBETA，D23，No.8879，p.33，b10-p34，a6。
[2]《楞严经述旨》卷3，CBETA，X14，No.295，p.640，c22-p641，a10//Z1：89，p.202，c11-d5//R89，p.404，a11-b5。

若于下约其邪计,此计良知为自性者,蓋草木是无情,人是有情也。今计知体徧圆,则有情无情,皆从所知生矣。故疑草木为人,人死还成草木,都无所择。是堕知无知执,谓之倒知也。又婆咤霞尼,二外道也。计一切是觉,乃与此执同,故成其伴尔。(《楞严经正见》卷10)①

闻思修入曰行,起诸法空俱空无分别慧,拣非人空无分别慧故云深也,当人心中良知良能,照见,观照般若也。即慧心所,皆空,实相般若也,虚空无为。五蕴,自他色心法也,根尘名色,是心所现影,领纳名受,念虑名想,造作名行,是心所。分别名识,是心王。皆属有为生灭之法,苦厄,不相应行。度苦厄者,谓自他一切生死苦恼无不超脱,如冰镕水,不受八寒厄也。三乘七趣,不能观空。受诸蕴苦,如蚕作茧。似蛾赴火,自缚自烧,实为可伤。故瑜伽云:"觉花蒙照脱苦恼,便同菩萨观自在。"(《般若心经理性解》卷2)②

尝试于心,喜怒忧惧之感发也,虽动气之极,而吾心良知一觉,即阒然消阻,或遏于初,或制于中,或悔于后。然则良知常若居优闲无事之地而为之主,于喜怒忧惧若不与焉者,何欤?

知此则知未发之中,寂然不动之体,而有发而中节之和、感而遂通之妙矣。然谓"良知常若居于优闲无事之地",语尚有病。盖良知虽不滞于喜怒忧惧,而喜怒忧惧亦不外于良知也。

来书云:"夫子昨以良知为照心。"窃谓:"良知,心之本体也;照心,人所用功,乃戒慎恐惧之心也,犹思也。而遂以戒慎恐惧为良知,何欤?"

"能戒慎恐惧者,是良知也。"③

良知本来自明。气质不美者,渣滓多,障蔽厚,不易开明。质美者渣滓原少,无多障蔽,略加致知之功,此良知便自莹彻,些少渣滓如汤中浮雪,如何能作障蔽?此本不甚难晓。原静所以致疑于此,想

---

① 《楞严经正见》卷10, CBETA, X16, No. 317, p. 742, b21-c2//Z1:91, p. 108, b1-6//R91, p. 215, b1-6。
② 《般若心经理性解》卷2, CBETA, X26, No. 560, p. 899, c7-17//Z1:92, p. 474, a4-14//R92, p. 947, a4-14。
③ 《传习录》中,第37~38页。

是因一"明"字不明白，亦是稍有欲速之心。向曾面论"明善"之义，明则诚矣，非若后儒所谓明善之浅也。①

圣人致知之功，至诚无息，其良知之体皎如明镜，略无纤翳。妍媸之来，随物见形，而明镜曾无留染，所谓"情顺万事而无情"也。无所住而生其心，佛氏曾有是言，未为非也。明镜之应物，妍者妍，媸者媸，一照而皆真，即是生其心处。妍者妍，媸者媸，一过而不留，即是无所住处。病疟之喻，既已见其精切，则此节所问可以释然。病疟之人，疟虽未发，而病根自在，则亦安可以其疟之未发而遂忘其服药调理之功乎？若必待疟发而后服药调理，则既晚矣。致知之功无间于有事无事，而岂论于病之已发未发邪？大抵原静所疑，前后虽若不一，然皆起于自私自利、将迎意必之为祟。此根一去，则前后所疑自将冰消雾释，有不待于问辨者矣。②

王阳明提出"君子之学，唯求其是"，"知行合一"，主张"致良知"，是一种"求是"学风和精神的阐发。知晓真理之后，就要真正去实践。如果只是纸上谈兵，没有履行实践，就不是真正意义上的知道。这样我们就会拥有强大内心和精神境界，获得阳明心学有很多相通之处的生命智慧。其在《答陆原静书》中直接指出："良知者，心之本体"，即："此或听之未审。良知者，心之本体，即前所谓恒照者也。心之本体，无起无不起，虽妄念之发，而良知未尝不在，但人不知存，则有时而或放耳。虽昏塞之极，而良知未尝不明，但人不知察，则有时而或蔽耳。虽有时而或放，其体实未尝不在也，存之而已耳。虽有时而或蔽，其体实未尝不明也，察之而已耳。若谓良知亦有起处，则是有时而不在也，非其本体之谓矣。"③《寄正宪男手墨》中更是总结道："吾平生讲学，只是致良知三字。"

王阳明从龙场37岁时"大悟"，到50岁总结出"致良知"之心学之教旨，有着十几年孜孜不倦，于事上磨炼的出生入死艰难历程。"致良知"这一命题的提出，代表了阳明心学发展达到了一个顶峰。

---

① 《传习录》中，第39页。
② 《传习录》中，第40页。
③ 《传习录》中，第36页。

三 "良知"与"致良知"

王阳明的"良知"与"致良知"学说,是把《大学》"致知在格物,物格而后知圣"与孟子的"性本善""良知"相结合,并进一步融合阐释后提出的。王阳明《答罗整庵少宰书》中讲到"格物"是从个体的心、意识等方面来进行观照,"格其心之物","格其意之物"。"良知"是人们先天秉性和与生俱来的,是"人皆有之"的"辨别是非之心",《大学》中"致知"与《孟子》"良知",王阳明融会贯通后延伸出了"致良知"之说,从人推及宇宙中的万事万物。

《传习录下》中的人人皆有良知,个个做得圣人,使得"致良知"之说非常明白简易,人人都可以领悟和明白,即《寄邹谦之(三)》中所讲:虽至愚下品,一提便省觉。至此,再看到满大街的芸芸众生,便也都是圣人了。

王阳明的心学的影响从明代中后期沿续至今,在学术、政治、思想、教育、文艺等方面产生了巨大影响,并且传播到东南亚诸国。王阳明认为"古者四民异业而同道,其尽心焉一也","其归要在于有益于生人之道,则一而已"。在古代人们传统观念之中,工商一直被视为"贱业",但是王阳明把工商放到了与士平等的位置上。追随王阳明学习的弟子也是各行各业都有,如:"蔡懋德,字维立,昆山人。少慕王守仁为人,著《管见》,宗良知之说。举万历四十七年进士,授杭州推官……崇祯初,出为江西提学副使,好以守仁《拔本塞源论》教诸生,大抵释氏之绪论。"①

现当代,阳明心学和阳明后学研究已经成为中国,乃至世界文化遗产的重要一部分,同时为中国和世界文化的发展做出了重要的贡献。

---

① 《正史佛教资料类编》卷2,《明史》卷二百六十三《蔡懋德传》6801,CBETA,ZS01,No.1,p.166,a22-26。

王阳明诗歌的精神世界*

◎吕家林　吕　菁**

摘要：王阳明诗歌的精神世界丰饶。论文着重探讨了其诗歌中的自由、勇毅和使命三种精神。"虚灵"是"云回溪路入花平"的自由精神，"浮名"是"莫负男儿过一生"的勇毅精神，"致良知"是"高楼撞晓钟"的使命精神。

关键词：王阳明；诗歌；精神世界

近些年来，王阳明的诗歌正逐渐被世人重视，既有其诗歌的选译，也有全集研究，还有将其名言名句与诗歌选篇杂编在一起赏析等著作出现。这表明长期以来被其心学光芒遮挡的诗歌也进入了人们视线。王阳明的诗歌绝无"诗必盛唐"的生硬模仿痕迹，它只抒写自己人生的独特感悟和情感，是其后的李贽、徐渭等的思想艺术的源头，影响相当明显，即使到现在我们仍然能够感受其独特的价值。鉴于其诗歌还不为"人们深知"[1]，所以很有必要仔细研究其作为心学大师诗歌的精神世界。只问心学而不涉猎其诗歌，阳明心学的全貌自然不会完整，更何况其诗歌"秀逸有致"。不过阳明诗歌相当难解，孤篇观赏似有所得却又常常无得，泛泛浏览似乎全面，最终却一无所获。寻找一个合适的角度，对看似浅近实则蕴含丰富，看似艰深无解实则明白畅达的诗歌做出解释，是我们的尝试。

---

* 本文是贵州省高等学校人文社会科学研究基地贵阳学院阳明学与黔学研究院项目："王阳明诗歌的精神世界"（编号：20170705113）的研究成果。
** 吕家林，贵阳学院文化传媒学院，教授。吕菁，贵州师范学院文学与传媒学院，副教授。
① 张清河：《王阳明诗歌选译》前言，西南交通大学出版社，2008。

一 "虚灵"是"云回溪路入花平"的自由精神

王阳明之好游山水自然达到了痴迷的程度。"从来野兴只山林","野性从来山水癖","山水平生是课程","青山意不尽","池边一坐即三日","醉眠三日不知还"。源何至于此？一则，满足感官的享受。"莫谓天机非嗜欲，须知万物是吾身"。他将万物视为自身，实践其天人合一的理念。这里与世俗相较"眼前风景色色异","岩寺藏春长不夏，江花映日艳于桃"，故而"池边孤月倍精神"。清新如"霜风清木叶，秋意生萧疏。""烟峰上初日，林鸟相嘤呼。"而"露华明橘柚，摘献冰盘香"，更是视觉触觉嗅觉味觉全有。惊喜如"忽见岩头碧树红","青峰出白云，突兀成琼楼"；舒适如"山池静澄碧，暑气亦已收","沿溪步月色，溪影摇空苍","莼鲈况复秋"；静谧如"深林落轻叶，不道是秋声","游丝冉冉花枝静.青壁迢迢白鸟过","月明猿听偈，风静鹤参禅"；释然如"玉钩挂新月，露出青芙蓉","白鸥乱浴清溪上，黄鸟双飞绿树间","林栖无一事，终日弄丹霞。"这些感官享受都是世俗不能获得的。二则，安顿浮躁的精神。"尘土填胸臆，到此方一洗。""日日春山不厌寻，野情原自懒朝簪。""常苦人间不尽愁.每拼须是入山休。""梦回双阙曙光浮，懒卧茅斋且自由。"而当"风吹蝉声乱"时，它们"为我扫浮霭"。只见"白凫飞处青林晚，翠壁明边返照晴"，又见"怪石有千窟，老松多半枝"，还有"苍峰抱层嶂，翠瀑绕双溪","云里轩窗半上钩，望中千里见江流"，空阔辽远的气象正是其气定神闲的表现。而一旦静下心来时，心气逐渐平静下来，看见了"岩瀑随风杂钟磬，水花如雨落袈裟"，自己仿佛已经成为出家人。"朝闻春鸟啼，夜伴岩虎宿","静夜闻林雨，山灵似欲留","山中莫道无供给，明月清风不用钱","云溪漠漠春风转，紫菌黄花又自生","千载商山隐，悠然获我思","仙人招我去，挥手青云端"，佛道的诱因一直留存于王阳明心目中。再则，山水自然是参悟之所。这里"倏忽无定态，变化不可求。浩然发长啸，忽起双白鸥。"（《山中立秋日偶书》）"坐久尘虑息，淡然与道谋。""闲来心地如空水，静后天机见隐微。深院寂寥群动息，独怜乌鹊绕枝飞。"（《秋夜》）"碧水苍山俱过化，光风霁月自传神。千年私淑心丧后，下拜春祠荐渚苹。"（《萍乡道中谒濂溪祠》）"赤水问轩后，苍梧叫重瞳。隐隐落天语，间阖开玲珑。"（《登泰山五首》）"绝调同随流水远，余音细入晚云轻。洗心真已空下古，倾耳谁能辨《九成》。""潜鱼水底传心诀，栖鸟枝头说道真。""江鸥意到忽飞去"，故"野老情深只自留"也。我们认为"吾性自足"之觉悟与山水自然密切相关。人是万物之灵。人类源于自然，当王阳明全身心回归自然，于是孔孟的"心传"在此"虚灵"中接茬续脉，正所谓源远流长，不绝如缕。可以说是大自然成就了王阳明体悟孔孟嫡传精髓——致良知。① 王阳明在回答朱本思之问"人有虚灵，方有良知。若草木瓦石之类，亦有良知否"时解释说："人的良知，就是草木瓦石的良知……天地无人的良知，亦不可为天地矣。盖天地万物与人原是一体，其发窍之最精处，是人心一点灵明。"② 游南镇，回答友人"岩中花树"之问时又说："心无体，以天地万物感应之是非为体。"③ 何廷仁等五人侍坐，王阳明又说："良知是造化的精灵。这些精灵，生天生地，成鬼成帝，皆从此出，真是与物无对。"④ 人与万物融合为一体时，"虚灵"就能够成就感悟。

《睡起写怀》就具体描绘了王阳明感悟良知之"虚灵"情状：

> 江日熙熙春睡醒，江云飞尽楚山青。闲观物态皆生意，静悟天机入窅冥。道在险夷随地乐，心忘鱼鸟自流形。未须更觅羲唐事，一曲沧浪击壤听。

"羲唐事"也就是良知事。良知之悟源于山水自然。山水自然之所以能够让人觉悟，原因在于"虚灵"（即"一点灵明"）。如何理解"一点灵明"？"一点灵明"就是暂时摆脱掉世俗的种种约束后，在山水自然中获得的自由精神。此时的山水自然已经超越了"看山是山"（禅宗）的第三重境界，达到了觉悟良知而欣喜不已即天人合一的自由境界。

---

① 王阳明思想之中的根：在王阳明的思想中，"种子"的隐喻一直贯穿其良知教论说过程之中。……贴切地指示出良知的自发性、自然性。陈立胜：《"良知"与"种子"》，《江苏行政学院学报》2005年第5期。
② 王守仁：《王文成公全书卷之三》语录三，王晓昕、赵平略点校，中华书局，第133页。
③ 王守仁：《王文成公全书卷之三》语录三，王晓昕、赵平略点校，中华书局，第134页。
④ 王守仁：《王文成公全书卷之三》语录三，王晓昕、赵平略点校，中华书局，第129页。

二 "浮名"是"莫负男儿过一生"的勇毅精神

正德庚午（1510），38岁的王阳明在庐陵尹任上游瑞华山写下两首《游瑞华二首》：

> 簿领终年未出郊，此行聊解俗人嘲。忧时有志怀先达，作县无能愧旧交。松古尚存经雪干，竹高还长拂云梢。溪山处处堪行乐，正是浮名未易抛。

> 万死投荒不拟回，生还且复荷栽培。逢时已负三年学，治剧兼非百里才。身可益民宁论屈，志存经国未全灰。正愁不是中流砥，千尺狂澜岂易摧！

其一，说自己只是一个小小的庐陵尹而且非常之努力，抽空游瑞华山"解俗人嘲"。扪心自问自己是一个什么样的人？剖白自己是一个胸怀大志希望能够引领风气之人。现在身处卑微职位"无能"，在庐陵尹任上作为再多也意义不大（屈才），但是能够证明自己的才能非他人可比。谦虚地说有愧老朋友们高看了。风霜雪雨奈何不了古松柏，我之所为何尝不像生机勃勃之青竹"拂云梢"。嘲笑也好，"无能"也罢，山水处处"堪行乐"，不过我的确在乎"浮名"，即功名。其二，说自己经历"万死"不打算再做官，现在"复荷栽培"，当然不能懈怠。自己已经转运"逢时"，但是"已负三年学"，就是不熟悉官场套路，必须靠勤奋"治剧"，即玩命地工作弥补。谦虚自己不是治理百里的材料（屈才），实际要做国家的中流砥柱，任何风浪都阻止不了自己的"经国"大志！

我们假设王阳明龙场悟道以后不再追求功名，与众人一样得过且过，那么"明朝一哥"（吕峥）也就不存在了。近些年来出现阳明文化热，其重要原因正是"浮名萦世纲"，即与人的功名思想有关。其实功名本身并没有错，错误在于人们将功名等同于利禄。"世人失其心，顾瞻多外慕。安宅舍弗居，狂驰惊奔骛。高言诋独善，文非遂巧智。琐琐功利儒，宁复知此意。"（《郑伯兴谢病还鹿门雪夜过别赋赠三首》）王阳明多次"辞疏"（谢绝朝廷的封赏或辞官），这证明他追求的不是利禄，而是在尽君子职责。"君子所其无逸"（尚书·周书），"君子终日干干，夕惕若，厉无咎"

119

（易·干·文言）。传统社会中的君子必须刚健有为，没有任何懈怠的理由，做事严谨以避免因为与众不同而造成的灾难（给他者和自己）①。君子一定要将公权使用可能带来的伤害（于社会及自身）降低到最低。用今天的话语说，君子极其重视其私德，同时也要顾及公德，即做人的榜样②。王阳明认为"六经"具备这种资源，但是已经被严重遮蔽。"丧心疾已千年痼，起死方存六籍真。"没有刻骨铭心的人生体验，是凝结不出这样的诗句的。这句话也表现出王阳明继承"六经"精神的意愿。王阳明在《与宗贤书》中说："人在仕途，比之退处山林时，工夫难十倍。"（《年谱三》）而所谓"世上磨炼"指的是"言语正到快意时，便截然能忍默得；意气发扬时，便翕然能收敛得；愤怒嗜欲正到沸腾时，便廓然能消化得"之"良知一提醒"的功夫。也就是说，绝不能失语，失语就会失信；绝不能疯狂，疯狂就会失格；绝不能失态，失态就会坏事。王阳明之良知精神并非高不可攀神秘之物，而是磨砺养成的敬畏他者而克制私欲的能力，尤其是在人生各种得意精彩时候克制自己的功夫。据此，我们认为王阳明是孔子"克己复礼"的隔代继承者和真正践行者，也就是真正得到"心传"者。

《天心湖阻泊既济书事》是其一例。正当船夫们"扬眉"弄舟快泻百里时，"予独忧其驶"。傍晚时分"舟果屺"，此时"篙桨不得施，丁夫尽嗟噫。"我没有"暴使"船夫，而是念及民胞物与而"倾囊"济困。而当众人"意在必济"时，我并非旁观"容止"，而是凝聚力量"且令并岸行，试涉湖滨汭。"当风势减弱以后，"新涨翼回湍，倏忽逝如矢。夜入武阳江，渔村稳堪舣。籴市谋晚炊，且为众人喜。"最后王阳明总结，欲速则不达，遇险需（别卦下干上坎）稳健，待变且善于抓住时机化险为夷才是功夫，"徼幸岂常理"。众人欢喜"徼幸"，王阳明写诗记录乘船遇险化夷的经过并总结的经验就是致良知。

表现王阳明勇毅精神的诗歌又如《宿净寺四首》其二：

---

① 孙振声：白话易经周易上经"干文言九三：厉，严谨。咎是与众背离，必然造成过错……君子本性刚健正直。如果终日奋发努力不懈，夜晚仍然戒惧恐惧，严谨惕励，虽然处于危险的地位，也不会发生过失与遭难"。台湾星光出版社，1981年初版。
② 《论语·颜渊》：季康子问政于孔子曰："如杀无道，以就有道，何如？"孔子对曰："子为政，焉用杀？子欲善而民善矣。君子之德风，小人之德草，草上之风，必偃。"

常苦人间不尽愁，每拼须是入山休。若为此夜山中宿，犹自中宵煎百忧。百战西江方底定，六飞南甸尚淹留。何人真有回天力，诸老能无取日谋。

王阳明智擒朱宸濠已然竭尽心力，"惭无国手医民病，空有官衔縻俸钱"，现在竟然还要直面极其任性胡闹的正德皇帝，"民力东南已尽疲"。江西已经被朱宸濠祸害很惨，现在皇帝亲率"六师""万里秋风嘶甲马"，再次残害天下，所以王阳明真是心如刀绞，"煎百忧"。"我心惟愿兵甲解……銮舆消息望还宫。"而"诚微未足回天意"，"自嗟力尽螳螂臂，此日回天在庙堂"。山僧笑话自己长老说归山而不归山，正好旁证王阳明一生的勇毅精神。王阳明总想做成大业，"安得扶摇万里风"然后致仕（包括多次"疏辞"），"行乐信宇宙，富贵非吾图"，可是"辛苦半生成底事"，总是事与愿违，而在违背自己意愿（"碧水丹山曾旧约"）的情况下，其竭尽心力报效国家（绝不止朱姓皇帝）而得到的功名其实只是副产品。王阳明的本心亦如陶渊明一样，"富贵非吾愿，帝乡不可期"，"此身那得尚虚名"。"浮名"并非其目的，"疮痍念同胞，至人匪为己"，而是为了完成君子的职责，"道通着形迹，期无负初心"，"要使吾心不负初"。王阳明从十一二岁"欲做圣贤"到五十七岁辞世，一生皆为"浮名"所累。而追求"浮名"的过程，正是其"君子终日干干"勇毅精神的精彩展示。

三 "致良知"是"高楼撞晓钟"的使命精神

"浮名"之外，勇于担当挽救文化的历史使命，"高楼撞晓钟"是王阳明诗歌精神世界的另一方面。"六经散地莫收拾，丛棘被道谁刊删？已矣驱驰二三子，凤图不出吾将还。"王阳明非常不满"六经"的传承，以往的情况可谓荆棘满山杂草丛生而无人修剪，自己要破除迷茫直续孔孟真精神。"须怜绝学经千载，莫负男儿过一生。影响尚疑朱仲晦，支离羞作郑康成。铿然舍瑟春风里，点也虽狂得我情。"（《月夜二首》与诸生歌于天泉桥，其二）男子汉的一生就要做点大事。孔孟"绝学"千余年来，已经被郑康成之烦琐，朱仲晦之外物求理引向了歧途。曾皙之"铿然舍瑟"沐

浴春风,虽然有些狂妄,恰恰"得我情"。王阳明五十岁"始揭致良知之教"后讲良知的诗歌不少,其中《答人问良知二首》写道:

> 良知即是独知时,此知之外更无知。谁人不有良知在,知得良知却是谁。知得良知却是谁,自家痛痒自家知。若将痛痒从人问,痛痒何须更问为。

"慎独"是儒家修身法门,王阳明将其诠释为"独知"。什么是独知?就是在无人监督完全自主时始终坚守良知(知善知恶)的工夫[①]。良知"谁人不有"?但是始终坚守者寡,"知得良知却是谁?"社会何以至此?王阳明认为是由于良知缺失。他要用致良知学说警醒世人。"孔颜心迹皋夔业,落落乾坤无古今。"(《次韵毕方伯写怀之作》)在经历了智擒宁王朱宸濠,"疏谏"正德皇帝"亲率六师,奉天征讨"失败,"献俘钱塘"等一系列国难级别的灾害之后,王阳明认为拯救社会唯有良知这一剂灵药。"仆诚赖天之灵,偶有见于良知之学,以为必由此而后天下可得而治。"[②]宁王和皇帝都是至高无上者,没有人能够约束他们。那种怪罪其身边小人使坏的理论是没有价值的,人之造恶兴难的根源在于失却良知。君王之过人皆能见,"悬像着明,莫大乎日月"(《系辞传》),而常人常常视为正常而忽略其自身的原因,"举世闲酣睡,而谁偶独醒?"王阳明说自己活了四十多年,至今才从"朦胧"中醒来,"四十九年非,童心独犹在",所以我必须警醒世人,"起向高楼撞晓钟"(《睡起偶成》),"倾否作圣功"(《归怀》)。我不信世人一直"昏睡"不醒,哪怕"日暮"醒来也好啊!即使临殁之前苏醒,也不愧枉煞了为人一世,虚度了一生!这是王阳明对"朝闻道,夕死可矣"(孔子)之"道"的独到精辟诠释!

王阳明遭遇的官场是这样的,《月夜二首》其二:

> 举世闲酣睡,而谁偶独醒?疾呼未能起,瞪目相怪惊。反谓醒者狂,群起环斗争。洙泗辍金铎,濂洛传微声。谁鸣涂毒鼓,闻者皆昏冥。嗟尔欲奚为,奔走皆营营。何当闻此鼓,开尔天聪明。

[①] 陈立胜:《王阳明思想中的"独知"概念——兼论王阳明与朱子工夫论之异同》,《中山大学学报》(社会科学版)2016年第5期第56卷(总263期)。

[②] 王守仁:《王文成公全书卷之二》语录二,王晓昕、赵平略点校,中华书局,第99页。

官场不仅认为"醒者狂",而且还要"群起环斗争"。那么,究竟是谁造成了这一切的呢?"谁鸣涂毒鼓",令"闻者皆昏冥"?对于"酣睡"的问题,王阳明与前贤的认知相同,仍然只是从道义角度看待问题。"人言古今异,此语皆虚传"。他认为这是由于孔孟朱卢周张二程等圣贤的声音愈加微弱了,人性得不到正确的引导使然。"先生谓民风不善,由于教化未明。"(《年谱一》)因此,王阳明的急迫任务就是要接续先贤的思想精神。"'一以贯之'非致其良知而何?"(《语录二》)"孔子云:'吾有知乎哉?无知也。'良知之外,则无知矣。故致良知是圣门教人第一义。"(《年谱三》)"绵绵圣学已千年,两字良知是口传。"只有良知才能"开尔天聪明",使"酣睡"者重新振起。因为"良知良能,愚夫愚妇与圣人同。"(《语录二》)"良知之在人心,无间于圣愚,天下古今所同也。世之君子惟务致其良知,则自能公是非,同好恶,视人犹己,视国犹家,而以天地万物为一体,求天下无治,不可得矣。"(《年谱三》)

从成化二年己酉(18岁),"是年先生始慕圣学"(《年谱一》),到成化十八年丁丑(34岁),"先生门人始进"(《年谱一》),直至临终,王阳明矢志不离的只有"明道"一件事情。《年谱三》记,嘉靖六年丁亥(56岁),邹守益录先生文字,王阳明交代:"所录以年月为次……专以讲学明道为事。"在征思、田途中还与王畿、钱德洪辩论"四句宗旨"并"重嘱咐","人心自有知识以来,已为习俗所染,今不教他在良知上实用为善去恶功夫,只去悬空想个本体,一切事为,具不着实。此病痛不是小小,不可不早说破"。《复过钓台》:

> 忆昔过钓台,驱驰正军旅。十年今始来,复以兵戈起。空山烟雾深,往迹如梦里。微雨林径滑,肺病双足胝。仰瞻台上云,俯濯台下水。人生何碌碌,高尚当(乃)如此。疮痍念同胞,至人匪为己。过门不遑入,忧劳岂得已。滔滔良自伤,果哉末难矣(已)。

右正德己卯献俘行在,过钓台而弗及登。今兹复来,又以兵革之役,兼肺病足疮,徒顾瞻怅望而已。书此付桐庐尹沈元材刻置亭壁,聊以纪经行岁月云耳。嘉靖丁亥九月廿二日书。时从行进士钱德洪、王汝中、建德尹杨思臣及元材,凡四人。

诗歌不像散文具体细致,更不同于语录之翔实,它着重抒发诗人的思想感情，表现的是其精神世界。在这首诗中，王阳明实际已经在向门人朋友们交代后事："果哉末难已"。在经历"百死千难"后，征伐思州、田州是我人生的最后一役了。诗歌借眼前景"钓台"，回顾自己的"碌碌"一生，自认为"高尚"也就不过于此了吧！我未辜负天地之生，当得起"君子所性"①。治理洪水的大禹三过家门而不入，我则"过门不违入"，"忧劳"未尝片刻停歇啊。"念同胞"（天下苍生）"疮痍"，做人做到极致（满格），我是从不考虑禄利恩宠的啊。在重病缠身行走艰难的时刻，回忆往事，尤其是蒙受不白之冤"献俘行在"等"滔滔"灾难"良自伤"。王阳明用自己的一生诠释了君子终日干干，即天行健，君子以自强不息的精神。他极尽一切努力"撞晓钟"，目的只是醒悟世人，包括皇帝。"今日所急，惟在培养君德，端其志向，于此有立，是谓一正君而国定。"（《年谱三》）我们知道，话语的意义很多时候并不局限于话语本身，而是要看由谁在什么场合、什么情况下说出。王阳明一生为"浮名"所累，我们认为这就是为了获得向全社会讲话的资格、讲话的高度和巨大影响力。现在他交代"桐庐尹沈元材刻置亭壁"，将其一生的成就及眼前的处境等作为背景，竭尽全力警示世人，并希望能够传扬久远，这件法器就是致良知。

---

① 孟子曰："广土众民，君子欲之，所乐不存焉。中天下而立，定四海之民，君子乐之，所性不存焉。君子所性，虽大行不加焉，虽穷居不损焉，分定故也。君子所性，仁义礼智根于心。其生色也，睟然见于面，盎于背，施于四体，四体不言而喻。"（《孟子·尽心上》）

浅论王阳明在阁部关系问题上的立场[*]

◎ 焦 堃[**]

明中叶后，作为官方意识形态的程朱理学开始受到冲击。弘治、正德、嘉靖年间，王阳明公然提倡心学，其思想风靡一世，流传直至明末，此事已属众所周知。对于阳明之心学思想或所谓阳明学，迄今为止海内外学者已对其思想来源及内容考论甚伙，亦迭有创见。而另一方面，对于阳明学产生的现实政治背景，及其所具有的政治意义，考论则远不如思想面丰富。据笔者管见，到目前为止，对阳明学形成的政治背景做出最系统论述的，当属余英时先生。其所著《宋明理学与政治文化》一书中曾以明代之专制政治文化为背景来考察阳明学的思想特质，认为阳明学因专制君主对士大夫的残酷压制而放弃"得君行道"路线，转而向民间传道以寻求出路。[①] 余英时先生所论固然精当，但除明代专制政治之大背景外，明中叶以来朝廷权力构造之变化，以及由此带来的诸多问题这一较为具体的小背景，亦是考察阳明学产生时不可忽视的重要因素。本文通过对与王阳明及其弟子等人相关的资料进行发掘，来对这一问题试做论述，以期抛砖引玉。

记述王阳明生平最为详细的资料，当属其弟子钱德洪所编之年谱（以下称《年谱》）。[②] 年谱中多有对其师创立新说之前之后心态的记述。其中，就弘治十八年王阳明开始授徒传道，有以下记载：

---

[*] 本文为国家社科基金青年项目"阳明学与明代内阁政治研究"（批准号：15CZS026）的阶段性成果。

[**] 焦堃，武汉大学历史学院讲师。

[①] 余英时：《宋明理学与政治文化》，吉林出版集团有限责任公司，2008，第158~211页。

[②] 《年谱》及其附录收录于吴光等编校《王阳明全集（新编本）》，浙江古籍出版社，2011，卷32~36。本文引用《年谱》及其他史料时，标点或有异同，不一一指出。

十有八年乙丑，先生三十四岁，在京师。是年先生门人始进。学者溺于词章记诵，不复知有身心之学。先生首倡言之，使人先立必为圣人之志。①

需注意的是，据《年谱》所述，王阳明倡言专注于一己之人格修养的"身心之学"，乃是因为世间之学者皆沉溺于所谓"词章记诵"。据此而言，立志修身成圣的阳明学可以说是与所谓"词章记诵"之学相对立的思想。一般说来，"词章记诵"在明代是指为参加科举考试而学习的内容，即当时人所说的"举业"。如《年谱》"弘治五年"云：

是年为宋儒格物之学。先生始侍龙山公于京师，遍求考亭遗书读之。一日思先儒谓"众物必有表里精粗，一草一木，皆涵至理"，官署中多竹，即取竹格之，沉思其理。不得，遂遇疾。先生自委圣贤有分，乃随世就辞章之学。②

此段是说王阳明依朱熹之说格竹失败之后，即转而与世人同样从事"辞章之学"，准备参加科举。

不过就王阳明所生活的时代来说，"词章"一语则有着更为具体的内涵。《年谱》"弘治十五年"云：

先是，五月复命，京中旧游俱以才名相驰骋，学古诗文。先生叹曰："吾焉能以有限精神，为无用之虚文也！"遂告病归越。③

其中所谓"学古诗文"云云，乃是以弘治、正德年间，李梦阳、何景明等人所倡导的文学复古运动为背景。关于此点，王阳明之高足王畿之语更是确证：

弘正间，京师倡为词章之学，李、何擅其宗。阳明先师结为诗社，更有唱和，风动一时。④

---

① 吴光等编校《王阳明全集（新编本）》卷32《年谱一》，第1232页。
② 吴光等编校《王阳明全集（新编本）》卷32《年谱一》弘治五，第1228页。
③ 吴光等编校《王阳明全集（新编本）》卷32《年谱一》弘治十五，第1231页。
④ 吴震编校整理《王畿集》卷16《曾舜征别言》，凤凰出版社，2007，第459页。

其中即将李、何所领导的文学复古潮流称为"词章之学"。据王龙溪所述,王阳明亦曾与李梦阳等人有所唱和,可以说是文学复古运动的一员。然而《年谱》并未记载此事,却云王阳明对文学复古运动持批判态度,将其称为"无用之虚文",这当与下文所述王阳明后来的思想变化有关。并且王世贞亦曾记载王守仁在告病归越后"益泛博,文益高"[1],则王守仁转而批判文学复古的时期,必定晚于《年谱》的记载。

在王阳明经龙场顿悟而确立起心学思想后,对于"词章记诵"的反感乃至厌恶便成为贯穿其思想的基调之一。《传习录》中卷所收《与顾东桥书》中即明确表达了这一点:

> 三代之衰,王道熄而霸术猖。孔孟既没,圣学晦而邪说横。……霸者之徒窃取先王之近似者,假之于外,以内济其私己之欲……一切欺天罔人、苟一时之得以猎取声利之术,若管、商、苏、张之属者,至不可名数。……圣学既远,霸术之传,积渍已深,虽在贤知,皆不免于习染,其所以讲明修饰,以求宣畅光复于世者,仅足以增霸者之藩篱,而圣学之门墙,遂不复可睹。于是乎有训诂之学,而传之以为名;有记诵之学,而言之以为博;有词章之学,而侈之以为丽。……圣人之学日远日晦,而功利之习愈趋愈下。[2]

其中将所谓"训诂"、"记诵"及"词章"均归入与孔孟之"圣学"相对的"霸术",斥之为"猎取声利"之道具。而所谓"猎取声利",并非只是博取文名而已;在现实情况中,更是指获取政治名声和地位而言。

嘉靖年间王琼所著《双溪杂记》中云:

> 河南洛阳刘建,自官翰林,潜心理学,不事华藻,立心亦端正。……李东阳同时在阁,以诗文气节,援引名流,私植朋党,健处之若不知,诚可谓君子人矣。[3]

---

[1] 王世贞:《弇州史料》前集卷30《王守仁传》,《四库全书存目丛书》史部第112册,第714页。
[2] 吴光等编校《王阳明全集(新编本)》卷2《语录二·传习录中》,第60~61页。
[3] 单锦珩辑校《王琼集》,山西人民出版社,1991,第19页。

又云：

> 自来居内阁不党比故旧，仅见健一人。而东阳以神童举，与敏政齐名，然专以诗名延引后进。海内名士多出其门，往往破常格，不次擢用，寖成党比之风，而不能迪知忱询，举用真才实学。当时有识之士私相议论，以为数年后，东阳柄用，引进一番诗文之徒，必误苍生，尚名矫激，世变将起。①

以上两条，意图皆在于抨击李东阳之为政。李东阳自弘治八年入阁以来，居于内阁长达十八载，至正德七年方辞官。据王琼所言，在此期间，李东阳专以"诗文气节"提拔后进，所谓"海内名士"往往得以超擢，而这一做法的实质乃是"私植朋党"，意在扩大个人的政治影响。在李东阳所看重的"海内名士"中，文学复古运动的领袖李梦阳便是佼佼者。据《双溪杂记》所述：

> 后李梦阳草疏，急欲杀刘瑾等，而谋虑不审。且疏中既以甘露之变为言，而躬自蹈李训之浅谋，致贻数年衣冠之祸。中官自为制度，自此不可变更。……且草疏者李梦阳，一部属官耳，而诸司英明杰士，平昔以文章气节取重于世者，翕然和之。韩文亦素与东阳交厚，在名士之流。梦阳所作诗，甚为东阳所赏鉴，故文不敢少迟梦阳之奏。而九卿大臣景从文后，亦不敢略出商量万全之策。②

因李梦阳为李东阳所重，故在正德元年，当时仅为户部郎中的李梦阳上疏请诛刘瑾等"八虎"时，户部尚书韩文等人皆不敢有所异议。此次行动最终不仅未能清除宦官势力，反而致使刘瑾掌握司礼监，宦官势焰大涨，并对朝臣进行了残酷的打击报复③，正是王琼所谓因"尚名矫激"所导致的"世变"。王阳明亦因在此事件中维护弹劾刘瑾的同僚而受廷杖并下诏狱，随后被流放至贵州龙场。④

---

① 单锦珩辑校《王琼集》，第25页。
② 单锦珩辑校《王琼集》，第25页。
③ 《明史》卷186《韩文传》，中华书局，1974，第4915~4917页。
④ 年谱系此事于正德元年二月，而考证以其他史料，实则为正德元年十二月。见董平《王阳明的生活世界》，中国人民大学出版社，2009，第23页注4。

浅论王阳明在阁部关系问题上的立场

李东阳是明代的著名文士，又被视作是所谓"茶陵派"领袖，可以说文学复古运动正是在其羽翼之下才得以发生。① 然而需要注意的是，在这一事例中，文学团体的形成乃是依靠政治力量，所形成之团体在政治上即为阁臣李东阳的私人派系。李东阳曾对王阳明颇为器重，在其会试落第后特地前往安慰，并预言其来科必为状元。② 王阳明于弘治十二年考中进士，而李东阳恰好担任此科会试主考官③，二者之间乃是座主门生关系。④ 在此背景下，王守仁一度热衷于文学，便不足为怪了。

由此看来，其后王阳明转而批判"词章"之学，可以说不仅仅是针对世间士子重科举求功名之风，更是对自己早年追随阁臣经历的反省，以及对阁臣培植派系的"党比之风"，以及"尚名矫激"以追求政治声誉和地位做法的否定。而这一态度并非王阳明所独有。自明中叶以来，内阁权势不断扩张，势必在朝廷内引起不满，而最大的抵抗往往来自六部特别是吏部，阁部之争成为明代政治史上的重要现象。《双溪杂记》的作者王琼便曾在正德间任吏部、兵部尚书，是朝中抵制内阁的领袖之一。其所著《双溪杂记》中详细追述了内阁地位变化的来龙去脉，并叙述明初废宰相不置的原委，意在要求恢复祖制，限制内阁而捍卫六卿之地位。⑤

关于王阳明在这一问题上的立场，尚可引《传习录》中之语为证。《传习录》上有一条云：

> 问："心要逐物，如何则可？"先生曰："人君端拱清穆，六卿分职，天下乃治。心统五官，亦要如此。今眼要视时，心便逐在色上；耳要听时，心便逐在声上。如人君要选官时，便自去坐在吏部；要调军时，便自去坐在兵部。如此岂惟失却君体，六卿亦皆不得其职。"⑥

---

① 廖可斌：《明代文学复古运动研究》，商务印书馆，2008，第42~61页。
② 吴光等编校《王阳明全集（新编本）》卷32《年谱一》弘治五年，第1229页。
③ 张德信：《明代职官年表》，黄山书社，2009，第4049页。
④ 关于明代座主、门生关系的政治意义，可参照郭培贵《明代科举中的座主、门生关系及其政治影响》，《中国史研究》2012年第4期。
⑤ 如其中有云："惟我太祖，垂训立法，高出千古，罢丞相，分任六卿，无偏听、独任之弊。此法世守之，朝政悉付六卿，如有违法，台谏得纠正论劾，朝廷端拱，以照临于上，万世无弊矣。"见单锦珩辑校《王琼集》，第7页。
⑥ 吴光等编校《王阳明全集（新编本）》卷1《语录一·传习录上》，第24页。

此条虽未涉及内阁，但其中有"六卿分职，天下乃治"之语，并认为人君不可侵夺六卿之职，其以六部为天下大政所出的立场是非常明确的。自正德间至嘉靖初，王阳明与内阁之间多所龃龉，正印证了其上述态度。

李东阳去职后，杨廷和继任为内阁首辅。虽然武宗宠信宦官佞臣，但内阁之权势仍在杨廷和任内得以继续扩张，并一度有登峰造极之势。其表现之一，便是武宗死后，杨廷和一手安排身在湖广安陆的兴献王世子朱厚熜赴京即位，即是后来的明世宗嘉靖帝。在决策过程中，吏部尚书王琼等九卿完全被排除在外，导致王琼与内阁一派发生激烈冲突。[①] 此前王杨二人不和已久，《明史》云："大学士廷和亦以琼所诛赏，多取中旨，不关内阁，弗能堪。"[②] 王琼在兵部尚书任上时，因预见宁王朱宸濠之叛乱，而以王阳明为江西南赣等处巡抚，使其平流贼，并预为宁王之防备。[③] 而王阳明在平贼及平叛过程中，每每将军功归于王琼，使得杨廷和极为不满，并对阳明进行打击。王阳明平定宁王叛乱后，追随其平叛者大多为杨廷和所抑，不得封赏，反受黜陟。[④] 而王阳明本人受封为新建伯后，亦是"铁券未给，禄米未颁"。[⑤] 世宗即位后欲召用王阳明，亦为杨廷和所阻，阳明仅得除南京兵部尚书。[⑥] 此后，杨廷和更指使言官弹劾王阳明[⑦]，并利用会试机会，使赴试士子抨击阳明之学。[⑧]

对于杨廷和的排挤和打击，王琼、王阳明亦曾加以反击。世宗即位不久，言官便承杨廷和之意对王琼等中央地方的大臣大加攻击[⑨]，而王琼则上疏弹劾杨廷和专擅及任用亲属乡人。[⑩] 不过终因杨廷和势重，王琼被下诏狱论死，后改为谪戍。而王阳明曾一再上疏辞封爵，要求为同事诸人记

---

① 《明武宗实录》卷197正德十六年三月丙寅，"中央"研究院历史语言研究所，1962，第3681页。
② 《明史》卷198《王琼传》，第5233页。
③ 《明史》卷198《王琼传》，第5233页。
④ 吴光等编校《王阳明全集（新编本）》卷34《年谱三》嘉靖元年正月，第1293页；嘉靖元年七月，第1294~1295页。
⑤ 吴光等编校《王阳明全集（新编本）》卷38《明军功以励忠勤疏》，第1487页。
⑥ 吴光等编校《王阳明全集（新编本）》卷33《年谱二》正德十六年六月，第1290页。
⑦ 吴光等编校《王阳明全集（新编本）》卷34《年谱三》嘉靖元年七月，第1295页。
⑧ 吴光等编校《王阳明全集（新编本）》卷34《年谱三》嘉靖二年二月，第1296页。
⑨ 《明世宗实录》卷1正德十六年四月己酉，"中央"研究院历史语言研究所，1962，第50~51页。
⑩ 《明世宗实录》卷1正德十六年四月己酉，第51~52页。

功，并对杨廷和的做法进行了抨击：

> 今也将明旅之赏，而阴以考课之意行于其间。人但见其赏未施而罚已及，功不录而罪有加，不能创奸警恶，而徒以阻忠义之气，快谗嫉之心。譬之投杯醪于河水，而求饮者之醉，可得乎？①

在杨廷和因"大礼议"中与世宗的冲突而去位、多位王门弟子入朝执政后，王阳明在其与朝中诸人的书信往返中，发挥"致良知"等说，较为全面地阐发了其对内阁地位及作用的看法。

所谓"大礼议"事件的起因，乃是在世宗赴京后，杨廷和等人以汉哀帝、宋英宗之例，以及程朱之说为依据，要求世宗尊孝宗夫妇为父母，而以亲生父母兴献王夫妇为叔父母。世宗不愿接受杨廷和的要求，而意欲尊崇其亲生父母，遂与杨廷和及其在朝中的追随者爆发了长达数年的冲突。虽然起初由于绝大部分朝臣均站在杨廷和一方，世宗不得不暂时与其妥协，但最终世宗依靠张璁、桂萼等支持者的力量，于嘉靖三年迫使杨廷和及其在内阁的主要支持者去位。随后杨廷和之子杨慎率百官于左顺门哭谏，又被世宗以暴力镇压，受杖责而死者多达十七人。其后世宗召张璁等人至京会议，终于确定以兴献王为父，孝宗为伯父。嘉靖七年世宗下令编纂的《明伦大典》成书，"大礼议"遂告一段落。关于此事之来龙去脉，《明史纪事本末》卷五十《大礼议》中的记述最为详细，可以参看。

"大礼议"中世宗的支持者以张璁、桂萼为首，此外主要支持者尚有数人。值得注意的是此数人大部分是王阳明之门人弟子。20世纪40年代，欧阳琛先生已著《王守仁与大礼议》一文，论及此事。② 王世贞《嘉靖以来首辅传》卷二中记因大礼而贵者有八人，除张、桂二人外，分别为席书、方献夫、霍韬、黄绾、熊浃、黄宗明。其中席书在王阳明左迁龙场时为贵州提学副使，不仅将王阳明延至贵阳为生徒授课，而且还"身率贵阳诸生，以所事师礼事之"。③ 其后王阳明回京任吏部主事，方献夫同在吏部且位居王阳明之上，亦拜王为师。④ 黄绾自正德五年起便与王阳明论学，

---

① 吴光等编校《王阳明全集（新编本）》卷34《年谱三》嘉靖元年七月，第1295页。
② 《新中华》十二卷七期，1949。
③ 吴光等编校《王阳明全集（新编本）》卷32《年谱一》正德四年，第1235页。
④ 黄宗羲：《明儒学案》卷30《粤闽王门学案》，中华书局，1985，第654页。

后又拜王为师,① 在此数人中与王阳明关系最为密切。黄宗明尝受王阳明极力称赞,亦是王门高弟。② 此外霍韬亦曾与王阳明论学,③ 且其与方献夫同为广东南海人,二人曾于同一时期在乡里之西樵山中读书,④ 亦曾为会。⑤

王阳明在大礼议中虽未曾公开表明其态度,但其立场与参与议礼的席书等人一致,这一点已成为定论。沈德符《万历野获编》中已有云:

> 文成之附大礼不可知,然其高弟如方献夫、席书、霍韬、黄绾辈皆大礼贵人,文成无一言非之,意澄言亦不妄。⑥

所谓"澄言""不妄",乃是指王阳明弟子陆澄先是赞同杨廷和一派,后又转而支持世宗,并称乃是承师意。⑦ 除此事可为证外,王阳明更曾在给霍韬的信中说:

> 往岁曾辱大礼议见示,时方在哀疚,心善其说而不敢奉复。既而元山亦有示,使者必求复书,草草作答。意以所论良是,而典礼已成,当事者未必能改,言之徒益纷争,不若姑相与讲明于下,俟信从者众,然后图之。⑧

是已明确承认与霍韬等意见相同。

考虑到前引王阳明上疏中对杨廷和之态度,其反对杨廷和而支持世宗不足为怪。"大礼议"中,王阳明亦曾有感而作诗,其中一首有"却怜扰扰周公梦,未及惺惺陋巷贫"⑨ 之句,即是暗指杨廷和有意做周公,掌握朝廷实权。当然王阳明之态度亦有基于其思想的理论基础。如王门高弟邹

---

① 吴光等编校《王阳明全集(新编本)》卷32《年谱一》正德五年十一月,第1237页。
② 《明儒学案》卷14《浙中王门学案四·侍郎黄致斋先生宗明》,第297页。
③ 吴光等编校《王阳明全集(新编本)》卷33《年谱二》正德十六年五月,第1289页。
④ 《明史》卷196《方献夫传》,第5186页;《明儒学案》卷53《诸儒学案下一·文敏霍渭崖先生韬》,第1272页。
⑤ 吴光等编校《王阳明全集(新编本)》卷33《年谱二》正德十六年五月,第1289页。
⑥ 《万历野获编》卷20《言事·陆澄六辨》,中华书局,1959,第511页。
⑦ 《明史》卷197《陆澄传》,第5222页。
⑧ 吴光等编校《王阳明全集(新编本)》卷21《与霍兀厓宫端》,第872页。
⑨ 吴光等编校《王阳明全集(新编本)》卷34《年谱三》嘉靖三年八月,第1302页。

守益在议礼中支持杨廷和而遭贬谪，后在任地著《谕俗礼要》一书并寄给王守仁，王在复书中云：

> 先王制礼，皆因人情而为之节文，是以行之万世而皆准。其或反之吾心而有所未安者，非其传记之讹阙，则必古今风气习俗之异宜者矣。此虽先王未之有，亦可以义起，三王之所以不相袭礼也。若徒拘泥于古，不得于心，而冥行焉，是乃非礼之礼，行不着而习不察者矣。后世心学不讲，人失其情，难乎与之言礼。①

此处显是借题发挥，就大礼一事劝导弟子。其中提出以"人情"为礼之基础，礼需"得于心"，不可徒于形迹上拘泥古礼，并称后世之礼不当乃是因"心学不讲，人失其情"。关于阳明学之礼思想，尚可即此事而做较为全面的考察，不过本文意在强调王阳明在大礼议中态度的政治背景，故而从略。阳明门人之议礼，亦有着同样的背景。如黄绾在给席书的信中云：

> 此礼本系天下万世之公，今皆为私事而各有憎爱抑和于其间，以致朝廷之事乖张至此，真可慨也。②

此处抨击杨廷和等挑起大礼争端乃是出于"私事"。又曾在给张璁的信中云：

> 盖往时内阁与中贵交通，天下利权，尽归于此。虽上有英辟不能决，下有豪杰不能救。……盖人情乐于有所招权，乐于得所附丽。其所附丽，不在内阁，则在中贵。③

更指杨廷和交结宦官，树立朋党，内阁占尽天下利权。大礼议表面上虽为礼制之争，在黄绾等人来说，更是一次抵制内阁之政治运动。

议礼结束后，张璁、桂萼成为世宗心腹，被世宗据于侧近并先后入

---

① 吴光等编校《王阳明全集（新编本）》卷6《寄邹谦之》之二，第215页；卷34《年谱三》嘉靖五年三月，第1308页。
② 张宏敏编校《黄绾集》卷19《寄席元山》第二首，上海古籍出版社，2014，第351页。
③ 张宏敏编校《黄绾集》卷20《寄罗峰书》第三首，第360页。

阁。其中张璁更是前后出任首辅多年，直至嘉靖十四年方才最终下野。而席书等王阳明之门人亦皆因议礼之功而身居高位。其中方献夫曾入阁并短暂出任首辅，其余升迁至尚书或侍郎。而王阳明于嘉靖七年底辞世，死前正值弟子满朝、新政有望之时期，故而其虽身处南方，但一直在密切关注朝中局势，并通过书信与众弟子频繁联络。这些通信中时时有针对时局、发挥自身之思想而对众弟子进行指导、劝诫之文字。以下结合议礼后之政治形势，对王阳明之政治思想略作阐述。

张璁掌权后，立意阻绝往时杨廷和所建立的党派人际网络。黄绾在给其的信中云：

> 今公贞洁辅佐，死生利害，一无所动，苞苴请托，一无所行，旧日交通污坏之习，一旦涤濯无遗。风清弊绝，政善民安，天下阴受其福而不知谁之所为，是公之功，莫大于此也。①

即道出了此中消息。然而因朝中大臣在议礼期间多追随杨廷和而攻击张璁、桂萼等，二人掌权后便刻意打击报复，不仅一再阻止召还因大礼而去职诸人，且曾令科道官互劾。嘉靖五年、六年又利用所谓李福达之狱打击政敌，牵连甚广。而朝臣一方亦加以反击，张璁曾自言四五年来所受之弹劾达百十次，事态严重至"举朝士大夫咸切齿"。②

除朝中大臣外，张、桂二人亦与其他内阁成员爆发冲突。杨廷和去位后，先是由议礼时的中间派费宏出任首辅。然费宏鄙视张、桂二人为政治暴发户，且着意扶持门生故吏，故招致二人接连攻击，终于因故受牵连而去位。③ 其后张、桂荐名臣杨一清代之，却又不能相下，两方遂又相攻讦。张璁曾一度因此去位，终因霍韬之助得以召还，取代杨一清为首辅。而因张璁压制桂萼意见，"以气凌之"，二人之间又生嫌隙。④

二人还任用私人，倾陷政敌，并且急功近利，排斥异己。彭泽曾在议礼时助张璁，后受弹劾，因张璁言而得不去，官至太常卿。为打击新得势

---

① 张宏敏编校《黄绾集》卷20《寄罗峰书》第三首，第360页。
② 《明史》卷196《张璁传》，第5176页。
③ 王世贞：《嘉靖以来首辅传》卷1《费宏传》，《景印文渊阁四库全书》第452册，台湾商务印书馆，1983，第432页。
④ 王世贞：《嘉靖以来首辅传》卷2《张孚敬传》，第440页。

的夏言，张璁用彭泽之计，诱王阳明弟子、行人司正薛侃上疏请世宗择宗室入京为储二，因此触怒世宗，又在世宗拷问薛侃时唆使其指认夏言为首谋，因薛侃不肯而败露，此事致使张璁一度被逐。① 桂萼为立功，暗讽正在广西率军平叛的王阳明出兵安南，被王拒绝后便夺王阳明之恩典，且兴起学禁，致使黄绾等大为不满。② 嘉靖十二年冬大同兵士哗变，在处理意见上黄绾与方献夫均不追从张璁，张遂上疏攻击二人，连及已去世之桂萼。③ 经此一连串事件，大礼诸人已无法共事，而张璁亦失去执政基础，不久便致仕回乡。

王阳明去世于嘉靖七年，其虽未能目睹张璁等从执政到失政之全过程，但对于权力中心的状况及发展趋势是极为清楚的。其于嘉靖六年给黄绾的信中云：

> 东南小蠢，特疮疥之疾。群僚百司各怀谗嫉党比之心，此则腹心之祸，大为可忧者。近见二三士夫之论，始知前此诸公之心，尚未平贴，姑待衅耳。一二当事之老，亦未见有同寅协恭之诚，间闻有口从面 者，退省其私，多若雠仇。④

已明确指出朝中大臣"嫉妒党比"，欲寻机报复张璁等，且内阁诸人亦不能同心协力，反而互相仇视，乃是"心腹大祸"。又云：

> 近闻诸公似有德色傲容者，果尔，将重失天下善类之心矣。相见间可隐言及之。⑤

此言乃是规劝朝中诸人不可居高自傲，以致不能公正行事。而在另一封同样作于嘉靖六年、给黄绾的信中，王阳明则用了较长篇幅，详细发挥了其"良知"之说：

---

① 王世贞：《嘉靖以来首辅传》卷2《张孚敬传》，第443~444页。
② 《明史》卷195《王守仁传》，第5167~5168页；卷196《桂萼传》，第5184页。而据《嘉靖以来首辅传》卷2，桂萼之衔王守仁，乃是因为其代笔的魏校与王守仁争名。见王世贞：《嘉靖以来首辅传》卷2《张孚敬传》，第440页。
③ 《明史》卷196《张璁传》，第5179页。
④ 吴光等编校《王阳明全集（新编本）》卷21《与黄宗贤》之二，第868~869页。
⑤ 吴光等编校《王阳明全集（新编本）》卷21《与黄宗贤》之二，第869页。

近与诚甫言，在京师相与者少，二君必须预先相约定，彼此但见微有动气处，即须提起致良知话头，互相规切。凡人言语正到快意时，便截然能忍默得；意气正到发扬时，便翕然能收敛得；愤怒嗜欲正到腾沸时，便廓然能消化得，此非天下之大勇者不能也。然见得良知亲切时，其工夫又自不难。缘此数病，良知之所本无，只因良知昏昧蔽塞而后有。若良知一提醒时，即如白日一出，而魍魉自消矣。中庸谓知耻近乎勇，所谓知耻，只是耻其不能致得自己良知耳。今人多以言语不能屈服得人为耻，意气不能陵轧得人为耻，愤怒嗜欲不能直意任情得为耻，殊不知此数病者，皆是蔽塞自己良知之事，正君子之所宜深耻者。[1]

依此文所说，在身居高位之大臣而言，所谓致其良知便是要克去以言语屈服人、以意气陵轧人、以愤怒嗜欲而直意任情等病。言下之意，即是不可追求权势，固执己意。具体涉及明廷之权力构造，同信中则有以下论述：

诸君皆平日所知厚者，区区之心，爱莫为助，只愿诸君都做个古之大臣。古之所谓大臣者，更不称他有甚知谋才略，只是一个断断无他技，休休如有容而已。诸君知谋才略，自是超然出于众人之上，所未能自信者，只是未能致得自己良知，未全得断断休休体段耳。今天下事势如沈痾积痿，所望以起死回生者，实有在于诸君子。若自己病痛未能除得，何以能疗得天下之病。

此段文字皆论所谓"古之大臣"，看似与当时之权力结构无直接关系，其实用意颇深。所谓"古之大臣""断断休休"，乃是出自《尚书》之《周书·秦誓》篇：

如有一介臣，断断猗无他伎，其心休休焉，其如有容。人之有技，若己有之，人之彦圣，其心好之，不啻若自其口出，是能容之，以保我子孙黎民，亦职有利哉。人之有技，冒疾以恶之，人之彦圣，而违之俾不达，是不能容，以不能保我子孙黎民，亦曰殆哉。

---

[1] 吴光等编校《王阳明全集（新编本）》卷6《与黄宗贤》，第234页。

《大学》引此文而略有异同。其大意略为大臣之可贵,不在他技,而专在不嫉贤妒能,使有能之人能各就其位,发挥其本领。此段经意如何应用于现实,王阳明并未明言,然黄绾在给张璁的信中则有阐述,正可用来补足阳明之意。其中一封云:

> 惟望我公亦当以此为鉴,益坚素志,益扩休休之容,必求圣学之真,以明其体,使心无蔽碍,必行王道之纯,以通其用,使人无怨尤,余皆听其自然。或有议者云,可因此去其门禁之榜,以尽古人下贤礼士之美,因集众思,广忠益虑,以报圣主之德,图其万全,垂之不朽,绾亦于此不胜惓惓至愿。①

其中所谓"益扩休休之容",显是承师意而发。而具体要求,则是"去其门禁之榜",即召回因大礼而遭废黜诸人,以使其能够各效其能。另一封信中云:

> 惟公鉴唐虞之成迹,念诗人之豫患,为今计者,其要莫先于进贤。进贤之急,莫先于九卿。九卿得其人,则百官之职必举,公可不劳以收其成功。他日之忧,亦可于此免矣。于此不得其人,则百官之职皆废,公虽日劳于上,何益哉。他日之忧,其得已乎。②

此处明确要求张璁以"进贤"为先,而进贤则以九卿为先,如此居内阁者便可"不劳而收其成功",不必再插手具体事务。此处乃是要内阁专以选贤能执掌六部为责,自身则不应干涉六部职务,其在阁、部关系上的立场十分明确。黄绾在给张璁的信中有多处言及此意,不一一列举。其又曾批评张璁:

> 继而圣明翻悟,信任我公及见山诸公,以为千载奇逢,而诸公又不同忱合虑,以定中兴规模,以一天下之心,已成天下之治,各怀已见,互相同异,使人情至今不定,谓圣心弗疑,可乎。圣心既疑,此国是所以不定,众志所以不一,积习之所以难变,而治功之所以日远也。③

---

① 张宏敏编校《黄绾集》卷20《寄罗峰书》第一首,第359页。
② 张宏敏编校《黄绾集》卷20《寄罗峰书》第三首,第361页。
③ 张宏敏编校《黄绾集》卷20《寄罗峰》第二首,第365页。

此段指张璁、桂萼等不能同心协力，反而互相倾轧，致使天子亦不能安心委以政事。明中叶以来，内阁中又渐有首辅之地位，次辅以下或是对首辅唯唯听命，或如桂萼般争夺地位。此前引王守仁所说"同寅协恭"云云，盖是要内阁恢复旧制，其成员间能平等协作。①

　　经以上分析，王阳明之良知等说所隐含之政治思想，其框架已大致清楚。盖其最大之着眼点在于内阁、六部各自之职能及相互关系上。阳明一派要求政治实务由六部执掌，而内阁则专以选择贤能之人掌六部为责，对内阁特别是首辅扩张势力并侵夺六部之职持抵制态度。明中叶以来内阁极力扩张权势这一政治上的背景，对于阳明学之产生及其政治思想、政治活动均有极为深刻的影响，本文之论述如能使读者对这一事实有较为初步的理解，则笔者幸甚。

---

① 关于首辅地位之形成，可参看方志远著《明代国家权力机构及运行机制》，科学出版社，2008，第61~64页。同书64页引《明实录》载正德十三年七月武宗出巡时谕阁臣杨廷和等云："照依内阁旧规，同寅协恭，谨慎供事。"可说明"同寅协恭"即阁臣不分首次乃是内阁旧制。

阳明学与区域文化研究

从实心与时代精神看韩国阳明学

◎〔韩〕金世贞[*]

摘要：韩国阳明学的主要特点是"实心"与"时代精神"。"实心"一词在阳明王守仁（1472～1529）的《传习录》中并未提到过，也未提到过实效、实行。然而从张维、崔鸣吉、郑齐斗、江华学派到郑寅普，韩国的阳明学者们在表达上都非常重视"实心"、实行、实功、实效。所以不管是"实心"这一术语的使用，还是对"实心"的重视，都是韩国阳明学的主要特点。"实心"这一概念是朝鲜中期以后，对只重视形式、名分及义理的虚伪、虚饰及伪善的行为进行的一种批判和对应理论。张维、崔鸣吉、郑齐斗、江华学派、郑寅普等人重视实心，是为了解决当时自己所处时代存在的问题。朴殷植虽然没有提及实心，但他也是想根据阳明学来解决当时的时代问题。本文围绕他们表现的"实心"与"时代精神"，沿着韩国阳明学的发展历程，分析了韩国阳明学的特点和特性。

关键词：韩国阳明学；实心；时代精神

前 言

朝鲜建国初期开始就将儒教定为国教，标榜崇尚儒教、抑制佛教的"崇儒抑佛"政策，所崇尚的对象是高丽末期传入的元代朱子学。朱子学成为朝鲜的建国理念和支撑朝鲜社会的"体制教学"，而佛教则被朱子学

---

[*] 金世贞，韩国忠南大学哲学科教授，忠南大学儒学研究所所长、韩国阳明学会会长、中国阳明文化（贵阳）国际文献研究中心特聘研究员，中国贵阳学院阳明学与黔学研究院特聘研究员。

武装起来的丽末鲜初儒学者们视为异端,并进行了猛烈地批判和排斥。朝鲜前期还把佛教和道家看作异端,到了朝鲜中期退溪李滉(1501~1570)时,连儒学的分支象山学和阳明学也被指责为异端和斯文乱贼,成为排斥的对象。李滉依据道统论,将程朱学视为根本,为了拥护程朱学,他站在"破邪显正"的立场,将佛教、老庄学、象山学以及阳明学都视为异端,进行彻底的排斥。其后,李滉的门下弟子们持续批判阳明学。在这种异端批判和排斥的过程中,韩国儒学被埋没于过度的教条主义和原理主义之中,思想的多样性受到束缚,最终成为阻挡社会发展障碍。

在阳明学被李滉等人视为异端而遭受排斥的社会氛围中,东冈南彦经(1528~1594)及其弟子李瑶(生年未详)接受了阳明学。之后蛟山许筠(1569~1618)、谿谷张维(1587~1638)、迟川崔鸣吉(1586~1647)等人也积极接受了阳明学。后来霞谷郑齐斗(1649~1736)及其他文人创立"霞谷学派"或称"江华学派",使阳明学重获新生。经过丙子胡乱和壬辰倭乱,他们一致批判朱子学大义名分的虚伪意识、非主体性以及缺乏实践性,依据阳明学的"良知论"、"知行合一说"和"人间平等论"等,主张通过恢复"实心"、"实质"、"实理"和"实事"的精神和主体性、实践性以及自主性,解决当时的时代问题。在中世到近代的转换期,即19世纪末西势东渐的韩末转换期,白岩朴殷植(1859~1925)和为堂郑寅普(1892~未详)以良知论为主体思想,通过以"人间平等论"和"天地万物一体说"为依据的阳明学,来应对西方文化,恢复被日本侵夺的国家主权,从而解决时代和民族课题。虽然阳明学在传入韩国初期被李滉及其门下弟子们视为"斯文乱贼"或者异端而遭受排斥,但通过坚强的"主体性"、"实践性"和"时代精神"以及具有温暖"生命爱"的有志先觉者们的努力,阳明学不断被接受和发展,从而为韩国阳明学的扎根奠定了坚实的基础。

韩国阳明学的主要特征是"实心"和"时代精神"。"实心"这一词汇在阳明王守仁(1472~1529)的《传习录》中并未出现过。而且也未见"实效"和"实行"这样的字眼,只是"实功"出现两次[①],"实学"出现

[①] 《传习录(下)》,《陈九川录》,206条目"此便是格物的真诀,致知的实功"和212条目"然与不用实功人说,亦甚轻忽可惜,彼此无益无实"。

一次①。相反，以张维、崔鸣吉、郑齐斗、江华学派为代表，一直到郑寅普，韩国阳明学者们都非常重视"实心"、"实行"、"实功"和"实效"等用语。因此，"实心"这一用语的使用以及对"实心"的重视，可以说是韩国阳明学的主要特征。"实心"是朝鲜中期以后，在对只重视形式、名分和义理的"虚伪"、"假饰"和"伪善"进行批判时，作为应对理论而提出的一个概念。张维、崔鸣吉、郑齐斗、江华学派为、郑寅普等人都主张为了解决所处时代面临的课题，应重视"实心"。朴殷植虽然没有直接论及过"实心"，但也主张以阳明学为依据，解决当时的时代课题。本文主要以他们表现出的"实心"和"时代精神"为中心，探究韩国阳明学的发展过程。

一 张维的"实心"与因时制宜

在阳明学被视为"斯文乱贼"而遭受排斥的时代状况下，谿谷张维（1587～1638）自觉接受了阳明学。张维接受阳明学并非仅仅停留在沿袭阶段。他对当时教条主义的学问风气和过于重视大义名分、在生死存亡的现实中不知所措的官僚社会，进行了批判。以重视主体性的良知和因时制宜的态度为基础，对自身所面临的社会现实问题，采取创造性和实践性的姿态进行积极应对。张维的思想中体现的与阳明学相关的主体性和创造精神的特征，大体如下。

第一，从对当时学问的承袭和盲目的教条主义的强烈批判中，可以看出张维的主体意识。当时的中国，不仅程朱学，就连禅学、丹学和象山学等学问都被广泛认可，而朝鲜只承认程朱学是正学，其他学问都被视为异端而遭到排斥。张维认为朝鲜存在只称颂程朱学的单一性和教条主义。真正的学者不应从外在的权威或名分中寻找学问的出发点，而是应该从自身的"实心"中寻找。但是朝鲜的学者们却恰恰相反，不是以内心的实心为基础，而是以外在的权威，即与只崇尚程朱学的学问风气同流合污。这种欠缺主体性的教条主义不仅无法产生真正的学问，就连独创性和创造性的

---

① 《传习录（下）》，《陈九川录》，218条目，"簿书讼狱之间，无非实学；若离了事物为学，却是着空"。

学问也阻断了。① 张维强调真正的学问应该以主体性和批判性的学问姿态为支撑的。即使是被承认和崇尚为正学的"先儒"和"定说",也不能盲目的承袭和追随。如果发现一点令人生疑的地方,就应该以批判性和主体性的姿态积极解决问题。② 在学习先儒们的思想理论时,应该坚持主体和批判的姿态,如有疑问,应通过思考和辨别等主体批判的探究过程,独立学习领悟,这才是学者的正确姿态。③

第二,作为创造性活动基础的主体性良知及其实践。作为真学问的必要条件,主体性和批判意识是能动的实践和创造精神的基础。为了不被外在的权威或名分左右或埋没,最重要的是对主体性的根本——自我的内在省察。张维认为:"夫天之畀于人者,非以其灵灵明明者欤。灵灵明明者之在于人也,未尝以古今通塞而夷夏丰啬也。故人能知灵灵明明者之在我而无待于外。"④ 任何人都内在"灵明","灵明"就是主体性的根据。张维所说的"灵明"也就是王守仁所说的"良知"。⑤ 张维认为灵明的良知以前行得通,现在也不是完全被阻断。⑥ 良知的实践内在性并非某个一时的现象,而是具有历史普遍性和永续性的特点。灵明的良知并不会随着中华与蛮夷的不同而变得丰富或贫弱,不管中华,还是蛮夷,都共同具有灵明的良知,⑦ 即,良知成为平等的人间观的根据。张维的平等性思考以良

---

① 《谿谷先生漫笔》(《韩国文集总刊》第92辑)卷1,《我国学风硬直》,第573页,"中国学术多岐,有正学焉,有禅学焉,有丹学焉,有学程朱,学陆氏者,门径不一。而我国则无论有识无识,挟筴读书者,皆称颂程朱,未闻有他学焉。岂我国士习果贤于中国耶。曰非然也。中国有学者,我国无学者。盖中国人材志趣,颇不碌碌,时有有志之士,以实心向学。故随其所好而所学不同,然往往各有实得。我国则不然,龊龊拘束,都无志气。但闻程朱之学世所贵重,口道而貌尊之而已。不唯无所谓杂学者,亦何尝有得于正学也"。
② 《谿谷先生漫笔》卷1,《中庸章句中有疑者三》,第565页,"先儒定说,本当恪守,心有所疑,亦宜讲究"。
③ 《谿谷先生集》卷6,《沙溪先生经书疑问后序》,第108页,"夫学问思辨,笃行之舆卫也。世之学者,谁不读书,鲜有能知疑者,此无它,学而不能思也。思而后有疑,有疑而后有问辩,问辩有得而后推之于行。此古之所谓切问近思"。
④ 《谿谷先生集》卷5,《送高书状善行赴京师序》,第86页,"夫天之畀于人者,非以其灵灵明明者欤。灵灵明明者之在于人也,未尝以古今通塞而夷夏丰啬也。故人能知灵灵明明者之在我而无待于外,则物小而我大,无入而不自得,物皆供吾之观,而不能夺吾之守,其于行天下也,岂不绰绰有余裕哉"。
⑤ 参考金世贞的《王阳明的生命哲学》,清溪,2006,第286~291页。
⑥ 《谿谷先生集》卷5,《送高书状善行赴京师序》,第86页。
⑦ 《谿谷先生集》卷5,《送高书状善行赴京师序》,第86页。

知为基础,脱离了长期以来以中国为中心的从属性世界观,伴随着对独立性、主体性存在的自我的觉醒。主体的创造性生活的实现必定伴随着实际的能动的实践,张维从王守仁的知行合一说中寻找人类实践性的根据。① 张维还认同王守仁的致良知说,主张通过省察和扩充,实现灵活而实践性强的学习,而不是通过静的和空虚的修行。②

第三,重视主体性的生活。张维在批判朱熹《中庸章句》的同时,也进行了全新的阐释。张维认为所有人都能够通过先天良知的发现和实现,成为真正的人,所以像朱子学所说的依赖圣人品节和礼乐刑政等外在道具的教化和支配没有必要。品节和礼乐刑政等外在方法能够抑制和抹杀人类的主体性和能动性,使人类成为非主体性和从属性的人。与朱熹的主张一样,张维也认为不应只通过圣人的单方面教化,而是通过每个人的自发性修养,成为真正的人。③ 赋予人类主体性和能动性,使人类重新成为创造性生活的主体。

第四,张维重视因时制宜的态度。当时统治阶层立足于独尊朱子学和尊明事大的固定不变的名分论,而不是立足于主体性觉醒,判断现实并能动性的应对,反而坚持了否定变化的现实的保守态度,进而歪曲现实。对此,张维提出了因时制宜以应对一成不变的名分论,主张以人类的灵明性和主体性为依据,根据时势准确应对。④ 张维提出的"因时制宜",是根据形势制定统治策略,采取稳妥的方法应对变化的状况,这与王守仁的"随时变易"的思想一脉相通。重视因时制宜的张维将政治的真谛界定为"审时势"和

---

① 《谿谷先生漫笔》卷1,《王阳明范淳夫格物致知辩》,第572页,"先儒以穷理为格物,致知之事,专属于知,唯王阳明以为兼知行而言。范淳夫曰,自君臣而言之,为君尽君道,为臣尽臣道,此穷理也,理穷则性尽,性尽则至于命矣,与阳明之说合"。
② 《谿谷先生漫笔》卷1,《阳明与白沙》,第579页,"阳明白沙论者,并称以禅学。白沙之学,诚有偏于静而流于寂者。若阳明良知之训,其用功实地,专在于省察扩充,每以喜静厌动,为学者之戒,与白沙之学绝不同"。
③ 《谿谷先生漫笔》卷1,《中庸章句中有疑者三》,第564页,"余读中庸章句,有疑者三焉,录之以求正于有道。首章曰,天命之谓性,率性之谓道,修道之谓教,中庸为修道之教而作也。故下文即继之曰,道也者,不可须臾离也,可离非道也,因言戒惧慎独致中和之事,此即修道之实也。修是修明修治之谓,犹君子修之吉之修也。章句曰,修,品节之也,教,若礼乐刑政之属是也。以品节释修字,本欠亲切。礼乐虽所以治身,比之戒惧慎独则似差缓。若乃刑政是为治之具,元无关于学者身心,以是修道,无乃外乎。夫舍本章所言戒惧慎独致中和等近之训,而远举礼乐刑政以为教,此余之所疑一也"。
④ 《谿谷先生集》卷3,《设孟庄论辩》,第62页,"因其势而制其治,通其变而适其宜,此固自然之道,而圣人之功也"。

"收人心"。时势比较重要,是因为它并非一成不变,而是不断发生变化。对与错并非固定不变,会随着人心和时势的变化而一起变化。① 因此,与其执着于一成不变的真理,步入注意变化的人心和时势,适时重新制定符合人心和时势变化的标准和制度,从而处理各种社会问题,才是政治的真谛。

二 崔鸣吉的"实心"和权道

迟川崔鸣吉(1586~1647)经历过"仁祖反正"和"丙子胡乱"等混乱危机时代,他比较重视"权道"和"变通",为了解决自身直面的问题而不断努力。其内在推动力量在于重视"实质"和"主体态度"的生活姿态,而不是外在的名分和权威。崔鸣吉的生活和思想中展现的中国实心和权道的思想特征,可以简单整理如下。

第一,对于名分论者们的批判以及对主体思想的重视。崔鸣吉对无视当时现实危机状况和百姓们痛苦生活,只执着于名分和义理的崇尚虚伪表层的臣僚们,展开了辛辣地讽刺和批判。"名"是"实质"的影子,因此"名"应该随着"实质"的改变而发生改变。尽管如此,如果无视实质,只重视"名"即名分的话,就不仅无法感知变化,而是也无法对事态做出准确判断。"迹"是"心"的外在表现,心是对变化和事态进行判断处理的主体。不重视内心,而是执着于外在表现的"迹",就会丧失主体,从而无法做出准确判断和处理。但当时的官僚儒学者们只"崇名论迹",而不关注实质和内心,从而缺乏真实、忠实而实质性的意见。对此,崔鸣吉主张自身应该关注"实质",相信"内心"。② 进而标示:"君子之所信者,心也,求诸心而无愧,则毁誉之来,特其外物耳"。③ 表达了对于自身内心的坚强信念。内心不仅能够判断对与

---

① 《谿谷先生集》卷17,《论军籍拟上箚》,第287页,"伏以为国之道,莫要于审时势,而莫急于收人心。人心国之本也,时势事之机也。历观前史,事虽未必是也,若便于时势,顺于人心,则行之而无不成,国以安固,君以尊荣。不然,虽其事之未必不是也,百举而百败,不亡则乱。此必然之理,不可不察也"。

② 《迟川集》(《韩国文集总刊》第89辑)卷8,《疏箚·论典礼箚》,第390~392页,"夫名者,实之影也,而循名以责其实,则失之者,多矣。迹者,心之着也,而执迹以求其心,则失之者,亦多。……呜呼,今世之所尚者,名也,而臣之所务者,实也。世之所论者,迹也,而臣之所信者,心也。……我国之人,心性偏隘,动多拘忌,有同妇人小儿。惑于近似而乏真实之见,过于谨严而少忠厚之实"。

③ 《迟川集》卷11,《丙子封事》,第454页,"君子之所信者,心也,求诸心而无愧,则毁誉之来,特其外物耳。"

错，而且是真实行为的实质性主体。诽谤或称赞等他人的评价只是"外物"而已。因此，在比照自己内心的基础上，如果光明正大，那就毫不动摇的将内心想法付诸实践。这种想法正是不被名分和利害得失困扰的真实内心——"实心"。因此，崔鸣吉以自己的内心信任为基础，丙子胡乱之时不顾很多朱子学者们的反对而主张"主和"。

第二，崔鸣吉的学问目标不受外在权威或名分以及他人评价的影响，保留和扩展了作为人类主体的本心。崔鸣吉认为："人有此心，理涵其中。虚明湛壹，有感斯通。"① 即使心中没有固定的定理，也意味着能够通过心灵感应处理所面对的现实状况。内心含有的理智与阳明学类似，意味着随时变易的"实践条理"。内心不从属于先验性的定理，而是在不断变化的环境中，根据所面对的状况进行主体感应，能动的处理事态，从而成为某种创造性内心。② 因此，崔鸣吉认为："惟心本灵，惟性本善。日夜攸息，其端可见。"③ "心者身之主也，而心之虚灵明觉，即所谓本然之良知也。"④

崔鸣吉曾说在刻苦努力之后，才能够领悟良知⑤，"但就寻常言动间，时加提掇，不使此心走放，往往静坐默观，认取天机之妙，常使吾心之体，妙合于鸢飞鱼跃之天，则虽在囹圄幽絷之中，自有咏归舞雩之趣，自足以乐而忘忧"⑥。

第三，以权道为依据的主体性主和主张。对于崔鸣吉来说，"实心"也是"随时变易"的"时中之道"和"权道"的主体。崔鸣吉曾说过："盖难测者世变，无穷者义理。天下无事，谨守经常，贤与不肖，同归一涂，及至遭罹逆境，身处无可奈何之域，而能变而通之，与道偕行，然后方可谓之圣人之大权也。"⑦ 世界日新月异发生变化，因此义理无法固定，

---

① 《迟川集》卷17，《杂着·复箴》，第529页，"人有此心，理涵其中。虚明湛壹，有感斯通"。
② 《迟川集》卷9，《请追给日本欠币箚》（己巳），第413页，"应物之道，无论大小，虚心平气，随事泛应，不着私智于其间，然后处得其当"。
③ 《迟川集》卷17，《杂着·复箴》，第529页，"惟心本灵，惟性本善。日夜攸息，其端可见"。
④ 《传习录》中，《答顾东桥书》，137条目，"心者身之主也，而心之虚灵明觉，即所谓本然之良知也"。
⑤ 《迟川集》卷8，《论典礼箚》（丙寅），第380页，"又能耐久咀嚼，苦心力索，故良知之天，一朝开悟而不可掩也"。
⑥ 《迟川集》卷17，《寄后亮书》，第531页。
⑦ 《迟川集》卷12，《丁丑封书》，第2464页。"盖难测者世变，无穷者义理。天下无事，谨守经常，贤与不肖，同归一涂，及至遭罹逆境，身处无可奈何之域，而能变而通之，与道偕行，然后方可谓之圣人之大权也。"

尤其是丙子胡乱这样的乱世引起了国家层面的混乱和困境。丙子胡乱并非单纯的侵略战争，这场战争意味着东亚秩序的重新调整。因此，通过之前固定不变的义理难以判断和应对。必须以新的变化为基础，重新指定新的义理规则。并以此为基础，应对新的事态，这就是"变通"，变通本身就是"权道"。这种变通和权道的主体就是"实心"。崔鸣吉面对丙子胡乱引起的生死存亡的国难和紧迫事态，以实心为依据进行判断和应对。他并没有无条件主张亲和或为了自身的利益而主张和亲。救国家和百姓于危亡之中，是他的终极目的。为了寻求解决方案，充分地考虑所面临的局势，依据先儒们的正论进行考证，参考类似历史事件。经过这些过程，他认为并确信和亲是唯一正确的选择，所以才提出和亲的主张。[①] 这种确认的主体就是"实心"。和亲不纠缠于当时主导潮流的大义名分或利害得失，而是发端于主体性实心的判断。因此，崔鸣吉主张的和亲是依据主体的实心而提出的，源于对内心的确信，而这种信任能够承受后代的任何非难。[②] 因为不是依据外在的名分，而是内在的实心得出的主体判断，所以他不顾外在的所有非难和责备，仍然坚持主张和亲并将其付诸行动。能够承受住非议责难，坚持主张和亲，其背后正体现了崔鸣吉救百姓于生灵涂炭之中的伟大理想，也表现出他对百姓的爱。[③] 难道这不是以实心为基础构建的与百姓相连的真正"感通"吗？

三 郑齐斗的实心良知和感通

霞谷郑齐斗（号霞谷，1649~1736）是韩国阳明学派的集大成者，被评价为"大宗"。[④] 韩国阳明学发展到了郑齐斗才进入了学派形成的阶段。

[①] 《迟川集》卷11，《丙子封书》，第3453页，"臣之为此羁縻之言者，非敢不顾是非，徒为利害之说，以误君父也。酌之以时势，裁之以义理，证之以先儒之定论，参之以祖宗之往迹，如是则国必危，如是则民可保，如是则害于道理，如是则合于事宜，靡不烂熟思量，有以信其必然"。

[②] 《迟川集》卷11，《丙子封书》，第3450页，"此见主和二字，为臣一生身累。然于臣心，尚未觉今日和事之为非"。

[③] 《迟川集》卷11，《丙子封书》，第3453页，"夫不自量力，轻为大言，横挑犬羊之怒，终至于生灵涂炭，宗社不血食，则其为过也孰大于是"。

[④] 郑寅普：《阳明学演论（外）》，三星文化财团，1975，第163页。

郑齐斗认为当时的性理学者们将无气无物的"虚"当作"理"。这种"虚理"不仅缺乏能动的作用性,而且脱离具体的事物和现实世界,是一种不具备物质性的抽象的"理",其问题在于缺乏生命力。① 以对虚理的批判为基础,郑齐斗提出了"实理"和"实心"的概念。"以实理则诚者物之所以自成,道者理之所以为用",这是对《中庸》"物之终始"的解释。②"以实心则诚者心之所自为本,道者人之所当自行",这是对"不诚无物"的解释。但是在郑齐斗看来,无论是"实理"还是"实心",并不是两个不同的领域,而是合二为一。实理是宇宙自然的根源和创造世界的生命力,人内心单一的本体事实上与作为宇宙自然单一本体的实理没有不同。③

作为人类的实理,人类"实心"的主要功能是"感通"。郑齐斗将人类的感通称为"感诚"。"诚"被定义为真实无伪的本体④,唯一"感通"之道,无论面对何事,都极度专一,毫不动摇。"诚"被定为唯一没有半点虚假,与其他存在进行感通的品性。所谓"感诚",就是以"实心"和"真情"相互感动。⑤ 郑齐斗认为:"以实心则诚者心之所自为本。"⑥ 实心自觉以诚为根本,也就是对于人类来说的诚本身。人类与其他存在物不同,具有实心,所有可以通过毫无虚假的实心相互感动而实现感通。真情、实德、至诚、神明,虽然说法不同,但都是"实心"之意,"凡以实

---

① 《霞谷集》(《韩国文集总刊》第160辑)卷9,《存言》中,第248页,"彼之以其虚者为理者,盖以冲漠无朕,万象森然已具,未应不是先,已应不是后,以如此处谓之理。(以冲漠为无气,未应为无物也,故以此处为理,而以为无有物无有气者也。)……故彼虚之为理,以虽无有明火,而本自常有火之理,虽无有水流,而本自常有水之理,每离物而论理,谓虽无物而有其理,以无物者为之理而求之"。
② 《霞谷集》卷12,《中庸说》,"中庸杂解",第343页,"诚者自成而道自道也。诚有以实理言,有以实心言。以实理则诚者物之所以自成,道者理之所以为用。(以应诚者物之终始之解。)以实心则诚者心之所自为本,道者人之所当自行。(以应不诚无物之解。)"
③ 《霞谷集》卷9,《存言》中,第256页,"其条理之各有焉,而出于本体者然。至其于物各正性命,而其纯一之体,无非实理,与人心纯一之本体,而各尽其理于物者,一体也。故吾心之理尽,而物之性命无不得矣"。
④ 《霞谷集》卷13,《大学说》,"大学说",第379页,"诚者真实无伪之体"。
⑤ 《霞谷集》卷9,《存言》中,第256页,"夫诚者,不贰也不已也,其不可揜也。其感而通之道也者,其李广之射石欤。其心至专至一,其诚无所挠贰,故贯之。……有感诚者,以实心真情相感动者是也……"
⑥ 《霞谷集》卷12,《中庸说》,"中庸杂解",第343页,"以实心则诚者心之所自为本"。

德而和气应，阴德而得祐，至诚而通灵，占吉凶于神明皆是也。"①

实心即是'生理'和'良知'。郑齐斗接受了"诚爱恻怛"即是"仁"的王守仁"良知体用一源说"，热内"良知"是内心的本体。此时，良知不是思考或省察等单纯的知觉作用，而是意味着心体层面的"知"，即"生理"。"盖人之生理能有所明觉，自能周流通达而不昧者，乃能恻隐、能羞恶、能是非，无所不能者，是其固有之德而所谓良知者也，亦即所谓仁者也。"② 郑齐斗同时认为："恻隐之心，人之生道也，良知即亦生道者也，良知即是恻隐之心之体。"③ 恻隐之心的本体亦是良知。因此良知也可以被称作同时含有先天的道德的自觉能力和能动的实践能力的"体用一元"或"体用合一体"。这样的良知就是生理，良知和生理并非毫无关联而单独存在的，他们本来是一体的。这种良知就是实心，实心就是良知，实心良知的主要功能就是类似于恻隐的"通感"，通感成为"感通"的依据，"吾人之能恻隐羞恶，能仁民爱物，以至能中和位育也，无非其良知良能"④。

郑齐斗对于"实心良知"和"感通"的重视，并没有停留在与现实无关的观念性层面。对实心良知和感通的重视，通过郑齐斗对现实的批判和参与，在现实世界中表现出来。郑齐斗明晰分辩虚与实，以"良知"为根据确立"实"，郑寅普以此为中心，认为在经世论中，时势的变通和变法能够实现。⑤ 郑齐斗认为良知的真理本质上存在于所有人的心中，强调以人类普遍心理为基础的主体性，同时体现平等意识。举例说，郑齐斗在当时身份差别异常严格的封建身份体制下，曾说："最好的方法是不管公私，

---

① 《霞谷集》卷9，《存言》中，第256页，"有感诚者，以实心真情相感动者是也，凡以实德而和气应，阴德而得祐，至诚而通灵，占吉凶于神明皆是也"。
② 《霞谷集》卷1，《与闵彦晖论辩言正术书》，第20页，"阳明之说曰，良知是心之本体，又曰良知之诚爱恻隐处，便是仁，其言良知者，盖以其心体之能有知（人之生理）者之全体名之耳，非知以念意识之一端言之也。盖人之生理能有所明觉，自能周流通达而不昧者，乃能恻隐 能羞恶 能是非，无所不能者，是其固有之德而所谓良知者也，亦即所谓仁者也。……不察乎其恻隐之心即良知也，心体之知即生理也，则宜乎其所论者之为燕越也"。
③ 《霞谷集》卷1，《与闵彦晖论辩言正术书》，第20~21页，"恻隐之心，人之生道也，良知即亦生道者也。良知即是恻隐之心之体"。
④ 《霞谷集》卷1，《答闵诚斋书》，第30页，"吾人之能恻隐羞恶，能仁民爱物，以至能中和位育也，无非其良知良能"。
⑤ 郑寅普：《阳明学演论（外）》，三星文化财团，1975，第169页。

全部消除贱民，消除男仆和女仆。""消除国家所有的下等民众。""个人所有的下等民众也应消除"，甚至"消除两班贵族阶层"。关于女性人权，他说："允许被赶出来的女性改嫁，尤其是没有子嗣的30岁以内的寡妇，更是如此。"① 曾果敢的主张消除身份差别意识，提出"人类解放论"，尽快消除男女之间的差别。这些主张的提出，是以无法对百姓的痛苦视而不见的大爱意识为根本的。无法忽视的理由就是通过通感的主体——实心良知，切身感受到百姓的痛苦，将百姓的痛苦视为自身的痛苦。自身内心痛苦，所以无法对百姓的痛苦视而不见，所以为了把百姓从痛苦中解放出来，积极提出各种解决方案。这就是实心良知和现实感通的典型例子。

在当时华夷论甚嚣尘上的时代状况下，在对清关系上，郑齐斗认为："虽夷狄之国，能行先王之典礼，亦可以出矣，如何。"② 应从被封闭名分论束缚的汉族为中心的传统差别意识中脱离出来，汉族和蛮夷"华夷一也"，主张人类平等论。③ 郑齐斗认为即使是蛮夷，只要是人类，就具有良知，只要很好地利用良知，交流就成为可能。因此，不能站在排他的立场上，而是在主体的立场上，缔结平等的外交关系。④ 郑齐斗重视主体性和实践性较强的实心良知以及感通，并以此为基础，对当时朱子学派教条主义和名分论思考方式的弊端，进行了批判，主张"人类主体性的恢复"、"人类平等"和"主体平等的外交"。

四 江华学派和郑寅普的实心与感通

随着郑齐斗进入江华岛，招募弟子讲授阳明学，培养了很多文人，"江华学派"开始形成。江华学派继承和发展了郑齐斗的学问和学风，所以不仅在学问进取性和多样性方面十分优秀，而且在突破传统学问牢笼，

---

① 《霞谷集》卷22，《箚录（一）》，《罢公贱》，第550页，《箚录（三）》，《绝罢私贱所生》，第552页，《箚录（四）》，《公私贱法》，第555页，《消两班》，第564页及《箚录（四）》，《定士民业》，第553页等。
② 《霞谷集》卷2，《答闵彦晖书》，第34页，"虽夷狄之国，能行先王之典礼，亦可以出矣，如何"。
③ 金吉洛:《韩国象山学与阳明学》，清溪，2004，第391~393页。
④ 金教斌:《阳明学者郑齐斗的哲学思想》，Hangilsa，1996，第201页。

形成新的学风方面，做出了重要贡献，后期与实学思想发生关联，具备了"实事求是"的取向并将其发扬光大。① 江华学派以人类天赋的良知为依据，将研究重点放在心学上。他们视阳明的"心即理说"、"知行合一说"和"致良知说"为理论根据，将研究重点放在诗文学、训民正音和史学等研究领域，对确立以人为主体的历史观，摆脱根深蒂固的奴隶思想，追求人的解放产生了重要影响。② 他们还重点研究了天文、地志、医药、历法等实用实事，不拘泥于大义名分论或虚伪意识，致力于从根本上改善普通民众的生活。大部分朱子学派和开化派面对朝鲜的民族危机，选择通过亲日的方式与现实妥协，但江华学人们与他们不同，他们没有一人欺骗自己的实心而迎合现实。道学派的很多人以道的危机意识为基础，实践了为道意识，江华学人们则以彻底的民族主体意识为基础投身于实践。这主要是因为"不自欺"深深根植于他们的内心深处。"不自欺"的良心必然成为区分真假的终极标准。以具体个人的良心为基础的学问，与普遍指向不同，使个人的主体指向成为可能。因此，江华学的特点在于立足于民族主体，推进了知行合一的实践发展，这一点与道学派的普遍指向存在差异。③

与韩末的历史意识相关联，在民族意识启蒙思想中展开阳明学研究的学者是为堂郑寅普（1893～?）。郑寅普从江华学派李建芳（号兰谷，1861～1939）那里学到了阳明学的大义。20世纪30年代，郑寅普担任《东亚日报》的评论员，曾在《东亚日报》上连载《阳明学演论》。这篇文章蕴含了郑寅普通过阳明学唤醒民族魂的启蒙意图。郑寅普认为通过阳明学能够唤醒民族魂，是因为他相信阳明学的"实心"理论在清算充满虚伪的既往历史，高扬民族精神方面，能够发挥重要作用。④

《阳明学演论》中，郑寅普批判过去数百年朝鲜的历史是虚假混杂的历史，充满了私利、私欲、名分和虚华。信奉程朱学的朝鲜朝儒学者们，即假借程朱学谋求自身利益的"私营派"和在朝鲜树立中华传统的"尊华派"之间展开党争、杀戮和势道，这都是远离"实心"，为了一己私利而

---

① 金吉洛：《韩国象山学与阳明学》，第397页。
② 刘明锺：《韩国阳明学》，同和出版社，1983，第166～167页。
③ 金教斌：《以实心生活的阳明学者们》，《朝鲜儒学的学派》，艺文书院，1996，第474～475页。
④ 宋锡准：《韩末阳明学的展开和研究现况》，《阳明学》13号，韩国阳明学会，2005，第356页。

弄虚作假的表现。即郑寅普认为过去数百年间朝鲜的历史是脱离"实心"和"实行",充满虚假,整个社会充满假行和虚学。①

以这种判断为前提,郑寅普提出了以"实心"为基础的"实行"。即通过实心"良知"的恢复,确立个人的主体意识,鼓吹韩民族精神,进而实现全人类的和谐相处,为此开始研究阳明学。郑寅普主张王守仁强调的是"致良知",排斥的是朱熹的"即物而穷其理"的"格物说","致"就是"实现"的意思,即"达到限度","良知"是谁都拥有的与生俱来的知识,"致良知"就是将这种知识真正成为知识。② 郑寅普认为明德、亲民说就是"致良知说",阐明明德与亲近民众是一回事,如果与民众有距离,无法如自身痛痒般感知他们的利害和安危,明德本体也就不复存在。亲近民众本身就是明德,明德就是亲近民众。③ 明德、亲民的"致良知"其实就是通过感通与民众同呼吸共命运。致良知是将民众通感为内心之事,实现自身迫不得已的事情。

郑寅普将阳明学定义为:"人们内心深处,毫无挟诈的学问探究。"④这里的内心深处是指不自欺的"本心"和"良知"。⑤ 良知的主要特征在于"感通"。他认为王守仁所说的"天地万物为一体"是说明本心之间没有彼此的间隔,"民物与我和感通之间没有隔阂才是真正的良知的真谛",以此为前提,他主张如下:

> 所谓本心,生于感通,死于间隔。若将生民之疾痛视为我之疾痛,生民的困苦视为我之困苦,这种感通存在心中,自然奔走扶济生民,即使身体垮掉,本心仍存…感通的中断就是良知的蔽塞,良知的闭塞就是生命的殒绝,无论何时,一点良知闪现就意味着民物一体的感通实现。⑥

郑寅普将人类的"良知"界定为与天地万物感通的主体,尤其是将普

---

① 郑寅普:《阳明学演论》,第 10~12 页。
② 郑寅普:《阳明学演论》,第 15~16 页。
③ 郑寅普:《阳明学演论》,第 21 页。
④ 郑寅普:《阳明学演论》,第 26 页。
⑤ 郑寅普:《阳明学演论》,第 26~27 页。
⑥ 郑寅普:《阳明学演论》,第 100~101 页。

通民众的痛苦视为自身痛苦的通感主体。郑寅普在《阳明学演论》(后期)中以为国捐躯的金钦运为例,指出:"本心上诚意,无论何时一点良知闪现就意味着民物一体的感通实现,民众的痛痒就是我的痛痒,事实上是我内心的本体作用的结果。"因此,无论是谁,如果想要寻找"我内心深处天生所具备的知识",就先默省一下是否存在不能自我欺骗的地方。如果想要寻找无法自我欺骗的真髓,就要自证一下是否与民众实现了感通或间隔。①郑寅普不仅系统介绍了阳明学,还以阳明的"天地万物一体说"为根据,同时依据将民众的痛苦和苦难视为自己的痛苦和苦难的本心良知的感通,试图解决当时的时代课题。

五 朴殷植的时代精神和四海同胞主义

在韩末转换期,白岩朴殷植(1859~1925)曾尝试通过阳明学解决如何应对西方文化,恢复被日本侵夺的国家主权的时代和民族课题。首先,面对"国权恢复"这一民族课题,51岁(1909)的朴殷植立足于阳明学,发表了《儒教求新论》,主张进行儒教改革。52岁时,朴殷植批判诸子学"支离汗漫",为强调接受"简易直切"的阳明学,他发表了《王阳明先生实记》,主张通过阳明学的大众化来实现国权恢复的民族课题。

朴殷植在《儒教求新论》中如此评价阳明学:

> 今日儒学者们除了各种科学以外,都在寻求本领学问,因此从事阳明学研究实际上是简单切要的法门。大体上"致良知学"直指本心,是超越凡人、进入圣人境地的门路。知行合一在心术的隐微方面,省察的方法非常紧迫,在事物的应用方面,果敢力活跃,因此可以说阳明学派的气节学问特别显露功效存在多种原因。②

以这种评价为基础,朴殷植以"天下万人都与生俱来拥有天赋良知"的"人类平等论"为基础,在提出"民权伸张论"和思想自由的同时,强

---

① 郑寅普:《阳明学演论》,第187页。
② 朴殷植:《朴殷植全书》下卷,《儒教求新论》,檀国大附设东洋学研究所,1975,第47页。

调以个人的自立和人类主体性为根本的"自主精神开发",主张通过自主精神的弘扬,争取国家和民族的自主独立。①

朴殷植将阳明学视为主旨学问,在具体接受西方文明优点的同时,当适者生存的社会进化论为基础帝国主义理论通过韩日合邦成为现实时,他提倡源于王守仁《拔本塞源论》的"大同思想",将弱肉强食的帝国主义逻辑转换为"世界和平的逻辑",摸索新的"人类共存之路"。②朴殷植将阳明学的核心理解为"万物一体的仁"。③比如朴殷植认为:"及至王子之学,推至天地万物一体之仁,通过阐明圣人立教之本意,将四海视为一家,视万千百姓为一人,此不正是(阳明学的)大旨乎?"④在孔夫子诞辰纪念会讲演中,介绍王守仁《大学问》中出现的天地万物一体说⑤,依据王守仁的天地万物一体说展开"大同思想"和"四海同胞主义"思想。他认为无论什么人种,只要是人都具有良知,天地万物为一体的仁没有具体的个人,所以可以拯救生物,谋求人类整体的发展。朴殷植认为从万物一体的角度来看,对所有人来说,只是个人的能力和适合自己的职分不同而已,黄人种和白人种没有差别。比如:"上天造人时都赋予性分和灵能以及职分的权力,这一点东西方和黄白人种都一样。"⑥"上帝极度慈祥和大气,公平的爱所有人。上天的庇护与土地的承载使会飞会跳会移动的东西以及种植的东西和各色人种,即黄人种、白人种、红人种、黑人种等共同生活,并避免相互伤害。圣人以此为例,将万物视为一体,将四海视为一家,消除了界限和隔阂。"⑦

人类的心体与地域和人种无关,都具有适合自己的职分,从这个层面来看,超越个人与国家的界限,"四海同胞主义"便成为可能。四海同胞主义真正实现之时,所有人和万物才会实现平等,界限和隔阂才会消失,

---

① 《朴殷植全书》下卷,《告我学生诸君》,《儒教求新论》,《王阳明先生实记》。
② 宋锡准:《韩末转换期的思想和阳明学:以白岩朴殷植的思想为中心》,《阳明学》5号,2001,第161~164页。
③ 《朴殷植全书》中卷,《王阳明实记》,第63页,"按先生之学,致本心之良知,以同体万物为仁"。
④ 《朴殷植全书》下卷,《向日本阳明学会主干》,第237页。
⑤ 《朴殷植全书》下卷,《孔夫子诞辰纪念会讲演》,第59~60页。
⑥ 《朴殷植全书》中卷,《梦拜金太祖》,第217~218页。
⑦ 《朴殷植全书》中卷,《梦拜金太祖》,第212~213页。

人种间的差别也会消失。朴殷植依据"良知",猛烈批判生存竞争的弊害和帝国主义侵略的罪恶,从实现万物合一的角度,提出了超越国家界限的"大同平和"的逻辑。

上天之道,在于孕育众生,对一切无厚薄之区别,道德家以此为模本,发挥万物一体之仁并加以推进,停止天下的竞争,实现救世主义。[1]

朴殷植认为公平无私的圣人对一切生物和人类同样喜爱,能够消除四海的界限,救济生民的祸乱,停止竞争的弊害。他倡导阳明学的根本目的在于确立人类和平的基础[2],所以大同思想以人类享有大通和平为目标。[3]从这个意义上说,他的大同思想可以说是标榜"和平的四海同胞主义"。[4]

朴正心认为朴殷植以对阳明学的新阐释为基础,通过探索韩国社会的新发展走向,使阳明学成为韩国构建与西方不同的近代社会的出发点。[5]"朴殷植没有拘泥于当时社会主流的诸子学客观定理和传统的权威主义,对当时的社会状况做出主体性判断,可以评价其将为知行合一付诸实践的充满活力的哲学思想。他在接受西方社会进化论的同时,通过阳明学理论的应用,尝试解决韩国社会面临的内外问题。即可以说朴殷植从反省朱子学和完善西方近代思潮两个层面,运用阳明学探索韩国近代社会的新发展走向。"[6]

结　语

以上对以"实心"和"时代精神"为特征的韩国阳明学的发展过程进行了分析。首先,张维在阳明学被视为异端和斯文乱贼而遭受严重排斥的时代状况中,自觉接受了阳明学。他对当时教条主义的学问风气和过于重视大义名分、在生死存亡的现实中不知所措的官僚社会,进行了批判。以

---

[1] 《朴殷植全书》中卷,《梦拜金太祖》,第215页。
[2] 《朴殷植全书》下卷,《向日本阳明学会主干》,第237~238页。
[3] 《朴殷植全书》下卷,《孔夫子诞辰纪念讲演会》,第59~60页。
[4] 朴正心:《关于朴殷植近代之大同思想的研究》,《阳明学》10号,2003,第217~221页。
[5] 朴正心:《关于白岩朴殷植之哲学思想的研究》,成均馆大学博士学位论文,2000,第175页。
[6] 朴正心:《关于白岩朴殷植之哲学思想的研究》,第177页。

重视主体性的良知和因时制宜的态度为基础,对自身所面临的社会现实问题,采取创造性和实践性的姿态进行积极应对。

生活在危难时代的崔鸣吉并不只是从观念的层面接受阳明学,他以重视实质的实心为基础,对执着于大义名分而对危机现实束手无策的官僚社会进行了批判。以随时变易和权道为基础,对丙子胡乱等自身所面临的现实问题,采取了主体的实践姿态来处理应对。

"实心"的理念在郑齐斗和江华学派的手中结出了丰硕的果实。郑齐斗一方面继承了重视实心的朝鲜务实学,另一方面接受阳明学,以统摄和自得为基础,主张与他人不同的理气论和心性论,从而确立了自己独创性较强的心学思想。郑齐斗以主体性和实践性为根本,提出了生理说、知行合一说和致良知说。对当时朱子学派教条主义和名分论思考方式的弊端进行了批判,主张"人类主体性的恢复"和"人类平等"以及"主体性平等的外交"。

同时,江华学派以人类天赋的良知为根据,将研究重点放在人类主体史观的确立上,摆脱根深蒂固的奴隶思想,追求人的解放,不拘泥于大义名分论或虚伪意识,积极致力于根本改善普通民众的生活。他们还以不自欺为基础,立足于彻底的民族主体意识,推进了知行合一的实践发展。郑寅普还主张以"实心"为基础的"实行",将"实心良知"视为与民众同苦同乐的通感主体。且将"致良知"界定为通过感通与民众同呼吸共命运并身体力行的投身于具体实践。

朴殷植将阳明学的核心理解为"万物一体之仁",依据天地万物一体说,提出了"大同思想"和"四海同胞主义",将弱肉强食的帝国主义逻辑转换为"世界和平的逻辑",探索"人类共存之路"。

阳明学本身自中国传入朝鲜,但是朝鲜的阳明学发展并没有盲目教条主义的因袭中国阳明学。朝鲜的阳明学是作为解决朝鲜的现实问题的方案而重新确立和创造的,尤其是解决阳明学者们自身所生活的时代所直面的民族危机问题。更重要的是,朝鲜的阳明学是朝鲜性理学与中国阳明学融合和复合的产物。[①] 从中我们可以看出韩国阳明学的"开放性"、"主体性"和"创造精神"。而且他们的阳明学研究并非仅仅停留在观念性的智

[①] 详细内容请参考金世贞的《韩国性理学中的心学》,艺文书院,2015。

力游戏层面。以"实心"分析时代所面临的问题,与百姓同呼吸共命运,通过"权道"解决时代课题,救百姓于危难之中,为了实现这些目标而改革具体的制度。同时,倾注努力自觉把构想投身于具体实践。从中我们也能够看出他们的"实践精神"和"爱民意识"。张维、崔鸣吉、郑齐斗、江华学派、郑寅普、朴殷植等人以"实心"直面现实,不拘泥于虚伪、假饰、名分和形式,对当时的既得利益集团展开猛烈批判,同时与百姓感通交流,时而通过制度改革,时而通过亲民实践,抚慰百姓的痛苦,努力救助他们脱离苦海。

王阳明的心学思想对越南现代社会的精神生活的影响
——交叉和发展的能力

◎〔越〕黎黄南*

简要：在民族文化发展历史上，越南很早接受并深刻影响了中国文化和人类的巨大思想潮流，包括儒教在内。越南的精神生活从"更新"到现在有很多变化"进步，强烈的民族认同感"的文化方向。西方文化的价值游入，却没有失去越南人生活中亚洲文化的典型特征。因此，王阳明的心学学说完全有交叉、整合和共生的能力，并在越南人民的精神生活发展从道德，宗教，信仰，政治等各方面。这种交叉是当今经济一体化和全球化趋势不可缺的一步。在本文的范围内，我们澄清明儒学的影响能力，即王阳明的心学对目前越南社会的精神领域的影响能力，尤其是适应能力创造出越南人的新文化价值。

关键词：心学；精神生活；王阳明；佛教

前 言

除了日本，韩国有许多学校派对阳明学进行研究，继承和发展了丰富的心学，例如行恶学校派（包括韩国的代表人为李健朴，朴汉永，丁载斗）。与此相反，越南历史中，由陈文富教授评估，黎朝和阮朝的批评家也不关注明儒王阳明的心学和他的知行合一论。原因在于当时越南儒教对明朝的偏见。中国汉族特别是宗儒对政治生活的影响相当深刻。

---

* 黎黄南，博士，越南河内师范大学讲师。

越南现代的学术界对王阳明心学的接近及研究比较少。主要的研究学者有阮登淑、涛正一、潘文雄、陈仲金、阮宪黎、阮友乐。总体来说，越南王学研究比较薄弱，在主流本中很少提到，因学术界评估他是唯心主义的哲学家，在认知文化中持绝对化实践的原则。然而，在当今越南国家建设事业中，文化被认为是"社会的精神基础"，有利于促进人的因素的特殊作用，提高"人力资源"，则应该评估和审查所有引入越南的思想形态，其中，应考虑在感知和改造世界方面的积极方面和实践适用性。一位西方记者坚持认为，我们生活在一个快速变化的领域，人类必须自己知道如何适应，并能活在变革的时代之前。因此，我们认为，研究心学和心学对越南文化生活的影响是必要的，客观的。

该心学研究由王阳明（1472～1529）实现，他是浙江省余姚市人，是中华明朝著名政治家、思想家和文化哲学家。"王阳明的生活和文武生涯深深地影响了他生活的王朝以及中国的封建王朝。他的政治思想、教育，特别是他的哲学思想深深地影响了韩国、日本等东北亚国家和东南亚国家包括越南国家的精神生活。"根据阮宪黎的说法"他的诗歌在明朝不论在数量还是质量上都是首屈一指；他的哲学在中国影响深刻并从孟子时期回到当今。同时他还精选写作的方式，从开始到结束的路线又柔韧性又严重性，康熙皇帝赞叹为'书亦通申'（写作方式也与神灵有关）。"他的学说被称为王学。心和良知，被认为王学的基础。从这里开始他评论了知行合一，并完成了他致良知的学说。王阳明认为我们的心想是整个宇宙，但是常被人类遮蔽。他说：道理充满了宇宙，而不可隐藏在任何地方下。在天空中称为阴阳，在地上称为软硬，在人则称之为仁义。所以仁义就是人类的心想。傻瓜和变态者被物质模糊，失去了心想。良善者和智者都脾气暴躁；所以他们沉于迷恋失去理智心想。据他介绍之言，宋儒谈心想，张载看来讨论更确实地道理。在语六书中谈："心想是由品格组成的。"简而言之，就世界观而言，王阳明对心想的看法是主观的唯心立场。他强调人类感知的主观因素。他的心想是人类的思维思想。心想是所有事物的根源，从心想才有思想、知、亲、物。认识和改造世界必须回到心想。当他谈到事物方式"知行合一"时，他的认识论非常独特且非常实用。由于知识在实践中，由实践产生新知识，它是一个闭环。这种认知原则是我们在实践中发现和应用正确知识，避免学熟而不知。王阳明的认识论可以成为当前教育方法的基础，以助学习者通过行动，经验，而不仅仅是书面上。当客观性的丰富，多样性，有积极的一面和限制，则人类返回他的心想（心想都在宇宙，属于宇宙的规律），以它做指导行动的方向，规范人类行为，实现得到"良知"，始终本着"知行合一"的原则，回归"致良知"。这是古代的生活方针，政治处置。因此，我们研究相似之处王学的哲学认知、生活理念、生活方式以及文化价值观、道德观，政治对越南文化的精神生活，特别是交叉宗教信仰，道德和政治上的生活价值，体现了越南现代社会生活的道德，文化和教育之关系。

一　越南现代社会精神生活的特点

精神生活是一个广义的概念，是整个社会思想的形式。在这里，我们通过目前越南的政治、宗教、信仰、道德、艺术和教育等基本领域来审视精神生活。经过30多年的改变，越南的经济是面向社会主义市场经济，建设人民的法权、民治、为民。文化精神的生活有很多变化。

精神生活不断变化的原因一方面来自经济的"更新变化"，加上政治改革和社会生活其他方面的全面改革。另一方面，整合成为巩固一个国家在全球化的文化之中的地位的重要因素。整合带来许多好处，也对文化价值提出了许多挑战。当今越南的变化基本特征和社会精神的趋势表明以下几点。

第一，马克思列宁主义、胡志明思想是越南精神生活的思想基础。所以政治、宗教、信仰、道德、文化艺术、教育等方面以马克思列宁主义和胡志明思想作为指南，作为公认和行为的基础，评估人类素质的标准，并创造文化价值的动力。

第二，传统文化在社会生活中得到不断发挥、提升和治理。特别是，现在越南的文化认同取决于越南人的价值观，即爱国、团结、仁义的传统。其中，爱国始终是思想的主流：

> 我们不了解所有的其他国家，但在越南，民族历史传统，人民的常识就是评估所有大的，从人物到变故事件，从文学作品到思想的思想形态都基于爱国主义的光明正大标准。爱国主义是所有人的主要黄

金石考验。封建思想形态不是理性的，而是首先要看它如何回应的要求和人民生存的根本问题开创了历史的先例。

第三，伟大宗教人生观和民间信仰继续对越南精神生活产生深远影响，诸如佛教、基督教、道教和孝道等。目前，越南有六百多万佛教徒，超过五百万的基督徒，超过三百万的高泰道信徒。宗教的人生道德伦理在越南的每个地区都有很大的社会关系以及习俗，习惯和生活方式。

第四，接受西方思想文化潮流，并融合发展中国家的思想文化潮流正在影响着越南现代社会的道德生活、宗教、艺术和教育。

国际一体化，随着工业化和现代化过程已经并正在将家庭传统变迁，三代同堂，四代同堂家庭是主要逐渐取代为核心式家庭，所以父母与子女的关系，丈夫与妻子，兄弟姐妹，祖父母与孙子女，亲属之间关系越来越松散，肤浅形式。这是发展自我、自私、冷漠、肤浅、缺乏共同关注的生活方式的基础。

面对经济一体化和经济发展的消极方面，建立社会的精神生活，建国纲领在（1991）越南社会主义过渡的阶段，并断言越南文化的特点是"先进、强烈的民族认同感"。因此，在现代社会，继承性，尤其是文化的开放性是十分清楚。因此，越南共产党国会第七、第八、第九、第十、第十一、第十二继续将文化定义为"社会精神的基础，是目标，是国家可持续发展的动力"。越南共产党第8届国会第五次会议（1998年7月）给出五个有关建立文化在国家的现代化工业化进程的观点：第一，文化是社会精神的基础，是目标，是国家可持续发展的动力。其次，建立越南文化先进，充满了民族风情，在越南民族社区多样性的统一，具有民族特征性，民主人文和科学。第三，发展文化，改善人格，并人类完善人格来发展文化。第四，建立同步文化环境，其中，关注家庭和社区的作用。第五，建设和发展文化是由党领导的全体人民的共同事业，国家管理，人民是创造者，知识队伍发挥着重要作用。

二 越南现在的几大宗教

越南是一个多宗教的国家,谈到越南的主要宗教,就谈到儒、佛、道三教的交涉史和三教合一,或者就是说"三教同源"。17世纪提到了基督教的作用。因此,在政治,道德,宗教,艺术和教育等生活方面,越南人主要受以下这些宗教的影响。

1. 越南佛教

心学在越南能够与佛教交叉,发展本体论和认识论。这反映在本体论,道德思想,道德行为,社会关系中的人类价值观的类比。

越南佛教历史悠久,"汉代约195年,矛子逃离战乱,跑到赢娄避难在士燮处,并写了矛子李反映了佛教的思想。后来,姜僧会(?~280)(是印度商人的儿子)到赢娄做贸易,并在赢娄学习佛学,编译六度集经,247年到建业区建设健初寺,当时是在吴孙权统治下"。然后,两位越南和尚释慧胜(430年~519年)和释道禅(457年~527年)去中国修学。谭皇和尚到仙舟山寺修学。在580年,印度和尚毗尼多流支到越南修学,820年,无言通到健初寺传授禅宗,并形成了无言通派,以后陈仁宗创立了竹林禅派。因此,到越南建立独立的封建国家时,佛教就成了国教。佛教在李朝—陈朝最繁荣。这一时期的寺庙、建筑、文学和艺术都具有佛教色彩。到黎朝、胡朝和黎中兴朝,以及后来的阮朝,佛教无独特的地位,并不在政治生活中出现。然而,佛教继续存在于流行的阶级,与民间文化交叉,对越南人的生活方式的影响根深蒂固。今天,主要是竹林禅佛教对越南人的宗教生活有影响。竹林禅佛教是越南典型佛教派。竹林禅佛教概念"佛在心"就是指佛在人心,"不需要搜索,心即是佛,佛就是心,想要求解放,必须回到本我之心,而不是持戒形式或感谢超自然外力量诸如佛,菩萨等"。佛学的目标是最终解放——得道,但不反对世俗生活。因此,"佛在心"的理念已经有"入世可能性",并进入越南人的宗教生活。佛教与民族的道德传统和人文精神相协调,特别是与越南人的孝道和谐相处。国家政策鼓励"美好生活,美好道德"。因此,实现"得道美德意味着与一般生活和谐相处,不争执名利,始终为共同利益而行动和思考。这种思想鼓励了精神:冥想应该与现实生活联系在一起;理论和实际行动联系起来。因为通过冥想并不仅持戒、念佛,而且在实际行动上,以远大的理想去帮别人,帮助国家"。因此,"理论没有一种觉醒的意义。一旦看到缘起、无常,掌握出生和消失的规律,人变得自主,自由,觉醒和精尽,将轮回轮向正法(八正道),理论不可帮助人们过上充满无我——公证没有偏心的思想形态","帮助人们认识规律和生命的价值,理论无助人们负社区的责任"。从上述所提到的人生哲学中可见,佛教伦理生活(规范、道德行为等)主宰着习俗和习惯,这些习俗易与王阳明的心学融合和发展。因为,阳明所谈论的"心"是关于思想,他说"人体之主是心","凡是感知觉在哪里心在那里"。"心想发出了一个好善念的心意,没有做那么好的事情,则也无称为良善人?"这证明了"心"的实践性在感知和道德实行上。最重要的是,与越南佛教一样,王阳明的思想是实际道德行动,与工作相辅相成的,与现实生活联系在一起,而不是空想。王阳明以人类的心想作为根源,以人类的心想为理论,提高人类感知的理智,类似于佛陀心灵的方式,但差异是阳明的"心"是思想、性格、实践融为一体。即便如此,和谐之点是要回到心想,在心。越南人的概念就是这么简单,所以民间说:第一是在家修学,第二是在市场修学,第三是寺庙修学。心想,则主观思想在自然秩序中运用知识,控制对象的理性思维,意味着自我调节,抑制自己的行为,避免欲望。这是肯定心学和佛学的哲学。因此,王阳明说:"主要道德的原则是在良知。除了良知的核心,没有其他知道。因此,除了学习良知之外,也没有其他学习。"因此,认知原则和实践行动的思想的相似,是一个共同之点,易于与越南佛教交叉和融合。王阳明也说:去除恶念,那么好的善念,好的善念就是本质的心。他还讨论了"中间层",坚持认为"中间"的本质是动态和静态相遇之处。在思想中,需要知道"中间"之点,找到静态和动态的平衡。

2. 越南的儒学

在越南封建朝代的历史,儒教思想是非常重要的,是国家治理的方法之一。儒学很早就进入越南。由于儒教思想,越南的教育得到了发展。胡朝、黎后时期,儒教,特别是宋儒思想,与法家结合,影响了越南建设国家的进程。过去几百年的内战,越南封建王朝继续将儒教思想作为国家治理的有效工具。今天,儒教思想深刻影响了越南的社会生活关系,如家庭关系、宗族、村庄、国家行政关系、经济思维、生活方式、教育等。当然，其积极面、局限面也有很多。在历史上，"命运"和"自然触觉"的概念深刻影响了所有朝代国王的治国理想，特别是阮朝的国王。目前，命运的思想在思维方式、文化生活、家庭关系等方面有影响。此外，机遇、运气、理气的概念对现代越南人的风水文化产生了深远的影响。教育系统重视奖证、考试、推理理论，是儒学对越南的负面影响。但是，这些关系似乎随着整合过程而变得柔和。核心家庭已打破了传统的家庭结构，社会关系更为宽松，个人利益以及个性化倾向构成儒教道德规范，致使越南社会面临许多挑战，特别是仪式、信仰、孝道、人幸、仁义等。儒教准则是经济主体的积极工具，帮助其克服了不利的市场状况，建立了良好的商业道德、商业文化。爱义仍然是在政治生活和越南人的道德伦理的主流思想形态。这也反映在国家管理政策和公众舆论中。

根据上诉特点，心学具有交叉的能力是完全有可能的，尤其是在处理社会关系、君子道德和亲爱人民的思想。王阳明表示，辩证思维当以心作为根源，在建立方法的基础上，加强社会阶层之间的关系，从而提出具体方法，将社会关系始终建立人民利益的基础上。他在亲民的思想上发展了儒教（特别是孟子的观念）。关于"亲民"思想：说起王和我，丈夫和妻子，友谊情，但推断动物草树木，都是相当身体；一切都很好地为我的心祈祷；善用自己的美德。所以说明德在世界上之处，助家，治国，以天下和普通民众必须来自至善，而至善是良心，因此，至善的深层根源在于人的心。"王学的本质是在一个新的方向发展儒教，因此，王阳明的"良知"，"善行"和"亲民"的思想完全适合越南的儒教思想。

3. 道教

越南的道教包括神仙和巫师宗教，与儒教和佛教一起引入越南。在越南思想史上，道教总是与佛教混在一起。越南道教在民间文学中代表性很强。因此，越南宗教的一个特点是宗教混乱。后来，与佛教一样，越南道教走向平常阶级层，也极大地影响了越南人民的精神生活。另外，巫师宗教主要出现在仪式风水、丧葬、死亡纪念日，摆礼物请求神佛扶助过灾难等。所以，据我们的研究，心学与越南道教在认识论和修炼方法上融合，以便归回本心。阳明确地定义了这一点：凡是要有感知，那就是心。正如眼睛所见之觉和耳朵所听之觉，手脚肢体觉得痛痒，所知就是心。我们可以简单地看到阳明将"心"定义为可用的人类感官。这种"心"从天地到成千上万的东西。巨大之体被称为"天堂",对主体的责成之人被称为"上帝",它所传播之处被称为"命",人类的禀赋被称为"性",身体的主人,被称为"心"。心性只有一个,天地只是一个。因此,王阳明劝说人们应该保持顾心的本质,如果失去了,应尽量找回来。心性合一的概念,其根据是自然法。"心"与道教自然主义的概念非常接近,尽管二者世界观相反。与儒教对政治生活的影响不同,道教对宗教生活影响很大。据我们所知,越南的道教现在更容易接受修炼的方法。

三 心学与宗教、信仰和越南传统民间思想

除了宗教,越南现在的精神生活深受信仰生活和传统民俗文化的影响。我们认为,心学在道德生活中交织宗教生活和民间信仰是完全有可能的。可以说越南人的祖先崇拜,"保留并创出了传统价值观,如孝道、同情心、勤奋、创造力,对学习和爱国主义的喜爱。对祖先、祖父母和父母实现孝道已经提到更好,并提到更高是对人民和国家的孝道"。崇拜村庄皇城是祖先崇拜的具体体现。今天,每个越南家庭都有一个祖先的祭坛。关于这个,心学指出:孝道心也一样,如果一个人知道一定要孝顺父母,则他将遵循自然发展的指导,即是孝道的实践。但若他不实行孝道,他的心想就会受到欲望的影响。心被模糊,也就是说有良知,但不能发展最终的良知,他的良知不完整。所以王阳明说:"行是知的结果。"

心学的交叉能力在道德生活方式,文化行为方面,提高了越南传统文化中的人性。这是提高美德思想的生活方式。民间有句话:"佛口蛇心。"阮攸在传统故事中写道:"字心新彼平三字才。"越南的民间文化是指在童话传说中的佛心。同时,心学确认是修心是根源培养的核心。心角一旦完全建立了,就会阐明自然的事物之理。在世界上,除了人类的心之外,没有任何东西可以让这种心想模糊不清。因此,培养心的过程是:心—意—知—体—物。越南谚语也有这句话:"人是地球之花。"这也肯定万物本质是人类结晶的,中心是人心。

四 在越南心学对马克思列宁主义和胡志明思想

由于思想形态的主流,为越南今天的社会精神生活的根基——马克思列宁主义和胡志明的思想总是在民族解放和转换过渡到越南社会主义的标志。胡志明思想成为党的思想的基础,体现在民族解放,阶级,团结,教育和文化等方面。现在就其思想在越南研究运用比较成功,是火炬照亮了越南革命的道路。

根据我们的观点,心学能够与胡志明思想在现代人类价值观上交叉,诸如明善、亲民等,具有对政治生活、教育的影响能力。胡志明肯定地说:我只有一个愿望,最终的愿望是让我们的国家完全独立,我们人民完全自由,我们同胞有衣服穿有饭吃,受过教育。在"亲民堂记"简书中,王阳明认为亲民从明德,明德性是天国给人类的本质。明德在家庭关系中表现,更为广泛是在社会和国家,即是亲民。

因此,谈到人的本质时,王阳明说:"心知对错是非,不用担心而知道,不学得知,这称为良知。"阳明说,邪恶者的心离开了本体;本体的心就是禀赋天理的纯粹善心,只有天理的内在核心是非常善心;但是在自我沉积之后,有许多不洁净的正交性,掩盖了整个天理,转向邪恶。就像太阳完全被云遮住了一样。胡志明已肯定:人类是既有德性又有天赋的人,其中,仁德是根源。为了使人充分发展,必须在实践活动中培养、实行,结合教育和自我教育。在这里,我们看到了心学与胡志明的思想在政治生活中的和谐共处。

此外,在原则的和谐方面,"学而时习之"也是重要的特征。心学说:"知是行的开始,行是知的完成。"王阳明说:"好像知疼痛的人,必自己疼痛,才知疼痛;知冷的人,必自己冷,才知道冷;知饥饿的人,自己饥饿;才知道饿。"这里的感知学习是基于"知行合一"的原则。胡志明重新概括:理论没有实践是空洞的论证。实践没有理论是盲目的实践。

在这项研究中,王阳明肯定:"失败不羞耻,因失败而悲伤才羞耻。"这项研究首先采取"智做理论",认为学习应该有具体的目标,而阅读经文学并非如此。因此,"君子的学事如何将工作与理论分开"。相反,在理论和就业上均采用"知行合一",才是真正最后到本心的"良知"。最后,王阳明的心学概念是"澄清心"。

知识与现实之间的辩证关系为重，作者的学习观念与"学而时习之"的概念非常接近。一般教育方法的概念与他的教育儿童的方法在天然本质，从而确保学者在学习过程中学习和发挥的创造力，确保学者的心理得到平衡。王阳明说："孩子们是幼苗，现在我教孩子们，让他们会舞蹈的潮流，这样他们的心就会高兴；他们学习会进步。"与此同时，胡志明写道："孩子们像树枝上花蕾一样。知用餐，知睡，知学都是很乖。"因此，在这里，我们看到了许多相似之处，心学与胡志明的思想和谐相处的能力在认识马克思主义的精神：认识以便重建世界，社会转型，修改自己的思想。

结　论

心学认为，人们的心想出来每一个思想，这个思想是心的工作，因心而启动。本体的心是知，心想出来的思想，即是行。心和想是一体，我们已经看到了亲密的关系是明确的，知和行同样不再要思考。我们很专注，会达到对圣人的研究是心学；圣人的道德是尽心的。圣人需要带来的心，看自然天地万物尽一切一体，阳明教导我们"克己"，因此，在越南研究心学及心学与越南其他思想理论的交叉，这个研究方向是全新的。这也是我们了解各国不同文化发展的起源，以及人类文化交往多样性表现统一的方式。心学本身在越南历史上没有太大的影响，但与越南文化传统具有相似之处，尤其是胡志明思想。这项文化交叉的研究有助于各国之间的经济一体化和和谐。因此，研究心学对越南文化的影响应该受到国内外学者更多的重视。

王阳明"知行合一"之说对于越南 20世纪初开放与维新运动的 间接意义

◎〔越〕范越胜*

摘要：王阳明先生提出"知行合一"的主张是为了针对朱子"知先行后"之说与脱离实践的倾向，但是此思想后来已经给东亚各个国家开了一条新的道路那就是维新道路。到20世纪初，随着东亚各个国家维新活动的爆发，越南的爱国志士跟中国、朝鲜的各个革命者一样强力地接受来自日本带有实践性及革命性的近代阳明学，同时在越南20世纪初展开了维新运动。这就是阳明学对越南维新运动志士间接影响的表现。

关键词：阳明学；知行合一；越南维新运动

引　言

王守仁（1472～1529），字伯安，号阳明子，谥文成，浙江余姚县人，明代著名的思想家、哲学家、书法家兼军事家、教育家，官至南京兵部尚书、都察院左都御史，因平定宸濠之乱等军功而封爵新建伯，隆庆时追赠伯爵。王守仁是陆王心学之集大成者，不但精通儒、释、道三教，而且能统军征战，是中国历史上罕见的全能大儒。因被贬贵州时曾居住于阳明洞，又创办过阳明书院，世称阳明先生，其学说世称"阳明学"，在中国、日本、朝鲜半岛都有重要而深远的影响。他的哲学思想的核心是"心即理""知行合一""致良知"之说。阳明学是一种带有开

---

* 范越胜，越南河内师范大学哲学系主任、副教授。

放性及实践性的儒家学派,在东亚具有很强的影响力,例如:中国,日本和朝鲜。但是在越南,一个强力地接受宋明理学的封建国家,却没有任何影响力。越南当代的学者提到越南儒学时,都不提阳明学,而只是说受到宋代儒学的影响。是否因为越南封建朝廷崇拜宋儒与科举制度,所以阳明学在越南没有发展的机会?不过朝鲜也有跟越南相同的情况,而朝鲜阳明学却比较发达?因此,这篇文章是从东亚地区对于阳明学"知行合一"之说的接近角度来看,初步分析阳明学对越南20世纪初的间接影响。

一 王阳明的知行合一之说与其的开放及实践意义

(一) 王阳明的知行合一之说

"知行合一"是王阳明学的重要内容。在"知行合一"之中,知是指良知,行是指人的实践,知与行的合一,既不是以知来吞并行,认为知便是行,也不是以行来吞并知,认为行便是知,即谓认识事物的道理与在现实中运用此道理,是密不可分的一件事。这是中国古代哲学中认识论和实践论的命题,主要是关于道德修养、道德实践方面的。中国古代哲学家认为,不仅要认识("知"),尤其应当实践("行"),只有把"知"和"行"统一起来,才能称得上"善"。"知行合一"是王阳明思想的核心。

按照通常的观念,大部分以为:所谓的知就是知识,是对于事物的理解,而行就是实行、行为、行动。但是,从王阳明先生的思想来看,知和行具有特别的意义。从王先生的角度来看我们可以明确地理解知与行之间的密切关系通过如下的三个内容。

1. 知是行的主意,行是知的工夫,知是行之始

行是知之成,"知""行"原是两个字,但是说一个"工夫"。所以,王阳明的知行合一就是反对知行分作两件事。他曰:"夫人必有欲食之心,然后知食。欲食之心即是意,即是行之始矣。食味之美恶,必待入口而后知,岂有不待入口而已先知食味之美恶者邪?必有欲行之心,然后知路。欲行之心即是意,即是行之始矣。路岐之险夷,必待身亲履历而后知,岂有不待身亲履历而已先知路岐之险夷者邪?"从道德教育上看,阳明先生

王阳明"知行合一"之说对于越南20世纪初开放与维新运动的间接意义

极力反对道德教育上的知行脱节及"知而不行",突出地把一切道德归之于个体的自觉行动,这是有积极意义的。因为从道德教育上看,道德意识离不开道德行为,道德行为也离不开道德意识。二者互为表里,不可分开。知必然要表现为行,不行不能算真知。道德认识和道德意识必然表现为道德行为,如果不去行动,不能算是真知。他曰:"夫问思辩行皆所以为学,未有学而不行者也。如学孝,则必服劳奉养躬行孝道而后谓之学。岂徒悬空口耳讲说而遂可以谓之学孝乎,学射则必张弓挟矢引满中的。学书必伸纸执笔操觚染翰,尽天下之学,无有不行而可以言学者,则学之始固已是行矣……"在此可见,如果学习孝之道,就要先伺候父母,这意味着自己本身要实行孝道才成为学习孝之道的,而不是只根据空口说就认定如此是学习孝之道。学会射箭必得拿起弓箭来装了箭、瞄准,然后射中目标;学会写字必得拿纸张出来,拿起笔来沾了墨水。天下所有的学习事情都如此而成,从来未有不实行而学会的。因此,当我们开始学习已就是行了。

在学习过程当中不能未有疑问之处,所以必然会有问,问也就是学,同时也就是行了;学习也需要思考、分辩;思考、分辩就是学,也就是行了。他又写道:"学之不能无疑则有问,问即学也,即行也,又不能无疑则有思有辩,思辩即学也,即行也…非谓学问思辩之后而始措之于行也。是故以求能其事而言谓之学,以求辩其义而言谓之问,以求通其理而言谓之思,以求精其察而言谓之辩,以求履其实而言谓之行,盖析其功而言则有五,合其事而言则一而已。"确实如此,问、思、辩、行,那些东西都是学的。从来未有光学习而不实行的,"知"离不开"行"。正所谓一个"知"在,必有一个"行"在;一个"行"在,必有一个"知"在,知与行相互融为一体。

2. 未有知而不行者,知而不行,只要未知

王先生写道:"又如知痛,必已自痛了方知痛。知寒,必已自寒了。知饥,必自饥了。知行如何分得开,此便是知行的本体。"

"知"字专指"明觉"之心对于是非的明知,而行是指心之动机。他说:"大学指出个真知行与人看说'如好好色,如恶恶臭'。见好色属知,好好色属行,之见那好色时已自好了,不是见了后又立个心去好,闻恶臭属知,恶恶臭属行,只闻那恶臭时已自恶了,不是闻了后又立个心去恶。如鼻

塞人虽见恶臭在前，鼻中不曾闻得，便亦不甚恶，亦只是不曾知臭……"所以，知与行是不可分离的，从来未有有知而未有行。

3. 知之真切笃实处便是行，行之明觉精察处便是知

王阳明说："知行工夫本不可离，只为后世学者分作两截用工，失却知行本体，故有合一并进之说，真知即所以即为行，不行不足谓之知。"他又曰："行之明觉精察处便是知，知之真切笃实处便是行，若行而不能精察明觉，便是冥行，便是学而不思则罔，所以必须说个知。知而不能真切笃实，便是思而不学则殆，所以必须说个行，元来只是一个工夫，古人说知行皆是就一个工夫上补偏救弊说，不似今人分作两件事做。"所以在此可以肯定，正确、仔细、彻底、切实的知就是在行过程当中而得到的知；行而明确、清楚、分明就是为知而具有的行。在这个说法中，王先生认为"知"与"行"虽然是两个字，但是说到最后还是同一个工夫。

如此，从王先生的观点来看，知与行本来只是一个事情。古人之所以把知与行分开成为两件事，是因为想要改变人人做事不完整的坏习惯：世界上有两种人需要分清楚知与行才能够理解。"只说一个知，已自有行在，只说一个行已自有知在。古人所以既说一个知又说一个行者，只为世间有一种人懵懵懂懂的任意去做，全不解思惟省察，也只是个冥行妄作，所以必说个知方才行的是。又有一种人茫茫荡荡悬空去思索，全不肯着实躬行，也只是揣摩影响，所以必说一个行方才知得真……今若知得宗旨时，即说两个亦不妨，亦只是一个，若不会宗旨，便说一个亦济得甚事，只是闲说话。"

总的来说，虽知是"明觉之心"，行是"发动之心"；虽知是主意；行是实施；虽知与行是两字指同一个工夫，但上述三个内容，知与行还是合一的。

（二）知行合一思想的开放及实践价值

王阳明提出"知行合一"的主张，一是为了针对朱子"知先行后"之说与脱离实践的倾向；二是为了"解放思想"。十分明显，王阳明"知行合一"的思想已经开了一条新路，使他成为一名带有开放性及实践性的思想家。

王阳明去世后，他的门下弟子继续研究，传播他的思想，形成了许多

不同的门派。到清朝时期,清儒具有尊崇宋儒的倾向,所以阳明学在中国逐渐消失。到了19世纪末,中国维新运动的领袖康有为、梁启超已经把日本近代带有实践与革命精神的阳明学在中国传播,因而中国阳明学再一次再生并强力地发展。

日本阳明学在江户时期与许多其他儒家学派一起大力地发展,例如:朱子学派、古学派等。到明治维新时期,日本阳明学以实际、革命的倾向发展。日本近代阳明学中最典型的学者是大塩平八郎(Oshio Heihachiro, 1793~1837)。另外,日本明治维新志士如吉田松阴吉田松阴(Yoshida Shoin, 1830~1859)、西乡隆盛(Saigo Takamori, 1827~1877)……都自认受到阳明学思想的深刻影响。通过这些维新志士而阳明学再一次在其他的东亚国家被强力地传播。

王阳明"知行合一"的主张东传日本之后,作为理论之花,自从日本明治维新开始,"知行合一"的主张成了理论武器,倡导尊王攘夷或开国倒幕,推动了明治维新的实现,瓦解了日本封建体制,由此而开启了日本社会通向近代化的大门,而受阳明学影响的明治开国元勋伊藤博文、西乡隆盛则直接提倡民权、民主、废藩置县,为日本实现资本主义奠定了基础。

在《从王阳明到明治维新》书中,陈德江大师(目前在日本定居)所说:"王阳明老师的学说注重实践,刚开始并不在中国发挥极大作用但是已受到日本知识分子的欢迎并在日本传播三百年。那又是文化基础,又是主要动力,使日本在明治天皇时期(1858~1912)发展维新道路,称为明治维新。日本的成功提醒了中国的士大夫比如康有为(1858~1927)、梁启超(1873~1929)……两万多个中国人在日本明治末期留学(19世纪末~20世纪初),成为中国辛亥革命成功的大动力。"

到20世纪初,随着东亚国家的维新运动爆发,越南爱国志士再一次接受从日本传来带有实践性与革命性的近代阳明学。

二 越南20世纪初的开放与革命运动

(一)越南20世纪初的维新风潮

19世纪末,越南传统文化已经在面对西方文化潮流。历史记载指出,在越南早有一流的维新思想,起头为阮长祚、阮露折、范富次、邓辉着等。到 20 世纪初,这些思想被继续于各维新思想家代表如潘佩珠、潘周桢等。

40 多年后,法国殖民侵略越南时,越南成为一个属地半封建之国。当时的越南社会,具有资本主义色彩的民族工商业者阶层刚刚出现。这个阶层的人大多脱胎于中小封建地主、官僚,带有浓厚的儒家思想。他们一方面对阮朝有所不满,一方面又幻想朝廷能实行某些改革,发展工商业。到 20 世纪初,在实际上法国殖民已经把自己的殖民文化压住越南传统文化。在如此的背景下,越南民族传统文化的一个巨大危机就是失去自己的本质或被外来文化融化。

潘周桢(1872~1926),号西湖,别号希玛,广南省三岐府先福县人(今属广南省富宁县),出身于封建小官吏家庭。父亲潘文平是阮朝的下级武官,母亲黎氏钟来自阮朝官吏门第。父母俩都信守"忠君爱国"思想。潘周桢幼时随母亲攻读儒学,并在父亲的指导下练习武艺。父亲去世后,由哥哥聘请宿儒施教,1889 年考入广南省督学学堂。1900 年应乡试,考中举人。1901 年应会试,考中副榜。1903 年受命为阮朝礼部承编。他入朝做官后,起初幻想推动上层官吏实现朝政改革。后来,他看到"到官场如市肆,视人民为鱼肉"的种种现象,才认识到必须自下而上对政治、经济、教育、社会各方面都进行改革。1905 年,他辞职回家,周游全国各地,会见爱国人士,探求国家的出路。

见证国家民族遇难,潘周桢早已关注到一个大问题,那就是怎么做才能够帮助民族避免那种可怕的危机?因为有多次与日本商人接触的经历,特别是自 1902 年以来他研究了很多新书、新文,他想出两个关键问题。第一,在东西文化交流的时代,对于越南及其他亚东的国家而言,接受西方文化是一个自然不可拒绝的倾向。第二,想要振兴国家民族唯一的道路就是自力自强,全面改革,主动、积极地在国际舞台上与其他国家站在一起。换句话来说就是保留发挥国家民族友好的传统文化价值,同时接受时代的文化、教育价值以便满足国家民族发展的需求。

为了解决这些难题,潘周桢提倡民权、民智,主张"导民排君",废除君主制度,开办党校,改革法律,予士绅以言论自由,办报纸以通民情,兴利除弊,振兴工商业。虽然从小受到儒学的影响,但成长以后他受到西方文化的影响。他读过西方资产阶级启蒙思想家卢梭、孟德斯鸠的政治论著，还认真阅读《戊戌政变记》、《饮冰室文集》、《中国魂》和《日本明治维新三十年史》。对中国维新思想家康有为、梁启超猛烈抨击中国黑暗的封建制度，提倡向西方国家学习、变法图存的论述十分推崇。在中西思想的影响下，潘周桢形成了自己的政治主张，概括起来就是：废除君主制，建立民制；开通民智，争取民权。他要求法国政府："改变政策，礼贤下士，任用良才，兴利除弊，为民生谋出路，予士绅以言论自由，办报纸以通民情，明赏罚以正官署；当务之急，为改革法律，废除科举，开办学校，设立图书馆，振兴工商业。"

在潘周桢的影响下，越南著名的维新运动逐渐形成。这次维新运动的实质是在不从根本上触动越南现存制度的前提下，进行一些改良。由于各地情况不同，加上人民群众的推动，这场运动后来发展成一场民族主义运动。北部的维新运动主要是开办学校。1907年3月，潘周桢和梁文玕在河内桃行街创办东京义塾，阮权任校长，招收学生上千人，并免收学费。东京义塾的活动不限于校内正常教学，召开演说会和评文会、出版书籍报刊，还让教师学生经常走出校门，到各地去进行爱国宣传，提倡使用国货，鼓吹破旧学立新学，反对科举取士，革除封建陋习。潘周桢曾多次到校演说，宣传范围日益广泛。不久，北部和中部就有十多个省办起了东京义塾分校。

在中部，维新运动主要以振兴工商业为实际内容。在潘周桢倡导下，阮权、黄曾贲在广南创立广南协商公司，资本约20万元。吴德继、邓元瑾则在义安开设朝阳商馆。在潘切，还开有联成公司。这些公司、商馆，有的经营国货或土特产，有的从事纺织业，有的开办制帽厂，有的在农村建立共耕社性质的组织，称"农会"，种植出口土产肉桂。它们与河内的大商店如同利济、鸿新兴，股份公司如广兴隆、东成兴等以及西贡的南通兴商行和芹苴的明新工艺社等，连成一气，自产自销。中部维新运动的发展已超过了潘周桢原来的设想，因而分为两派：潘周桢、黄叔抗等主张进行改良，反对暴动；范德言、黎文勋等主张暴动。因此，当潘周桢等人号召振兴工商业、服从国货、废除陋习时，暴动派则在人民群众和兵士中进行爱国反法宣传，并与黄花探秘密联系，准备声援黄花探发动河内武装起义。于是运动很快地就由城市向农村发展。从1908年2月底起，"不向法国殖民者纳税"的口号已在人民群众中传开。到了3月初,潘周桢的家乡广南省首先爆发了反拉夫、反课税示威游行,以后蔓延到广义、平定、富安、承天、河静、义安等省。成千上万的人群涌向街头抗租抗税。愤怒的人民群众包围府县衙门乃至省城法国公使官邸,强烈要求减免徭役和捐税。有些贪官污吏被打死,许多府县官吏弃职潜逃。

因为越南是法国的殖民地。法国殖民政府决不会容许越南出现任何实质性的进步改革,特别是当人民群众抗租抗税斗争已威胁到法国的殖民统治时,它就动手进行镇压,惨杀了人民群众几百人,逮捕了维新运动的领导人潘周桢、黄叔抗、范德言、吴德继、黎文勋、阮廷坚,并判处死刑,后减刑下狱,流放昆仑岛,在案卷中注明"遇赦不赦",处死了陈秀玲。到1908年5月,维新运动被镇压下去。

在教育方面,潘周桢也有所贡献。1902年他已经看到旧社会封建的落后。他认为,想要恢复国魂必要改革教育,修改考试方式,替换旧的教育方式为新教育,以实用知识当教学内容,教人民抓到学到人生必要的知识。他极力反对词章博古的学习方式只是表面上而没有学到本质让学者退步落后。他多次要求政府取消旧的考试方式,开新学校教新的知识给越南人。他呼叫国民:"同胞!有什么能比学习强?"他不管困难辛苦跑到南方,跑到北方,以便扩大民立学校,同时写古文诗歌鼓励学习。学校的教材主要是新书、新文,另有其他教材是他和同志编写。其中"魂歌精国"作品突出新的教育思想。可以说他第一个建立了一个新教育基础注重实践内容满足国家发展需求及更新国家。

(二)越南20世纪初的东京义塾风潮

东京义塾是越南近代史上一所存在时间较短但具有重要历史意义的教育机构。它位于越南河内,创设目的为改革20世纪初期处于法国殖民统治下的越南社会。

1906年,领袖"东游运动"的潘佩珠又从日本写信回国,指出越南亡国的原因之一是缺乏教育和无知,而日本已摒弃旧风俗,走上开办学校、教育子弟读书的新道路,提倡开启民智。越南国内也有一些进步人士主张发展文化、教育事业。在潘佩珠的敦促之下,酝酿已久的东京义塾于1907年3月在东京(今河内)桃行街建立了,主要创办者为梁文玕以及其他著名爱国者如潘佩珠、潘周桢、潘俊丰、阮权等。其宗旨是：反对旧习俗，提倡新风尚，反对科举制度，大力推行国语字（越南文），注重实业，提倡国货等。经费由进步人士资助，学生无须缴费，故吸引了越南百姓纷纷参加，多达几千人。东京义塾是在"东游运动"的直接影响下建立的，它以日本著名思想家福泽谕吉的庆应义塾大学作为榜样，"根据当时所公布的材料，这些读书人遵循革命的方针和接受福泽所创立的日本庆应义塾的影响去教育人民"。同时，在"东游运动"的影响下，中圻开始开办"商会"，掀起以振兴实业为主要内容的"维新运动"。东京义塾与维新运动两相呼应，他们与东游运动三位一体，推向了20世纪初越南资产阶级改良运动的高潮。

他们主张放弃儒家思想，学习西方和日本的新思想。作为教学的新途径，该教育机构使用拉丁化拼音文字国语字来出版教材和报纸，对越南国语字的普及起到了促进作用，并从某种程度上降低了传统的汉喃文的影响。该校对任何想了解新思想的人免费授业。

东京义塾将文言文与国语字文、法语并列教授。东京义塾的机关杂志《登鼓丛报》采用了文言文、国语字文两版并载的形式，这是河内第一次用国语字发行报纸。1907年3月28日号的《登鼓丛报》以"安南人应该写安南文字"为题，主张"喃字没有规范谁都写成自己想写的那样，因此必须推测才能读；汉字为外国借来的文字学习困难；国语字出现较晚而且使用人少，但能完全表现我们的想法，没有错误，而且容易学习"。东京义塾于1908年被殖民地政府下令封锁，文言文也遭到废除，殖民当局通过国语字向法语过渡，使得亲法的越南人增加了。

正如"义塾"的名称所揭示的，东京义塾是一所免费学校。创办人是梁文玕、陶元普、潘俊丰、阮权、邓经纶等人。梁文玕任校长，阮权为学监。除主持人外，还有许多进步人士出钱出力，赞助办学。学校分为教育、财政、鼓动和著作4组。

教育组负责招生和各班的教学。教师大多是具有新思想的儒生士大夫，其中有两位女教师起初是义务教师。学校初创即有学生400～500人，后增至千余人。学生有男有女，有成人也有儿童。学习的内容已摒弃了在封建社会中作为金科玉律的四书五经，而代之以地理、历史、格致、卫生等新学，还为儒生开法语和国语（拼音文字）课，为通法语的翻译、书记等学员加修汉语。除正课外，学校还面向社会，组织评文、讲文、演说和读报，借以激励团结爱国之心。学校反对旧的科举式的学习方法，注重发展实业，提倡新的生活方式，如穿短衣，剪发髻，不染黑齿，服用国货，废除乡饮，革除陋习等。学校特别设立了收藏中国新书报的图书馆，如《日本三十年新史》《中国魂》《万国史记》《瀛寰志略》等，校内外人士均可借阅，借以传播新思想。

著作组负责编写教材和宣传材料。在短短几个月内，他们编写出《国民读本》《南国佳事》《南国伟人》《国文教科书》《伦理教科书》《越南国史略》《南国舆地》《文明新学策》等教科书，还把潘佩珠从日本寄回的激励爱国精神的文章作为教材。同时，购买中国改良派的一些书刊，以及从日本和中国买进一部分自然科学方面的书籍，透过这些书刊积极传播新学。作为东京义塾教材之一的《文明新学策》，提出了启迪民智的六项措施如下。

1. 使用国语字，使国人在几个月之内能读会写，这是启迪民智的第一步；

2. 撰修书籍，以越南史为主，对旧书要择其有用部分，用国语字编写作教材；

3. 改革考试制度，废除八股文，提倡独立思考、自由发挥；

4. 鼓励人才，批判脱离实际的教育，旧学培养出来的人要补新学的课，而后考核录用；

5. 振兴工商，鼓励向外国学习，奖励本国能工巧匠；

6. 创办报纸，刊登时事稿件，报道创造发明消息，降低报价，使之能深入农村。

东京义塾的影响远远超出了一所学校的范围，也不仅仅是文化运动，而形成爱国运动，产生了巨大的政治影响。在当时家里挂一幅越南地图都要被判罪的殖民统治下，东京义塾讲授越南的历史和地理就不是单纯的传授知识，他们利用办学和演讲，来唤起民众的爱国热情。可以说，东京义塾运动已给越南当时提高振兴民族的精神，开拓民智，培训人才并且做出贡献把落后的教育基础排除在外，建立新的教育基础更加进步，带来民族的发展。

东京义塾的影响不断扩大，甚至影响了在法国军队中的越南士兵，法国军方惊呼"东京义塾是北圻叛乱的一个乱源"。起初,法国殖民者看到东京义塾的活动具有合法和改良的性质,并未出面干涉,只是设法加以限制,并派密探打进去掌握活动情报。但当东京义塾的活动发展成为一个团结爱国的运动,威胁到他们的统治时,便采取无情的镇压措施来扑灭这个运动。1907年11月,法国殖民政府下令封闭东京义塾。他们逮捕了几乎所有的教员,解散商会,关闭《登鼓丛报》,禁止演说,没收并严禁收藏和流传东京义塾的材料。东京义塾彻底以失败告终。

东京义塾仅存在9个月,但它有力地冲击了封建旧思想,传播了新思想,为越南后来的革命准备了思想条件。

结　论

越南在历史上已接触并学习中国儒家很久,但在中国领土上所产生的中国儒学,其首先是为了处理中国、中华民族的难题,因此,如果把这些模式勉强套用到另外一个社会结构、另外一个历史环境不同的民族当中,这些模式就恐怕无法发挥它本来的作用。在越南的阳明学很有可能因此而不看到直接的影响。但是从东亚地区儒家的角度来看,我们可以看到越南的儒家思想也有一步一步地跟该地区的儒家一起同行,虽然其性质和程度或多或少有所不同。因此,我们可以初步地判断阳明学,一种带有开放性与实践性的儒学思想,很有可能已被越南爱国维新志士通过日本明治维新运动及中国辛亥革命而间接地、慢慢地接受。

聂豹归寂说的体用一源研究

◎ 〔韩〕朴炫贞[*]

摘要：本文论述了阳明后学聂豹"归寂说"之形成与其思想之结构。聂豹"归寂说"有两大特质：其一，讲求在超越一切意识活动干扰之上，直证良知本体的功夫论。其二，在本体与作用之间设定了微妙的时间上的差异。本文将揭示聂豹的"归寂说"乃根基于"体用一源"的原理。实则，宋明理学的基本命题"体用一源"具有丰富的含义。本文界定此为"体用一源的多义性"，借此探讨聂豹"归寂说"的发生过程及其特点、理论意义与限制。"归寂说"的基本立场是：在已发的作用上不能讲求本体，一旦确保本体后作用是自然而成的。因此逻辑的着重点自然放在如何确保与现实超离的本体上。虽然，聂豹"归寂说"与阳明的"即体即用、即用即体"有相当的差距，但从哲学史的宏观角度上看，他之所以极力表明对良知本体的希求，是因为看到阳明后学把作用视作本体而忽视了本体自身的自足性与超越性，故而提起以本体为中心的处方，以救其偏弊。

关键词：阳明后学；聂豹；归寂说；体用一源

在王门之内，反对王龙溪的良知现成论而提出自己的独特见解的人便是聂双江。双江主张"良知归寂说"，后来罗念庵（洪先，1504~1564）也赞同之，两者是归寂派的代表性人物。关于思想来源，他曾经自述：

---

[*] 朴炫贞，韩国成均馆大学儒教文化研究所研究员。

某不自度，妄意此学四十余年，一本先师之教，而细译之节要，《录》备之矣。已乃参之《易》《传》《学》《庸》，参之周、程、延平、晦翁、白沙之学，若有获于我心，遂信而不疑。①

双江的理论根据大致上有四个来源：其一，阳明先师之教；其二，《周易》《易传》《大学》《中庸》；其三，周濂溪、程明道、程伊川、李延平、朱熹、陈白沙之学；其四，自家心得。在体用的角度上看，双江的体用观大致上是受程伊川的影响。程伊川云："心一也，有指体而言者，寂然不动是也。有指用而言，感而遂同是也。"② 双江经常引用伊川关于体用的说法，应用于自家体用关系的建构。而且，他的思想的形成，受到了邵雍先天之学的影响，他援引邵雍的先天后天，"邵子云：'先天之学，心也；后天之学，迹也'。先天言其体，后天言其用，盖以体用分先后，而初非以美恶分也"。③ 先天之学与后天之学也称之为第一义与第二义。王龙溪也曾经指出这一点④，事实上设定先天之学而追求之是王门后学的一致趋向。⑤ 朱熹、阳明以及王门后学，都受到了邵雍的先天、后天的影响而构成他们的体用观。

一 聂豹归寂说的阳明学上的根据

虽然，双江提出归寂说，引起了王门内部的大波澜，但不能否定的是双江的立论必引《传习录》为据。他自述《传习录》是自己学问的着眼点，以下乃是他最为频繁援引的原文：

阳明先生之说具在也。先生云：1）"良知是未发之中，寂然大公

---

① 《聂豹集》卷十一，《答陈明水》，凤凰出版社，2007，第412页。
② 《二程集》卷九，《与吕大临中书》，中华书局，2014，第609页。
③ 《王畿集》卷六，《致知议辩》，凤凰出版社，2007，第132页。
④ 《王畿集》卷十六，《陆五台赠言》，凤凰出版社，2007，第445页："正心，先天之学也；诚意，后天之学也。良知者，不学不虑，存体应用，周万物而不过其则，所谓'先天而天弗违，后天而奉天时'也。人心之体，本无不善，动于意始有不善，一切世情见解嗜欲，皆从意生。人之根器不同，功夫难易亦因以异。从先天立根，则动无不善，见解嗜欲自无所容，而致知之功易。从后天立根，则不免有世情之杂，生灭牵扰，未易消融，而致知之功难。"
⑤ 彭国翔：《良知学的展开——王龙溪与中晚明的阳明学》，第365～376页。

的本体，便自能感而遂通，便自能物来顺应。"① 又曰：2）"未发之中，常人俱有，体用一源。体立而用自生，有未发之中，便有发而中节之和。"② 又曰：3）"随物而格，致知之功，即佛氏之'常惺惺'，亦只是常存他本来面目。"③ 是数语，乃录中正法眼藏，《学》、《庸》要领也。④

又谓：

> 是非愚之见也，先师之见也。师云：4）"良知是未发之中，寂然大公的本体，便自能感而遂通，便自能物来顺应。"又云：5）"祛除思虑，令此心光光地，便是未发之中，便是寂然不动，便是廓然大公。自然发而中节，自如感而遂通，自然物来顺应。"又云：6）"有未发之中，便有发而中节之和。常人无发而中节之和，须是知他未发之中未能全得。"又云：7）"一是树之本，一贯是树之萌芽。体用一源，体立而用自生。"⑤

此便是聂豹提及的他自己经常援用的《传习录》原文的内容，将聂豹的引用与《传习录》原文对比如下：

聂豹最为频繁援用的《传习录》条目是45（②⑥）、67（①④⑤）、112（⑦）、162（③），但《传习录》原文与聂豹摘引的内容有微妙的差

---

① 《王阳明全集》卷一，《传习录上》，上海古籍出版社，2011，第25页。（72条目）："光光只是心之本体，看有甚闲思虑？此便是'寂然不动'，便是'未发之中'，便是'廓然大公'，自然'感而遂通'，自然'发而中节'，自然'物来顺应'。"
② 《王阳明全集》卷一，《传习录上》，上海古籍出版社，2011，第20页。（45条目）："不可谓'未发之中'常人俱有。常人俱有。盖体用一源，有是体即有是用。有'未发之中'，即有'发而皆中节之和'。今人未能有'发而皆中节之和'，须知是他'未发之中'亦未能全得。"本条目的《传习录》原文与《聂豹集》的记录有错，《传习录》原文记载"不可谓'未发之中'"，在《聂豹集》落"不可谓"前三字，记载"'未发之中'常人俱有。"而且，原文的"有是体即有是用"转为"体立而用自生"。
③ 《王阳明全集》卷二，《传习录中》，上海古籍出版社，2011，第75页。（162条目）："'不思善不思恶时认本来面目'，此佛氏为未识本来面目者设此方便。本来面目即吾圣门所谓良知，今既认得良知明白，即已不消如此说矣。'随物而格'是致知之功，即佛氏之'常惺惺'，亦是常存他本来面目耳，体段工夫大略相似，但佛氏有个自私自利之心，所以便有不同耳。"
④ 《聂豹集》卷四，《赠王学正云野之宿迁序》，凤凰出版社，2007，第95页。
⑤ 《聂豹集》卷八，《答欧阳南野》，凤凰出版社，2007，第241页。

异。先看45条目的原文,阳明强调未发之中与中节之和的同时性,将两者说明为体用一源。但是,关于体用一源的说明方式,阳明原文与聂豹的记述发生了分歧。阳明将体用一源界定为"盖体用一源,有是体即有是用",反而在②中可以看出,聂豹把它解释为"体立而用自生"。在此,我们可以看出,聂豹在解释阳明的体用一源的过程中,加入了自己的主观因素,聂豹认为用是本体确立后自然引起的结果。而且,阳明原文"不可谓未发之中常人具有",被错误记载为"未发之中,常人具有",丢掉了"不可谓"前三字,结果造成了相反的意思。

表1 《传习录》与《聂豹集》的内容比较

《传习录》45条	不可谓未发之中常人俱有。盖体用一源,有是体即有是用。有未发之中,即有发而皆中节之和。今人未能有发而皆中节之和,须知是他未发之中亦未能全得
《聂豹集》	2)未发之中,常人俱有,体用一源。体立而用自生,有未发之中,便有发而中节之和。6)有未发之中,便有发而中节之和。常人无发而中节之和,须是知他未发之中未能全得
《传习录》67条	人只要成就自家心体,则用在其中。如养得心体,果有未发之中,自然有发而中节之和,自然无施不可
《聂豹集》	1)良知是未发之中,寂然大公的本体,便自能感而遂通,便自能物来顺应。4)良知是未发之中,寂然大公的本体,便自能感而遂通,便自能物来顺应。5)祛除思虑,令此心光光地,便是未发之中,便是寂然不动,便是廓然大公。自然发而中节,自然感而遂通,自然物来顺应
《传习录》112条	一如树之根本,贯如树之枝叶,未种根,何枝叶之可得?体用一源,体未立,用安从生?
《聂豹集》	7)一是树之本,贯是树之萌芽。体用一源,体立而用自生
《传习录》162条	本来面目即吾圣门所谓良知,今既认得良知明白,即已不消如此说矣。"随物而格"是致知之功,即佛氏之"常惺惺",亦是常存他本来面目耳,体段工夫大略相似,但佛氏有个自私自利之心,所以便有不同耳
《聂豹集》	3)随物而格,致知之功,即佛氏之'常惺惺',亦只是常存他本来面目

在 67 条中，可以看出良知以本体的地位，重点是在于确立良知本体。心之本体是"寂然不动"的"未发之中"，而且是"廓然大公"，自然"感而遂通"，"发而中节"。阳明对此进行的说明无时间上的差异而同时作用，表现了他的即体即用思考。但是，聂豹把它解释为"A 便自能 B"，即意味着"如果 A，便是 B"的条件命题，将同时作用的语气变成为时间上有先后的表达。这是欧阳德批评聂豹的主要的一点。

112 条论及孔子说所说曾子的"一贯之道"。阳明将"一"比喻为木之根，将"贯"比喻为枝叶。两者为体用一源的关系，如果木之根的体不先建立，作用也无法发生。但其实阳明此比喻，并不意味着体与用的先后关系，他的意图是说明本体与功夫的同时作用。阳明所说的"一"是指本体的方面，而"贯"是指功夫等的方面，结果强调了两者之间的同时作用。但是，聂豹的理解与阳明的意图不相切合，特别是聂豹以此条目为中心建立起了他自己对体用一源的理解。他的体用一源特色在体与用的先后关系上表现出来，以"体立而用自生"为代表。聂豹把此条目当成他的理论根据，这也是后来他提出的归寂说的构建基础。

最后，在 162 条中，阳明主张良知是本来面目，关键是对良知的明白理解。聂豹强调保存良知的本来面目，经常援用此条目，强调格物都在致知上，提出认识良知的本来面目是最重要的。他强调明白认识良知后坚持保存与实现此良知的功夫。此外，双江强调的是良知的本体义、体立而用自生，以及良知的功夫。这一思路后来发展为聂豹所主张的"格物无功夫说"。

此外，在《聂豹集》当中可以查到的《传习录》引用，又有 7[①]、30[②]、

[①] 《王阳明全集》卷一，《传习录上》，上海古籍出版社，2011，第 7 页："'格物'如孟子'大人格君心'之'格'，是去其心之不正，以全其本体之正。但意念所在，即要去其不正，以全其正，即无时无处不是存天理，即是穷理。'天理'即是'明德'，'穷理'即是'明明德'。"

[②] 《王阳明全集》卷一，《传习录上》，上海古籍出版社，2011，第 16 页："为学须有本原，须从本原上用力，渐渐盈科而进。仙家说婴儿，亦善譬。婴儿在母腹时，只是纯气，有何知识？出胎后，方始能啼，既而后能笑，又既而后能认识其父母兄弟，又既而后能立、能行、能持、能负，卒乃天下之事无不可能；皆是精气日足，则筋力日强，聪明日开，不是出胎日便讲求推寻得来。故须有个本原。圣人到'位天地，育万物'，也只从'喜、怒、哀、乐未发之中'上养来。后儒不明格物之说，见圣人无不知、无不能，便欲于初下手时讲求得尽，岂有此理！"又曰："立志用功如种树然，方其根芽，犹未有干，及其有干，尚未有枝。枝而后叶，叶而后花、实。初种根时，只管栽培灌溉，勿作枝想，勿作叶想，勿作花想，勿作实想，——悬想何益！但不忘栽培之功，怕没有枝叶花实？"

62①、88②、114③、119④、155⑤条，一共11条。⑥由此可见，聂豹对《传习录》的理解，主要是以阳明强调本体的见解为中心的。但是，阳明认为本体是绝对纯粹的，无需功夫，与之相反的是，聂豹主张需要本体上的功夫。这就是聂豹与阳明对本体的不同理解。聂豹认为应以本体上的功夫来回复绝对纯善的本体，回复本体后作用自然生成。这在结果上是统一的，但聂豹实际上认为只能通过本体上的功夫，本体与功夫才能统一为同一个根源。虽然聂豹根据阳明学说而建构了他的理论，但将其转化为自己的语言而表达的过程中，又加入了他自己的主观意见，构成了独特的逻辑。双江通过援引上述阳明之教，将其作为归寂说的主要文献根据，确保了其在王门之中的正当性。

虽然，双江对阳明之教的择取有所偏颇，但这明显地突出双江的理论特色。其一，双江良知的重点不在于良知的本体义，而在于良知上的功夫。他认为如果体上功夫未能彻底，用必然存在弊病，所以显现的问题需要从体上探索其原因，主张"养于未发之豫"⑦。其二，双江的体用有时间

---

① 《王阳明全集》卷一，《传习录上》，上海古籍出版社，2011，第23页："曰仁云：'心犹镜也，圣人心如明镜，常人心如昏镜。近世"格物"之说，如以镜照物，照上用功，不知镜尚昏在，何能照？先生之"格物"，如磨镜而使之明，磨上用功，明了后亦未尝废照。'"
② 《王阳明全集》卷一，《传习录上》，上海古籍出版社，2011，第29页："工夫难处全在"格物致知"上，此即"诚意"之事。意既诚，大段心亦自正，身亦自修。但"正心""修身"工夫，亦各有用力处。"修身"是已发边，"正心"是未发边。心正则中，身修则和。"
③ 《王阳明全集》卷一，《传习录上》，上海古籍出版社，2011，第37页："颜子不迁怒，不贰过，亦是有"未发之中"始能。"
④ 《王阳明全集》卷一，《传习录上》，上海古籍出版社，2011，第39页："为学工夫有浅深，初时若不着实用意去好善、恶恶，如何能为善、去恶？这着实用意便是诚意。然不知心之本体原无一物，一向着意去好善、恶恶，便又多了这分意思，便不是廓然大公。《书》所谓"无有作好、作恶"，方是本体。所以说"有所念惶、好乐，则不得其正"。正心只是诚意工夫。里面体当自家心体，常要鉴空衡平，这便是"未发之中"。"为学工夫有浅深，初时若不着实用意去好善、恶恶，如何能为善、去恶？这着实用意便是诚意。然不知心之本体原无一物，一向着意去好善、恶恶，便又多了这分意思，便不是廓然大公。《书》所谓"无有作好、作恶"，方是本体。所以说"有所念惶、好乐，则不得其正"。正心只是诚意工夫。里面体当自家心体，常要鉴空衡平，这便是"未发之中"。"
⑤ 《聂豹集》卷十一，《答陈明水》，凤凰出版社，2007，第412页："某不自度，妄意此学四十余年，一本先师之教，而细译之要旨，《录》备之矣。已乃参之《易》《传》《学》《庸》，参之周、程、延平、晦翁、白沙之学，若有获于我心，遂信而不疑。"
⑥ 林月惠：《良知学的转折——聂双江与罗念庵思想之研究》，台湾大学出版中心，2005，第180页。
⑦ 《聂豹集》卷十，《答王龙溪》，凤凰出版社，2007，第375页。

上的先后。他强调心之本体与作用的连接,视用为体自然引起的效验,其中有微妙的时间上的差异。故说"便自能"。①

二 养于未发之豫:先涵养良知本体

聂豹归寂说的第一特色,就是强调脱离一切意识活动而求良知本体。为此,他对良知本体下界定为意识之发现以前的"未发之中",就是单指除了良知的感应变化侧面的纯粹本体,区分与良知。他对未发之中的重视,主要见于《困辩录·辩中》:"人心惟危,道心惟微。惟精惟一,允执厥中。此尧舜禹授命之词。万世心学之源,其肇于此乎?"② "中是道心的本体。……中是真正主脑,允执是工夫归结处。"③ "《中庸》首章,是精一执中的传注,不必更着一字为训,血脉贯通,语意精备。"④ "圣人到位天地,育万物也,只从未发之中上养来。"⑤ 如此看来,聂豹特别重视未发之中而追求之,其根据在于阳明的理解。查看阳明关于未发之中的说法,有时阳明说未发之中是所有人具有的⑥,有时说不可谓未发之中常人俱有,⑦ 似乎意见相互矛盾。但是,这不是单纯记述未发之中的先验性与否。从阳明学的基本立场上看,良知是人人具有的,而主张以致良知功夫穷尽此良知的,阳明对未发之中的看法确实是先验的。那么,对于他看上去矛盾的意见要怎么理解?阳明对未发之中的不同说法说明,良知应当从先验本体与本体上的功夫的视角来理解,即未发之中分为先验具备的本体与以功夫可以达到的本体两种。阳明在先验具备的未发之中这一方面说未发之中人人具有,在以功夫可以达到的本体这一方面说未发之中不是常人俱

---

① 《聂豹集》卷八,《答松江吴节推》,凤凰出版社,2007,第277~278页:"'便自能'三字,言不容一毫人力安排得,而人之所当着力者,惟于寂然未发处,直穷到底可也。"
② 《聂豹集》卷十四,《辩中》,凤凰出版社,2007,第544页。
③ 《聂豹集》卷十四,《辩中》,凤凰出版社,2007,第544页。
④ 《聂豹集》卷十四,《辩中》,凤凰出版社,2007,第545页。
⑤ 《聂豹集》卷十四,《辩中》,凤凰出版社,2007,第547页。
⑥ 《王阳明全集》卷二,《传习录中》,上海古籍出版社,2011,第71页(155条目):"良知即是未发之中,即是廓然大公,寂然不动之本体,人人之所同具者也。"
⑦ 《王阳明全集》卷一,《传习录上》,上海古籍出版社,2011,第20页(45条目):"不可谓'未发之中'常人俱有。盖体用一源,有是体即有是用。有'未发之中',即有'发而皆中节之和'。今人未能有'发而皆中节之和',须知是他'未发之中'亦未能全得。"

有的。

那么，聂豹所说的未发之中重点在哪？聂豹追求的未发之中的含义是究竟是什么？双江与阳明一样，认为体有两种：先验具备的以本体义的未发之中与以功夫达到的未发之中。双江以良知的本体义为基调，真正关切的是本体层次上的功夫。为了穷究本体，需要在纯粹本体上涵养，他认为在情感发现以前的纯粹状态中可以涵养本体。因此，他主张纯粹的未发之中的追求，对致良知也以寂的追求来理解。

> 故致良知者，只致养这个纯一未发的本体。本体复，则万物备，所谓立天下之大本。①

在此可见，他视未发的本体为纯一，此本体是先验具备的，但现实上缺乏此纯一性，认为需要回复的过程。这是宋明儒者共有的对本体的绝对信念，也是在阳明学学者中常见的倾向。那么，与一般阳明学者相区别的聂豹的本体功夫方法是什么？他强调回复与保持此本体的状态，进而设定了情感发现以前的阶段而主张在此处用功夫。就是说，他设定未发以前的状态（未发之豫），并强调在此状态的涵养。

> 先天之学，即养于未发之豫。②

如上所述，"先天之学"是相对于"后天之学"而言的，表现了对致良知功夫的重视，是当时阳明后学中通用的词。"先天之学"是指本质价值的功夫，即致良知功夫；"后天之学"可谓较为次要问题，彭国翔将先天之学界定为"本体功夫"③；林月惠以"第一义功夫"来下界定。④ "未发之豫"是聂豹归寂说的独特表达，最能够显示出他在致良知功夫中以本体为中心进行思考的特色。在此，可以确认归寂说将一切意识活动都断绝的状态作为本体功夫的理论根据。其次，把未发以前界定为"豫"而追求

---

① 《聂豹集》卷十四，《困辩录·辩诚》，凤凰出版社，2007，第609页。
② 《聂豹集》卷十，《答王龙溪》，凤凰出版社，2007，第375页。
③ 彭国翔：《良知学的展开：王龙溪与中晚明的阳明学》，生活·读书·新知三联书店，2015，第365～376页。
④ 林月惠：《良知学的转折：聂双江与罗念庵思想之研究》，台大出版中心，2005，第208～218页。

之，便是设定了绝对寂然的状态。聂豹对"豫"还进行了更详细的说明：

> 古之所谓豫者，盖言事有前定，非临时补凑，又谓非矫饰以制之于外，不几于掩耳而盗铃乎？未有此事，先有此备，梏未角之牛，豮将牙之豕，中庸所谓前定者，如此。①

首先，他界定"豫"为"有前定"，不是外在矫饰制定的，而是讲求发生事情之前的实际应对。这就像是梏未角之牛、豮将牙之豕一样，事件发生之前有实际有效的对应。聂豹所说的豫是指一切意识活动之前的纯粹状态。在他看来，在此状态上涵养，才是真正的致良知。由此可见，在聂豹的致良是以本体的回复为中心的本体功夫，并认为已经发现的已发状态上难以致良知。此点，与现成派所主张的见成良知说恰恰相反，聂豹激烈反对见成良知的主张。因为，他认为在发现的意识上做功夫不能当成本质功夫，批判现成派的主张不过是将知觉误认为了良知而已。

> 今天下从事于良知之学者，乃浸以失其真。何哉？良知者，未发之中，备物敦化，不属知觉，而世常以知觉求之，盖不得于孩提爱敬之言而失之也。孟子曰：孩提之童，不学不虑，知爱知敬，是盖即其所发以验其中之所有，故曰："亲亲，仁也；敬长，义也。"初非指爱敬为良知也。犹曰恻隐羞恶，仁义之端，而遂以恻隐羞恶为仁义，可乎哉？今夫以爱敬为良知，则将以知觉为本体；以知觉为本体，则将以不学不虑为工夫。其流之弊，浅陋者恣情玩意，拘迫者病己而槁苗，入高虚者，遗弃简旷，以耘为无益而舍之。是三人者，猖狂荒谬，其受病不同，而失之于外，一也。②

在他看来，良知是未发之中，而不是知觉，他批判世人通过知觉来求良知的倾向。他说孟子的爱敬自身也不是良知，而在爱敬里所蕴含的本体就是良知。因此，他侧重对本体的良知进行涵养，这意味着未发之豫的涵养。他主要以体上用功为中心展开自己的归寂说，重点就在于先涵养良知本体。他否定在已经发现的意识状态上做功夫的方法，主张在良知上做诚

---

① 《聂豹集》卷十一，《答王龙溪》，凤凰出版社，2007，第389页。
② 《聂豹集》卷四，《送王惟中归泉州序》，凤凰出版社，2007，第78页。

的功夫，认为在意上做功夫不足以完全实现良知本体。他明确地说意上做功夫，便落在意见：

> 若在意上做诚的工夫，此便落在意见。不如只在良知上做诚的工夫，则天理流行，自有动以天的机括，故知至则意无不诚也。①

他认为，在已发状态上做功夫容易落入私意，致良知功夫是难以成立的。因此，他区别未发的良知与已发动的意识，也区分良知上的功夫与已发上的功夫。如此一来，聂豹明确地区分了良知上的功夫与意念上的功夫。然而，这一主张看上去违背了阳明的宗旨。从阳明的"即体即用、即用即体"的基本立场上看，聂豹的在未发之豫的本体功夫可能不能把握阳明学说的全貌。所以，聂豹在良知本体上做诚的功夫的主张受到了大量的批判。

他所认为的本体义主要围绕着未发之中，坚持中的核心地位。而且，他的体上功夫是求未发之前的无执着、无意识、无障碍的纯粹状态，表达为"豫"。可以确认的是，他所说的"豫"被设定未发以前的状态，以便确保体的本质性、纯粹性。根据这一观点，他对上述王龙溪所说的只有在良知的激发当中可以确认未发之中（火药）提出相反的见解。

> 夫以火器譬心，以硝磺之内蕴譬寂，以引线譬感，以激射譬凝，亦是仆不得已，曲为之譬，以见火器之法，惟在量其铳腹之大小，剂量火药之多寡，犹格物之学，惟在充满其寂体，以豫夫感而遂通之机也。②

聂豹也以铳炮的比喻来说明自己重视本体的看法。在他看来，重点就在于铳腔的大小与火药的多少，以大的铳腔与多的火药来准备激发就是对待火器之法。重要的是充满其寂体而预先（豫）应对之。他特别重视"寂"，认为优先保障此寂，才是致良知功夫的基础。其次，充满的寂体意味着他所说的未发之豫之确保，同时也是致良知功夫的起点。他所追求的寂里面静的状态，便是感而遂通与物来顺应的前提。就像镜在此万物照，

---

① 《聂豹集》卷十，《答戴伯常》，凤凰出版社，2007，第343页。
② 《聂豹集》卷十一，《答王龙溪》，凤凰出版社，2007，第388页。

钟在虚寂的状态而发出各种声响。聂豹所说的致良知是"譬之鉴悬于此，而物来自照；钟之在虚，而扣无不应"。

> 心主乎内，应于外而后有外，外其影也，不可以其外应者为心，而遂求心于外也。故学问之道，自其主乎内之寂然者求之，使之寂而常定也，则感无不通，外无不该，动无不制，而天下之能事毕矣。譬之鉴悬于此，而物来自照；钟之在虚，而扣无不应。此谓无内外动静先后，而一之者也。是非愚之见也，先师之见也。①

在此可见，他以心的收敛为中心统合内外、动静、先后，而且认为其根据是阳明之教，表现了他对体用一源的理解。他对体用一源的理解是以本体为中心的，但是他自身认为无内外之分。而且，有人提出静中体认的未发是否根本没有喜怒哀乐等一切情感，面对这一质疑，他用镜子的譬喻来说明自己的论旨。在此，他仍然坚持自己的体用一源理解，这一理解意味着无内外、动静、先后的浑然一体。在他看来，本体一旦确立，作用是就是自然而然存在的，主张浑然一体的体用一源。这表现在他将自己对体用一源的理解比喻为镜子的照亮。

> 昔人论体用一源，或譬诸钟曰，未扣而声在，及扣而声出。或譬诸镜曰，无时而不光，无时而不照。公所言钟说也。某所言镜说也。②

聂豹常常谈论寂感问题，上面的对话是他跟章衮的论争。虽然他认为他的体用一源是浑然一体的，但其实他的体用一源是有先后关系的。然而，聂豹未意识到这一点，而主张自己体用一源理解的同时性。他认为镜子无时不光，无时不照，修养的核心是维持完整的本体以便发现作用。后来，聂豹的这一看法发展为在已发领域的"格物无需工夫"的"格物无工夫说"。他说：

> 致知如磨镜，格物如镜之照，谬谓"格物无工夫"者以此。③

---

① 《聂豹集》卷八，《答欧阳南野》，凤凰出版社，2007，第241页。
② 《邹守益集》卷十五，《冲玄录》，凤凰出版社，2007，第745页。
③ 《王畿集》卷六，《致知议辩》，凤凰出版社，2007，第137~138页。

他认为穷究良知如同磨镜，矫正已经发现的意识的格物就像镜之照。认为致知属于本体的领域而格物属于作用的范畴，实现本体功夫的致知，即格物无需另外的功夫。他认为的致知与格物之义如下：

> 致知者，充满吾虚灵本体之量；格物者，感而遂通天下之故。致以复其心之体，格以达其心之用，均之谓求心也。①

就是说，致知是回复吾心之虚灵本体；格物是吾心之感而遂通。他说致知与格物尽管都是求本心之谓，但其重点却在致知上。他所说的致知的具体含义是守虚寂，便是守未发之中。

> 问：所谓虚寂者，其体何似？致守之者，其功何居？答：虚寂便是体，虚寂之外别无体。致守便是功，致守之外别无功。谚谓骑驴觅驴，此类是也。②

在他看来，虚寂便是体而守此虚寂是功夫，除此别无功夫。虽然，他的格物无功夫说是他的以本体为中心思想极度发展的形态，但实际上他不将其作为核心论题发展。

如上所述，聂豹的归寂说中追求未发之中是本体可以绝对信赖这一设定的前提。诚然，对具有绝对价值的本体的尊崇不但出现在阳明学当中，在整个宋明理学史当中都可以看出这样的倾向。然而，在主张"即体即用、即用即体"的阳明学里，出现了尊崇本体而只有通过本体才能看出作用的归寂派，值得深究。笔者认为，主张以本体中心的体用观的归寂派的理论根据是其对体用一源的理解。接下来，本文将继续考察对他的体用一源与由此发展的情理解的特色。

三　体立而用自生

聂豹归寂说重视以功夫到达本体，本体与作用之间有微妙的时间差异。本文将要探讨的是根据他对体用一源的理解而产生的归寂说得具体特

---

① 《聂豹集》卷十，《答戴伯常》，凤凰出版社，2007，第359页。
② 《聂豹集》卷八，《答陈履旋给舍》，凤凰出版社，2007，第311页。

色。"体用一源"是宋明理学的基本命题之一，存在多种理解方式，笔者将其界定为"体用一源的多含义性"。他根据他独特的体用一源观点，将作用看成本体的效验。如上所述，大体上聂豹的理论都根源于阳明之教，其中体与用的关系问题可以在下文当中确认。

> 心之虚灵之觉，均之为良知也。然虚灵言其体，知觉言其用，体用一源，体立而用自生。致知之功，亦惟立体以达其用，而乃以知觉为良知而致之，牵己以从，逐物而转，虽极高手，只成得一个野狐外道，可痛也。①

在此可见的聂豹的立场是两点：一是，本体是作用的根源，作用是本体确立后自然而成的结果；二是，以作用而把握本体是视知觉为良知。即是，聂豹对体用一源的理解是以本体为中心的，可以整理为"体立而用自生"，"体立以达其用"。事实上，聂豹也认可良知的活动这一方面，但对凭借活动而求良知的倾向保持积极的警惕的姿态。他批评良知的感应变化的方便不过是知觉，而且明确地指出知觉不过是作用的。他说"即体而用存于体"，"即用而体主乎用"，可以再次确认聂豹重视本体的理论特色。虽然聂豹自身未意识到此点，但从他的体用观来看，作用源于本体，是本体确立后产生的效验而已。这里明显地表现了聂豹的以本体中心的思路，他提倡归寂说，在当时受到大量的批判，这是主要的原因。通过这一点，可以知道当时的学界也对体用与体用一源意见纷纭。

双江特别批评了龙溪的见成良知说，主张即用即体不过是视知觉为本体的。而且，虽然他也援用体用一源命题，但明确区分了体与用：首先虚灵是体；知觉是用。其次，提出体立而用自生，坚持重视体，同时强调用之自然达成。聂豹常常引用阳明所说的"良知是未发之中，寂然大公的本体，便自能感而遂通，便自能物来顺应"，认为这就是《传习录》的正法眼藏。② 值得注意的是，他用"便自能"三字来说明未发之中与中节之和的关系。这是聂豹自己的记述，而不是《传习录》原文的表达方式。其实，聂豹用

---

① 《聂豹集》卷八，《答松江吴节推》，凤凰出版社，2007，第277~278页。
② 《聂豹集》卷十四，《困辩录·辩诚》，凤凰出版社，2007，第609页："良知是未发之中，寂然大公的本体，便自能感而遂通，便自能物来顺应。"此是《传习录》中正法眼藏。

"便自能"三字的用意就在于强调追求未发之中,作用就会以无需一切人为的介入自然发见。在他看来,未发之中与中节之和之间有因果关系,中节之是为未发之中的自然效验,故说"便自能"三字。对此,他进行了说明:

> "便自能"三字,言不容一毫人力安排得,而人之所当致力者,惟于寂然未发处,直穷到底可也。①

如上所述,阳明认为,情感发现以前的未发之中与发现而调和的中节之和同时作用。然而,聂豹把它说明为"便自能",建立了时间上微妙的先后关系。他表达的"A便自能B"是一种条件命题,A是B的充分条件。其次,建立了A是B的原因而B是A的结果的模式。欧阳德就曾经批评了"便自能"的表达里面蕴含着先后的因果关系。

> 便自能之说,其义有二。如曰,视能明便自能察五色,听能聪便自能别五声,体用之义也。先师所谓未发在已发之中,而未尝别有未发者存,无前后内外,而浑然一体者也。如曰,能食便自能饱,能饮便自能醉,是执事所主工夫效验之义。盖微有先后之差,而异乎体用一源者矣。②

在他看来,"便自能"可以解释为两种含义:一是体用,意味着同时作用;二是以微妙的先后关系为基础的功夫与效验的关系。他批评聂豹的思路是功夫与效验的先后关系,而不是同时作用的体用一源。这便显示,体用一源的命题是有多种理解方式的,而且归寂说曾经因为对其设定先后关系受到批评。

那么,聂豹以本体为中心的体用观形成的基础是什么?我们可以发现他常常提及程颐与朱熹对体用问题的说明。

> "心一也,有指体而言者,寂然不动是也;有指用而言者,感而遂通是也。"此程子之言也。"寂然者,感之体;感通者,寂之用。"此朱子之言也。③

---

① 《聂豹集》卷八,《答松江吴节推》,凤凰出版社,2007,第277~278页。
② 《欧阳德集》卷四,《寄聂双江》,凤凰出版社,2007,第132页。
③ 《聂豹集》卷十一,《答王龙溪》,凤凰出版社,2007,第387页。

程子曰："心，一也，有指体而言者，寂然不动是也；有指用而言者，感而遂通是也。"用生于体，故必立体而达用，归寂而通感，可也。①

这说明聂豹的体用观接近于程颐与朱熹，他据他们关于体用的见解而形成他自己的体用一源的概念。他认为"用生于体"，"立体而达用"，"归寂而通感"，这鲜明地表现了他以本体为中心的思考。这一对体用的理解在区分体与用的基础上，以本体为中心，以作用为本体的结果，是朱熹式的体用观。

他认为，体用之间存在某种因果关系，体确立后用便自能达成，关键只在体上。因此，双江所说的体用存在自然的层次，体在概念之层次上、时间上都具有优越性。如此看来，他明确地区分了体与用的概念价值，认为用不过是本体确立后的自然效验、知觉，故说"即体而用存于体，即用而体主乎用"，"'立其体'三字，紧要"。② 简单地说，双江以阳明的"良知是未发之中"导出"有未发之中，便有发而中节之和"的逻辑，当作他的立言宗旨。的确，归寂派最大的特色是重视本体义的未发之中，视用为体的自然结果，"体立而用自生"，"立体以达其用"为代表性言论。他说：

心之虚灵之觉，均之为良知也。然虚灵言其体，知觉言其用，体用一源，体立而用自生。致知之功，亦惟立体以达其用，而乃以知觉为良知而致之，牵己以从，逐物而转，虽极高手，只成得一个野狐外道，可痛也。③

双江以本体为中心的体用观在他的源泉与江淮河汉的譬喻当中鲜明地表现出来。他以良知为源泉，以感应变化为江淮河汉，认为从源泉才能看出由此派生的江淮河汉，不承认江淮河汉为源泉。

仰体尊意，似云原泉者，江淮河汉之所从处也，然非江淮河汉，则亦无以见其所谓原泉者。故睿原者，睿其江淮河汉所从出之原，非

---

① 《聂豹集》卷十一，《答欧阳南野太史三首》，凤凰出版社，2007，第247页。
② 《聂豹集》卷十，《答戴伯常》，凤凰出版社，2007，第355页。
③ 《聂豹集》卷八，《答松江吴节推》，凤凰出版社，2007，第277页。

江淮河汉为原而睿之也。根本者，枝叶花实之所从出也，培根者，培其枝叶花实所从出之根，非以枝叶花实为根而培之也。今不致感应变化所从出之知，而即感应变化之知而致之，是求日月于容光必照之，而遗其悬象着明之大也。何如？①

他批评即用求体的主张犯了以江淮河汉为源泉的错误。在他看来，源泉应当从源泉上寻找，良知本体也须在良知本体上讲求。由此可见，他的体用观有先后之区分，但他仍然认为自己的体用一源符合阳明的宗旨。欧阳德再次用源泉与江淮河汉的譬喻来批评聂豹。他认为，根据阳明宗旨，体用一源是不能区分体与用的，是浑然一体的，但聂豹的重点就在于体与用的区分上，过度区分。

来教谓，某良知感应变化之说，似以源泉为江、淮、河、汉之所出。然非江、淮、河、汉，则亦无以见其所谓源泉者。此非鄙人意也。夫源委与体用稍异，谓源者委所从出可也，谓非委则以无见源，源岂待委而后见乎？盖源与委犹二也。若夫知之感应变化，则体之用；感应变化之知，则用之体。犹水之流，流之水；水外无流，流外无水。非若源之委，委之源，源外无委，委外无源，首尾相资，而非体用无间者也。②

欧阳德指出，以良知的感应变化而求良知就是阳明之教，而不是自己的看法。而且，源泉与江淮河汉的譬喻不足以说明体与用的关系问题。他认为，聂豹把良知与良知的感应变化分成二，进而将其概念化。他指责聂豹体用一源观念的弊病，即区分体与用为完全不同的二物。在他看来，良知的感应变化是体之用；感应变化的良知是用之体，强调阳明的体用一源就是浑然一体的。这就是阳明所说的"即体即用，即用即体"。他认为聂豹的譬喻是与此相割裂的。欧阳德认为，聂豹以本体为中心的对体用一源的理解，来自如果不区分体用，就会将作用误认为本体的忧虑。然而，他所讲求的浑然一体的体与用也不意味着体与用之间没有任何区别。他一边

---

① 《聂豹集》卷十一，《答欧阳南野太史三首》，凤凰出版社，2007，第242页。
② 《欧阳德集》卷五，《寄聂双江·第二书》，凤凰出版社，2007，第192页。

肯定聂豹的体用观念来自对体用理解单纯化的忧虑开始,一边表示阳明的体用一源也不是无区别地单纯混合体与用。

> 师《答汪石潭书》谓,"君子之学,因用以求体"。谓非别有寂然不动、静而存养之时。谓且于动上加功,勿使间断,动无不和,即静无不中,而所谓寂然不动之体,当知之。此可见致中功夫,不离乎喜怒哀乐,而所谓中立和出者,体用一源,非若标本源委,有彼此之可言也。①

他引用阳明所说的"因用求体",说明聂豹另外设定"寂然不动"与"静而存养"的境界是错误的。致中功夫不离于喜怒哀乐,体与用是同层同质的关系,不能分彼此。他认为聂豹的体用一源违背了阳明的体用一源的原意。

无论如何,聂豹一直保持了自己的体用一源观念继承了阳明宗旨的立场,他再次说明了自己体用一源的含义。

> 师曰良知是未发之中寂然大公的本体,便能发而中节,便自能感而遂通。感生于寂,和蕴于中,体用一源也。②

就是说,他根据阳明的未发之中,将寂与中视为感与和的根源。在源泉与江淮河汉的比喻中,他也突出了根本与根本派生的作用之间的关系。本体是作用产生的前提,而作用蕴含在本体之中。因此,双江对体用一源关系的建构存在时间上的差异,设定了某种体与用之间的包含关系。在此构造上,体是包含用的较为广泛的范畴,体不确立,用也不可以发现。这就是以本体为中心把握体用关系,而不以同时概念或者立体概念进行认识。

笔者认为,双江归寂说的理论特色是从体用一源的观念发展出来的。他的理论建构可以分两点:一是他对体用的理解;二是他对"一源"的理解。他对体用的理解如果以本体为 A 而以作用为 B,两者具有表 2 中所示的包含关系,也包含了时间上的先后。而他所说的"一源"之义则如图 1

---

① 《欧阳德集》卷五,《答寄聂双江·第二书》,凤凰出版社,2007,第192页。
② 《聂豹集》卷六,《致知议辩》,凤凰出版社,2007,第137~138页。

所示。

表 2　聂双江的逻辑构造

A	体	寂	未发	中	工夫	原因
U	U	U	U	U	U	U
B	用	感	已发	和	效验	结果

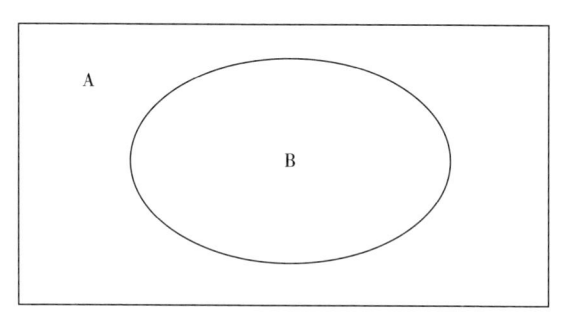

图 1　聂双江的逻辑构造

在此，我们可以斟酌双江理论中的"一源"之义。作为本体的 A 完全包含作为作用的 B，而 B 不涵盖 A。因此，为了 A 与 B 的合而为一，其关键在于 A。其次，一旦实行 A，B 就自然而然被包含其中。结果可以成为统一体，这就是双江所说的体用一源之义。事实上，他认为这种对于体用一源的理解无内外、动静、先后之分，但他的体用一源明确地存在时间上、逻辑上的先后关系。实际上，他在这样的体用一源的基础上理解情。诚然，双江也承认良知的本体义与活动义，① 但认为活动义不过是知觉。再说，在他的眼里，作用不能看作与本体义同质同层的概念。同样地，他对体用的立场也作用于他对情的理解，他对情的建构与以本体为中心的体用观脉络相同，可以用相同的方式把握。

首先，从他对概念的区分来看，他明确地指出了互相对应的概念范畴：未发与已发、先与后、寂与感、体与用。

未发对发言，先对后言，寂对感言，体对用言。②

---

① 牟宗三在他的著作《心体与性体》指出，良知是具有"存有（being）"义与"活动（activity）"义之两大特色的灵活存在，本文表达为"本体义"与"活动义"。
② 《聂豹集》卷十一，《答王龙溪》第二书，凤凰出版社，2007，第 390 页。

进而，他区分了这些概念之中的优先与其次："先天言其体，后天言其用。""寂，性之体，天地之根也……感，情之用，形器之也。"① 就是说，先天、体、寂、性对后天、用、感、情具有优先性。事实上，这一概念区分的色彩浓厚地存在于他对体用的理解之中。他说：

> 良知本寂，感于物而后有知。知其发也，不可遂以知发为良知，而忘其发之所自也。心主乎内，应于外，而后有外。外其影也，不可以其外应者为心，而遂求心于外也。故学者求道，自其主乎内之寂然者求之，使之寂而常定。②

又谓：

> 夫无时不寂、无时不感者，心之体也。感惟其时而主之以寂者，学问之功也。故谓寂感有二时者，非也。谓功夫无分于寂感，而不知归寂以主夫感者，又岂得为是哉。③

在他看来，寂感是心的基本功能，但更基本的属性是寂，应当以寂主感而以内应于外。他认为，心之体无时不寂，无时不感，在同一的时间中寂主乎感，否定寂感有二时。虽然，他表示他的寂感关系无时间的差异，但仍然存在着理论上的先后。事实上，他所谓的"归寂以主夫感"意味着寂对感有逻辑上的优先性。如果不保障心之寂的状态，感应就无法成为良知的发现。这就是说，尽管聂豹他自己未意识到这一点，主张他的寂感之间无二时，但其实他的逻辑是以寂感之间存在先后为基础而树立的。而且，在此脉络上他指出他认为的"情顺万事而无情"之义。

> 未发之中是喜怒哀乐的天则，当喜怒哀乐时，浑是未发之前的气象，便是情顺万事而无情也。顺应之情便无所，便不属睹闻，便无先后，便无过不及。④

---

① 《聂豹集》卷十一，《答王龙溪》第一书，凤凰出版社，2007，第375~375页。
② 《明儒学案》卷十七，《江右王门学案二·贞襄聂双江先生豹》，中华书局，2013，　页；也收录于《聂豹集》卷八，《答欧阳南野太史三首》，凤凰出版社，2007，第240~241页。
③ 《明儒学案》卷十七，《江右王门学案二·贞襄聂双江先生豹》，中华书局，2013，页。
④ 《聂豹集》卷十，《答戴伯常》，凤凰出版社，2007，第366~367页。

如上所述,"情顺万事而无情"是阳明所援用程明道之言,指圣人之情感是无执着、无着意而顺应万事。再说,在良知的主宰下,情感不滞留于个别情况所限定的情感发用,可以具有本体价值。阳明认为的情感发用在廓然大公的境界之中,即良知本体之乐的境界。但是,聂豹将此分为未发与已发,讲求以未发之前的气象主管已发之状态。如此一来,他对情的逻辑构造跟他对体用的见解完全相通。从结果上看,就跟阳明的即体即用、即用即体的思路有了一定的差距。

四 阳明后学的体用与情的理解:体用一源的多含义性

如前所述,本章聚焦于阳明"体用一源"的多含义性,探讨阳明后学三派对体用不同的理解方式。而且,各学派的宗旨以及具体思维模式的不同发展,是由他们对体用理解的差异导致的,这是笔者的基本观点。扼要地说,笔者认为阳明后学各学派采取不同进路的原因,从"体用一源"的多含义性切入时可以最为准确地进行把握。并认为,对于未发已发问题具有不同理解,亦是由于后学对"体用一源"问题理解的重点存在差异。本章首先聚焦于阳明"体用一源"的多含义性,以内外、动静、先后范畴(概念双)为中心。如上所述,通过考察三派对体用与情的理解,我们可以较为客观地指出:现成派、归寂派、修证派关于情的理解的确根源于他们对体用的见解。关于现成派与归寂派之间的根源性差异,日本学者冈田武彦认为,归寂派以阳明中年时代的"主静"说为"致良知"说的宗旨;现成派是根据阳明晚年的终极思想而建立的,两者的学问方向具有根源性差异。他又提及这两派产生的影响,对于现成派,他说:"他们轻视工夫,动辄随任纯朴的自然性情,或者随任知解情识,从而陷入任情悬空之弊,以至于产生蔑视人伦道德和世之纲纪的风潮。明末社会的道义颓废,在相当程度上应该归咎于现成派末流。在明末,相称思想不仅流行于儒学,而且流行于禅学,两者合而为一而走向猖狂一路。"然后这样评价归寂派的影响:"归寂派的思想虽然在开始时不免偏于静,但后来便改为以真切之工夫去体认动静一体的虚寂之真体。然而,此派因为以'归寂'为宗旨,所以必然远离富有生命力的、流动的阳明心学,而倾向于以静肃为宗的宋代性学。"①

---

① 《王阳明与明末儒学》,重庆出版社,2016,第99页。

本文所关切的是"体用一源"的多含义性，以内外、动静、先后的范畴（成对的概念）为中心梳理体用一源不同的理解方式。其一，内外方面的体用一源，是指体用之间无本质上的差异，并无层次上的差别；其二，动静方面的体用一源，与心的动静状态无关，坚持心的一贯性；其三，先后方面的体用一源，是意味着发生时间上的无差等。此三者，在体用一源的同根性与无差别性方面是一致的，在本质、概念比重、时间方面都没有轻重先后的区分。由此分析现成派、归寂派、修证各派的侧重点，首先，阐释各派对"体用一源"的理解与其思想形成之间的逻辑关系。其次，在"体用一源"的不同理解导致阳明后学三派宗旨相异的基础上，再考察他们在情概念这一方面的分歧。最后，列举各派的代表人物，以现成派的王龙溪、归寂派的聂双江、修证派的欧阳南野为中心，考察他们之间的相关议论。王龙溪与聂双江之间（《致知议辩》）、聂双江与欧阳南野之间都曾经存在过论争，其争论的焦点也与对体用，与情概念相关。如此一来，阳明后学三派之具体特征，采取此分类方式也可以把握、区别。笔者认为，阳明后学的分派，可能是由于他们对体用一源的理解（体用观）不同，这一差异导致他们具体思想构造的形成与发展产生了分歧。

东莱心学的二元论困境与学理转向

◎ 王绪琴[*]

吕祖谦（1137~1181），字伯恭，号东莱，浙江金华人。其开创"吕学"，与朱熹、张栻并称"东南三贤"。全祖望则曰："宋干、淳以后，学派分而为三，朱学也、吕学也、陆学也。三家同时，皆不甚合。朱学以格物致知，陆学以明心，吕学则兼取其长，而复以中原文献之统润色之。门庭径路虽别，要其归宿于圣人则一也。"（《宋元学案》卷五十一《东莱学案》）吕祖谦秉承"不名一师，不私一说"之家学遗训为治学宗旨，融合朱陆等各家之说于一炉，创立起独特的婺学学派及学术传统。然而，其学有博采众家之长的兼容并蓄之美，却亦有未能臻于化境而支离之憾。本文试图通过吕祖谦关于心学理论来管窥其学之二元背离的问题，但是，需要进一步探讨的是，吕祖谦在治学上除了注重兼取各家，又注重学问的现实转换，倡导外王致用，相对于偏重于心性之学建构的朱陆之学来说，又标志着一种学理的转向。这对于倾向于"向内"发展的朱陆之学，是一种调适与平衡。

一 吕祖谦的心学理论

有学者认为："吕祖谦的哲学思想，有明显的'心学'趋向……关于吕祖谦的'心'说，吕学虽保留着北宋以来理学的一些基本思想，但它更倾向心学。"[①] 吕氏的心学主要受两个人的影响，一是程颢，一是陆九渊。

---

[*] 王绪琴，浙江工商大学教授。
[①] 王凤贤、丁国顺：《浙东学派研究》，浙江人民出版社，1993，第70~72页。

《吕东莱先生本传》曰:"先生之学,以涵养性情为主,大概有志于程伯子(程颢)之为人。然明道本源了彻,精言粗语,皆归第一义谛。先生尚隔一间惜乎无年,需以岁月,岂不足以入室乎?"二程作为理学开山,然程颢与程颐又有内在的不同,程颢多承孟子心性之说,于此间多有发挥,实为心学派之始祖,吕氏对大程子之为人与学问颇为推崇。而陆九渊与吕祖谦为同时代学人,吕氏虽稍长于陆氏,然吕氏于陆氏的学问文章喜爱有加。干道八年(1172),吕氏为省考官,主持科举之事,未见其人先见其文而知是陆氏之文,"公平日读陆九渊文,喜之,而未识其人。比试礼部得一卷曰:此必江西小陆之文也。提示果九渊也。人服其精鉴。"(《吕东莱先生本传》)其后,二人交往密切,吕氏对陆氏心学理论之熟谙与心仪非常人可比。

在吕祖谦的著作中,关于心学方面的理论有相当多的阐述,总体看来,多依于程颢和陆九渊心学思想而发,无出于陆氏之上。如吕祖谦曰:

> 心即天也,未尝有心外之天,心即神也,未尝有心外之神,乌可舍此而他求?(《东莱博议》卷一《楚武王心荡》)
>
> 举天下之物,我之所独专而无待于外者,其心之于道乎!心外有道,非心也;道外有心,非道也。心苟待道,既已离于道矣。(《左氏博议·齐桓公辞郑太子华》)

显然,吕祖谦赋予了"心"本体在先的地位,他所表述的"心即天"、"心外无物"和"心外无道"的道理和程颢、陆九渊的相关表述无异。程颢有"心是理,理是心""理与心一"(《二程遗书》卷一三、卷五)的表述,陆九渊有"吾心即宇宙,宇宙即吾心","道,未有外乎其心者"(《陆九渊集》卷一九《敬斋记》)的阐释。

吕祖谦亦认为心具有主宰性,他说:"本然者谓之性,主宰者谓之心。"(《杂说》)心之主宰作用体现于"御气","圣贤君子以心御气,而不为气所御,以心移气而不为气所移……心由气而荡,气由心而出"(《东莱博议》卷一)。"气"由"心"所产生,心相对于气不但具有在先性,还有主宰性。心的主宰性在社会生活中的体现则是:"圣人之心,即天之心,圣人之所推,即天命也。"(《增修东莱书说》卷三)又有,"圣人之心,万物皆备,不见其外。史,心史也,记,心记也"(《东莱博议》卷二)。可见,圣人之心在吕祖谦看来是天命之表达,可以包罗自然万物,也包罗社会人事,甚至人类社会的历史进程也不过是圣人之心所派生出的"心史""心记"。

吕祖谦进而推论曰:

"圣人备万物于一身。上下四方之宇,古往今来之宙,聚散惨舒、吉凶哀乐,犹疾痛苛痒之于我身,触之即觉,于之即知,清明在躬,志气如神,嗜欲将至,有开必先。仰而观之,荧惑德星,搀枪在矢,皆吾心之发见也;俯而察之,醴泉瑞石,川沸山鸣,亦吾心之发见也。"

这样,因为万物皆备于圣人之心之中,故此圣人便对古往今来和上下四方的万事万物,以及人类社会的吉凶哀乐都了如指掌,这种感知能力是"触之即觉,于之即知",如同身体的感觉能力一般快捷和准确。不论是"荧惑德星",还是"川沸山鸣"之事,皆是"吾心之发见"。在吕祖谦看来,心对于万物的操控可以达到更加神奇的程度:"发于其心,害于其事;发于其事,害于其政,民有不得其死者矣。一念之毒,流金铄石;一念之驰,奔电走霆,虽未尝以兵杀人,实以心杀人;虽未尝用人以祭社之神,实用人以祭心之神也。"(《左氏博议》卷十二)一念发处,可以"流金铄石""奔电走霆",甚至能够"以心杀人"。

显然,在吕祖谦看来,心不但是宇宙的本体,具有绝对的在先性,而且,对天地万物和社会人事具有绝对的主宰和控制能力。

二　心与理的兼容并蓄及其二元论困境

上述论述显示,乍看起来,吕祖谦是心学一脉学者无疑。然而,由于其"兼取所长"和"会归于一"的学风,吕氏并不"安分"地恪守一家之言。他与朱熹交往亦是深厚,二人交往达数十年,相互通信多达上百封,还常互相探视并结伴而游。朱熹对吕氏之学批评颇多,但是朱子凡遇重要的书籍文章刊发之前,必要先征询吕氏的意见,可以说,吕氏是朱学的第一批读者,也是最全面的读者。因此,吕祖谦对于朱子的理学的思想无疑有深入的了解和体悟。

在吕祖谦的相关表述中明显能看出朱子思想的痕迹：

> 理之在天下，犹元气之在万物也。一气之春，播于品物……名虽千万，而理未尝不一也。（《东莱左氏博议·颍考叔争车》）

> 天理之所在，损一毫则亏，增一毫则赘。无妄之极，天理纯全，虽加一毫不可也。（《吕东莱文集·易说·无妄》）

> 天下事有万不同，然以理观之，则未尝异。君子须当于异中而求同，则见天下之事本来未尝异。（《吕东莱文集·易说·睽》）

显然，吕氏亦把理（天理）作为哲学的最高范畴来论述，理之于万物亦具有本体之先在性。吕祖谦亦认为理具有主宰性，他说："循天理自然，无妄也。"又"有意作为，非天理也"（《吕东莱文集·易说·无妄》）。又说："如天同一天，而日月星辰自了然不可乱；地同一地，而山川草木亦了然不可乱；道同一道，而君臣父子自了然不可乱。"吕祖谦甚至还提出与董仲舒的"天人感应"说相似的"天理感应"说以强化天理之绝对主宰性，曰："命者，正理也。禀于天而不可易者，所谓命也。"人如果不顺命以循正理，就会"降之以灾"。如此一来，这无疑和他所阐发的心的在先性和主宰性相矛盾了，本体之为本体，唯其唯一也，吕祖谦的理论体系有明显的二元论的嫌疑。

吕祖谦本意是兼取朱、陆之长而融为己学，但是处理不当却有"隔膜"和"支离"之感。潘富恩说："吕祖谦的哲学思想虽然比较明显地偏重于心学，但是，他为了把朱熹、陆九渊两种本体论调和起来，又把'天理'与'人心'联系起来论述。"[①] 比较典型的表述如："人言之发，即天理之发也；人心之悔，即天意之悔也；人事之修，即天道之修也。"（《东莱博议》卷一二）人言之发，本于天理；人心之悔，本于天意；人事之修，本于天道。显然，吕祖谦希望既不悖于朱熹的天理说，又兼容陆九渊的心本说。但是，这段表达恰恰又表明了，天理或天道是本体，而人心则是天理或天道的发用。天理和人心无法同时作为最高的本体而"高高在上"。其实，在吕氏"心即天""心外无神""心外无道"等表达中，也已经内在蕴含了这种二元背离的困境，表明了心或道作为本体，只能是二取其一，并非合二为一。言心为本者，是以主观精神为本体；言道者，是以

---

① 潘富恩：《大家精要·吕祖谦》，云南出版集团公司、云南教育出版社，2009，第60页。

客观存在为本体，二者岂能同时作为本体呢？吕祖谦此类互相抵牾的表达在其论述中随处可见。

已有学者注意到了吕祖谦理论体系中的二元论问题。潘富恩说："因而不仅吕祖谦为调和矛盾所做出的种种努力是无效的，而且还使他自己的思想体系出现了前后矛盾的现象……吕祖谦确实做到了'兼取其长'，但也确实因此冲淡了自己固有的理学色彩。"① 董平说："理的客观性的强调，与理作为主体性的阐明，这两者的关系在逻辑上恐怕应受到进一步的诘难，至少它与'人心之悔即天意之悔，人事之修即天道之修'之类的表述是很难圆融无间的，因为它们所蕴含的逻辑前提并不同一。"② 又说："由于吕祖谦兼摄朱、陆二学而将理、心并列，并同时赋予其本体意义，尽管有心理一如的一般表述，但这种表述仍不足以在根本上消除其学说之整体的二元论倾向，在某些具体问题的论述上，由此而产生一些自相抵牾的现象。"③ 吕祖谦之所以陷入本体二元论的困境之中，一方面可能是他太想调和朱、陆两家的学说了。当时的朱、陆两家有水火不容之势，"宗朱者诋陆为狂禅，宗陆者以朱为俗学，两家之学各成门户，几如冰炭矣"（《宋元学案·象山学案案语》）。吕祖谦以其恢宏的雅量、平和近人的处世能力，游走于朱、陆二人之间，终于促成并主持了鹅湖之会，此次学术交流，过程虽不尽完美，但是，其后续进一步的交流和辩论，对于两派学术立场的调和确实起到了巨大的作用。吕祖谦作为这场中国文化史上堪称千古美谈的思想盛会的促成者，无不为其恢宏包容的气象所折服。然而，这却掩盖了其学理体系内部的"支离"问题。吕祖谦评价朱熹与陆九渊曰："元晦英迈刚明，而工夫就实入细，殊未可量。子静亦坚实有力，但欠开阔耳。"（《东莱文集》卷五）而朱熹评价吕氏曰："伯恭失之多，子静失之寡。"又曰："博杂极害事。伯恭日前只向博杂处用功，却于要约处不曾仔细研究。"吕祖谦理论体系的建构，"开阔"有之（兼取所长），然"入细"未必，原因正是朱子所批评他的"博杂"问题，博取可也，是否要约于一处却不是主观意愿和情怀的问题，这是由学术内在的逻辑所决定的，尤其是本体论问题，是此非彼，至上而唯一，不可兼得。故"博诸四方师友之所

---

① 潘富恩：《大家精要·吕祖谦》，第55页。
② 董平：《吕祖谦思想论略》，载《宋明儒学与浙东学术》，孔学堂书局，2015，第35页。
③ 董平：《吕祖谦思想论略》，载《宋明儒学与浙东学术》，第36页。

讲，融洽无所偏滞"（《宋元学案》卷五十一）之语只可作溢美之词。钱穆论吕氏曰："宽大和顺，是门第的家风，但在宋儒中却成为一种特有的孤调。宋学多爱明辨是非，只直一条线。"[1] 可见，吕氏虽长于调和各家理论，然于"明辨是非"的学理深刻程度上显然又不及宋明各家，故有"孤调"之说。此外，则只能归于其天年不足，吕氏逝于壮年（享年45岁），没有足够的时间对之前的理论建构进行反思和深化，致使其学理未能集众家之长而融合无疵，是一憾事。

三 学理转向与现实关注

吕祖谦除于朱、陆及其门人交往频繁之外，与陈傅良、陈亮、叶适等人亦交往甚密。但是，与朱、陆等人不同的是，吕祖谦对浙东事功学派有相当深入的了解且保有赞赏与同情。在吕祖谦的思想体系中，对于"外王致用"的强调又远胜于朱、陆之学。

吕祖谦曰：

> 切要工夫，莫如就实。深体力行，乃知此二字甚难而有味。（《东莱学案》）

> 百工治器，必贵于有用。器而不可用，工弗为也；学而无所用，学将何为也耶？（《东莱文集·杂说》）

与朱、陆等理学家不同的是，吕祖谦特别提倡"明理躬行"、"讲实理、育实材而求实用"的治学理念。显然，吕祖谦这种理论转向本身代表了浙学的内在精神，一切学问必以致用为指向。因此，吕学除了具有调和与兼容朱、陆之学的理论特征外，还具有理学的转向意义。永嘉与永康之学作为"流于异端"（朱熹语）的学术形态，与朱陆的性理之学对峙而起，吕祖谦亦深受其影响。但是，与道学家鄙夷的态度不同[2]，吕氏在兼容朱

---

[1] 钱穆：《宋明理学概述》，九州出版社，2010，第151页。
[2] 朱子曰："其学合陈君举、陈同甫二人之学问而一之。永嘉之学，理会制度，偏考究其小小者。惟君举为有所长，若正则则涣无统纪，同甫则谈论古今，说王说霸，伯恭则兼君举、同甫之所长。"又曰："伯恭无恙时，爱说史学，身后为后生辈糊涂说出一般恶口小家议论，贱王尊霸，谋利计功，更不可听。"（《朱子语类》卷一二二《答刘子澄》）

陆的同时，又对哲学的事功学派抱有深刻的同情和认同。在其看似博杂的学理体系中，内在地进行着学理的转向。吕学代表了儒学的多元开放的格局，而儒学本就是对社会生活的立体关怀，心性修炼与人生实践，本体与工夫，一应俱足。而以朱、陆为代表的理学有过于内在化的倾向，于社会实践方面有所弱化。

吕祖谦自幼受"中原文献之学"的家传，在史学方面有深厚的积累。他从历代王朝兴衰更替的复杂现象中，感到仅有性理之学不足以体用俱足，还必须讲一点"经世致用"的学问，吕祖谦从制度史的研究中，着力于从历代盛衰中寻找出原因以指导当前制度的制定，进而改变现实生活。因此，吕学相对于程朱理学来说，已经有了一定的兼容和转向的意味。董平对吕氏的评价："吕氏早卒，其学术造诣大未见其抵于全量，然其道德醇谨，博文约礼，良为一代宗师；虽其思想之整体规模及其哲学理论之系统建设较之朱、陆逊色，然其所以卓异者，正在其不空言性命而注重经史之学，重视历史文献的研究与汇存，所谓多识前言往行以蓄其德，以道德的涵养为事功开辟的前提，以事功之建立或现实政务之合理措置为道德的实践境域，必期于开物成务，以实现善的普遍价值在经验世界中的终极还原。"[①] 这一评价无疑是全面和中肯的。吕祖谦在学术造诣上较朱、陆逊色，但是，其不空言性命，从史学入手，于事功处开拓了道德实践的境域——虽然吕学在事功之学上的学理转向不及永嘉之学和后来的永康之学彻底。

---

① 董平：《南宋婺学之演变及其至明初的传承》，载《宋明儒学与浙东学术》，第65页。

清初关中王学略论

◎米文科*

摘要：以李二曲和王心敬为代表的清初关中王学，在"提醒人心"和解决朱王之争为问题意识的引导下，一方面挺立良知道德本体，另一方面强调躬行实践和重视经世致用，从而形成了以"明体适用"和"全体大用、真体实功"为主要特色的学术宗旨。但与清初其他地区的王学相比，关中王学的这一特点反而造成了其学术上的保守性和传统性，影响直至清末。

关键词：关中王学；朱王之争；躬行实践；经世致用

说到关中王学，目前学界还少有研究，这与关中传承阳明学的学者较少、影响不大等有很大关系。[1] 而若从历史的角度来看，由于明代关中地区讲学的相对封闭性，以及关中理学受张载关学读经重礼、躬行实践、学贵有用等学风和程朱理学的影响较深，与全国其他阳明学盛行的地区相比，明代关中王学对王阳明的思想从义理上发挥较少，且在关中传播范围有限，但这一状况到了明末清初的时候发生了一些改变。不管怎样，无论是从阳明学自身的传播与发展来看，还是从阳明学对不同区域文化思想的影响来看，关中

---

* 米文科，哲学博士，宝鸡文理学院马克思主义学院副教授。

[1] 有明一代王学如此兴盛，但黄宗羲在《明儒学案》中对关中地区王学学者的记载仅有渭南的南大吉一人，可见明代关中传阳明学的学者之少。不过，黄宗羲的记载亦有疏漏，如南大吉的弟弟南逢吉原与其兄同在嘉靖二年（1523）在绍兴从学王阳明，今《王阳明全集》卷32《传习录拾遗》中收有南逢吉向王阳明请教"尊德性"与"道问学"关系的问答之语。而自南大吉从绍兴知府任上致仕回乡后，南逢吉就与其兄一起在家乡渭南传播阳明学，并在南大吉去世后，继续建姜泉书院讲良知学。南逢吉著有《姜泉集》和《越中述传》等书，其中，《越中述传》是南氏兄弟从学王阳明时所记阳明讲学语，曾于明万历年间刊刻，但今已佚。然而不知什么原因，黄宗羲的《明儒学案》中没有关于南逢吉的相关记述。

王学还是值得去研究的。本文即以清初关中王学为对象,来探讨清初关中学者在哪些方面吸收和发展了王学,从而建构自身的思想理论体系的;以及与当时其他地区相比,清初关中王学的特点又是什么。

一

自从明嘉靖五年(1526)王阳明的两位关中弟子南大吉(瑞泉,1487~1541)与其弟南逢吉(姜泉,1494~1574)开始在家乡渭南传播良知学,关中就有了王学。① 不过,南氏兄弟对阳明学的传播,还只限于渭南一带,当时关学的主流仍然是朱子学,而以吕柟、马理等人为代表的关中学者对阳明学基本上是持反对或批评的态度。而在南氏兄弟之后,阳明学在关中一时沉寂下去,少有闻者,不过,阳明学并没有绝迹。晚明关中大儒冯从吾(少墟,1557~1627)的父亲在冯从吾小的时候,就以王阳明"个个人心有仲尼"之诗,令冯从吾习字并学其为人。后来冯从吾又师从湛若水的再传弟子许孚远(敬庵,1535~1604),许孚远既以"随处体认天理"为学,又笃信王阳明的"致良知"说,属于湛门中调和湛、王者。受庭训和师教的影响,冯从吾一改之前关学以主敬穷理和读经重礼为主的学风,转而挺立心性道德本体,并致力融合朱、王之学,主张"识得本体,然后可做工夫;做得工夫,然后可复本体"②,从而使阳明学通过"本体与工夫合一"的方式再次出现在晚明的关中地区,到了清初遂走向极盛。

清初关中王学以李二曲(二曲,1627~1705)及其弟子王心敬(丰川,1656~1738)为代表,他们也是这一时期关学的主流。李二曲是陕西周至人,其学在清初关中影响巨大,又曾因受弟子常州知府骆钟麟之邀而前往江南一带讲学,历时三个多月,遂为学者所知,时人将其与黄宗羲、孙奇逢并称为清初"三大儒",而且李二曲对晚明以来关学的复兴也具有重要作用。全祖望(谢山,1705~1755)说:"关学自横渠而后,三原、

---

① 晚清关学学者柏景伟(沣西,1831~1891)说:"阳明崛起东南,渭南南元善传其说以归,是为关中有王学之始。"[冯从吾:《关学编(附续编)》,中华书局,1987,第69页] 又,关于南大吉的思想,可参见刘学智《南大吉与王阳明——兼谈阳明心学对关学的影响》,《中国哲学史》2010年第3期。

② 冯从吾:《冯从吾集》,西北大学出版社,2015,第252页。

泾野、少虚，累作累替，至先生而复盛。"① 李二曲继承了晚明关学以心性为学的宗旨，同时更强调"良知"本体对人心道德和世风学风的重要性，但由于明清之际时代和思想的变迁，以及所要解决的问题意识不同，因此其王学思想呈现出与晚明关学不同的特点来。②

第一，以体认良知本体为主。与晚明关学强调"本体与工夫合一"不同，冯从吾提出这一主张主要是为解决当时的学术分歧。其曰："近世学术多歧，议论不一，起于本体、工夫辨之不甚清楚。……若论工夫不合本体，则泛然用工夫，必失之支离缠绕；论本体而不用工夫，则悬空谈体，必失之捷径猖狂，其于圣学终隔燕越矣。"③ 冯从吾认为，晚明学者纷纷于朱子学与阳明学之辨，主要在于对本体和工夫之间的关系认识不清楚，不是舍工夫而谈本体，就是舍本体而谈工夫，因此不是失之玄虚，就是失之支离，使得圣贤心性之学越来越晦涩不明。故冯从吾提出本体与工夫要统一起来，"识得本体，然后可做工夫；做得工夫，然后可复本体"。但对李二曲来说，他所想要解决的问题意识却不是学术分歧，而是辞章功利之习。他认为，当时学者"所习惟在于辞章，所志惟在于名利"④，此外全然不知学问为何事，但学风和士风实则又关系到世道隆污、天下治乱，因此在李二曲看来，"明学术，醒人心"才是当时匡时救世的第一要务，所谓："治乱生于人心，人心不正，则天下不治；学术不明，则人心不正。故今日急务，莫先于讲明学术，以提醒天下之人心。"⑤

对李二曲来说，他所要讲明的"学术"就是以"良知"为主的学问，具体来说，就是要对良知心体有一个透彻的认识和把握。他说：

> 夫学必彻性地，而后为真学；证必彻性地，而后为实证。若不求个安顿着落处，纵阐尽道理，总是门外辊；做尽工夫，总是煮空铛，究将何成耶？⑥

---

① 李颙：《二曲集》，中华书局，1996，第612页。
② 目前有关李二曲的研究著作和论文颇多，也都涉及李二曲的王学思想，但这些研究成果不是从"关中王学"这个角度来说的，因而与本文的论述重心有所不同。
③ 冯从吾：《冯从吾集》，第288页。
④ 李颙：《二曲集》，第105页。
⑤ 李颙：《二曲集》，第456页。
⑥ 李颙：《二曲集》，第139页。

> 千圣相传，只是此知，吾人之所以博学审问、慎思明辨者，惟求此知。此知未明，终是冥行；此知既明，才得到家。此知未明，学问无主；此知既明，学有主人。此知未明，借闻见以求入门；此知既明，则开门即是闭门人。此知未明，终日帮补凑合于外，七八月之间雨集，沟浍非不皆盈，然而无本，终是易涸；此知既明，犹水之有本，源泉混混，"逝者如斯夫，不舍昼夜"。①

因此，为学首先要"识本"，也就是先识头脑，而这个"本"和"头脑"就是良知本体。李二曲说："不学不虑之'良'，乃人生本面，学焉而悟此，犹水有源、树有根、人有脉；学焉而昧此，犹水无源、树无根、人无脉。孟子论学，言言痛切，而'良知'二字，尤为单传直指，作圣真脉。"② 故学问先要洞本彻原，挺立良知心体的价值，做到良知"虚明寂定，湛然莹然"，如此才像水有源、树有根、人有脉一样，而即使学以躬行实践为主，也要"先立乎其大"，否则所谓的道德行为就是"践迹"，就是"义袭"。

第二，提倡经世致用。在强调洞彻本原、涵养良知道德本体的同时，有鉴于晚明王学"空谈良知"的空疏学风，李二曲又积极提倡经世致用，主张"明体适用"，认为"儒者之学，明体适用之学也"③。李二曲所说的"明体"，是包括本体与工夫在内；所谓"适用"，即经世致用。

> 问：何为"明体适用"？曰："穷理致知，反之于内，则识心悟性，实修实证；达之于外，则开物成务，康济群生，夫是之谓'明体适用'。明体适用，乃人生性分之所不容已，学焉而昧乎此，即失其所以为人矣！明体而不适于用，便是腐儒；适用而不本明体，便是霸儒；既不明体，又不适用，徒灭裂于口耳伎俩之末，便是异端。"④

这里，李二曲明确指出，真正的儒学是既"明体"又"适用"的，任何割裂二者的做法都是不对的，不是腐儒，就是霸儒，或者是只懂得口耳

---

① 李颙：《二曲集》，第437页。
② 李颙：《二曲集》，第529页。
③ 李颙：《二曲集》，第120页。
④ 李颙：《二曲集》，第120页。

记诵的俗学（"异端"）。因此，他号召学者要从习俗之中勇猛振拔出来，务为体用之学，"澄心返观，深造默成以立体；通达治理，酌古准今以致用，体用兼该，斯不愧须眉"①。尽管中年以后，李二曲治学的重心发生了较大的变化，更偏重于"返观默识，潜心性命"②，但他并没有放弃之前的说法，只不过对内外、本末有了新的认识，认为先本而后末，由内而及外，方能真正做到体用兼该。他说：

然明体方能适用，未有体未立而可以骤及于用；若体未立而骤及用世之业，犹未立而先学走，鲜有不仆。故必先自治而后治人，盖能治心，方能治天下国家。③

总之，李二曲对经世致用的强调，是清初王学在关中地区发展的一个重要特征，它不仅反映了明清之际理学的思想变迁，体现了当时"经世致用"的思潮，而且更成为有清一代关中王学的一个重要内容。

第三，融会朱子学。在如何看待朱子学与阳明学的问题上，李二曲也与晚明关学有所不同。冯从吾虽然主张用"本体与工夫合一"来解决晚明玄虚或支离的学风，但他其实对朱子学和阳明学之间的关系并未给予具体评论。而若从其思想来看，一方面可以看到冯从吾虽然笃信"良知"说，但他对王学的"无善无恶"说则进行了强烈批评；另一方面则可以看到冯从吾对理气、义理之性气质之性、道心人心、天理人欲和涵养省察的划分无不体现出朱子学"二分"的思维方式，因此其学问宗旨仍属于朱子学。李二曲则不同，他一方面以陆王为宗，另一方面则对程朱、陆王之学各自的长处及后学末流的弊端进行了说明，从而强调二者是相辅相成的。

人之所以为人，止是一心，七篇之书反复开导，无非欲人求心。孟氏而后，学知求心，若象山之"先立乎其大"、阳明之"致良知"，

---

① 李颙：《二曲集》，第 401 页。
② 曾在康熙八年（1669）向李二曲请教"明体适用"之学的同州（今大荔）人张珥指出，李二曲中年以前，"殷殷以明体适用为言"，而中年以后，则"惟教以返观默识，潜心性命"（李颙：《二曲集》，第 48 页）。《二曲先生年谱》"顺治十四年，三十一岁"条也记载，李二曲于是年深感于"默坐澄心"之说，"自是屏去一切，时时返观默识，涵养本源"（李颙：《二曲集》，第 634~635 页）。
③ 李颙：《二曲集》，第 480 页。

简易直截，令人当下直得心要，可为千古一快。而末流承传不能无弊，往往略工夫而谈本体，舍下学而务上达，不失之空疏杜撰鲜实用，则失之恍惚虚寂杂于禅。程子言"涵养须用敬，进学在致知"，朱子约之为"主敬穷理"，以轨一学者，使人知行并进，深得孔门"博约"家法。而其末流之弊，高者谈工夫而昧本体，事现在而忘源头；卑者没溺于文义，葛藤于论说，辨门户同异而已。①

首先，在李二曲看来，陆王之学原与禅学无关，而是出自孟子。其次，朱子学与陆王之学传承既久，其后学末流不免各有弊端，因此学者应当补偏救弊、舍短取长，如此才不失朱子、阳明学问的本旨。如王学直指人心一念独知之微，令人洞悟本性，可以救朱子后学支离蔽锢之习，而朱子学对主敬穷理、存养省察等工夫的重视则能救王门后学空疏和虚寂之病。因此，陆王之学与程朱之学是相辅相成的，"学术之有程朱，有陆王，犹车之有左轮，有右轮，缺一不可，尊一辟一皆偏也"②，为学应"以孔子为宗，以孟氏为导，以程朱陆王为辅，'先立其大''致良知'以明本体，'居敬穷理''涵养省察'以做工夫，既不失之支离，又不堕于空寂，内外兼诣，下学上达，一以贯之矣"③。正是基于这一认识，李二曲对清初流行的"尊朱辟王"的风气进行了反驳，认为当下的"尊朱辟王"只不过是口耳之争，并非真能体认实践程朱、陆王之学。不过，如何看待和解决朱、王之争并非李二曲为学的重心，这是其弟子王心敬所关注的主要问题。

二

继李二曲之后，其弟子王心敬成为清初关中王学的又一重要代表。王心敬曾先后应湖北巡抚陈诜（实斋，1643~1722）和江苏巡抚张伯行（敬庵，1651~1725）之邀在武昌江汉书院和苏州紫阳书院讲学，使关学又一次在清初的思想界中具有较大影响。王心敬的王学从总体上来看是继承了其师李二曲的学说并将其进一步发展，这可以从其"全体大用，真体实

---

① 李颙：《二曲集》，第532页。
② 李颙：《二曲集》，第532页。
③ 李颙：《二曲集》，第532页。

功"的为学宗旨看出。具体来说,王心敬的王学可以概括为以下三个主要方面。

第一,融合会通朱、王之学。在李二曲看来,提醒人心,以救士子陷溺于辞章功利之习中,唯有先树立道德本心,因此学问当务之急是在体认良知本体上,而非辨朱辨陆。但随着清初"辟王尊朱"之风的越演越烈,以及在苏州讲学时与江南朱子学者之间的相互辩难,王心敬深感门户之争对儒家之学的危害,因此不同于其师,他把解决朱、王之争,特别是以"辟王"为"尊朱"的风气作为其学问重心。王心敬说:"自晚村(吕留良)之说行天下,制举者无不读其选,故十九见言及陆王者极口诋斥,但有一人不然者,即移排陆王之力以排是人,曰是愿学陆王者也,并举其生平而弃之。"[①] 但要解决朱、王门户之争包括"辟王"之风,当然不能尊一抑一,但不管怎样,首先是要为王学正名。对此,王心敬指出三点。

一是陆、王之"立大本"和"致良知"之说来自孟子。王心敬说:"陆王之立本良知,非陆王之私创,乃孟子之本旨,陆王可排,孟子亦可排耶?孟子之立本良知不为禅,陆王之立本良知遂禅耶?"[②] 因此,排斥陆王,亦是排斥孟子,以陆王为禅,即是以孟子为禅。

二是陆王非禅。王心敬先是强调心性之学并非佛老专属,而是"吾儒之学,原本心性"[③],朱子生平亦是以心性之存养为要归,故不能以陆王之重心性就以为是禅学,否则就是将儒家性命精微之旨都归于佛老,也不懂得朱子为学之本意,而只在闻见支离、辞章记诵中求所谓学问。接着,王心敬指出儒学与佛道二教的区别并不在心性上,而是在于经世与出世与否。他说:"夫圣与佛岂一理者?圣人之道主于经世,佛氏之道主于出世。经世者,欲其仁为己任,死而后已;出世者,欲其一超见性,顿出三界。宗旨路途,天渊不侔,浑而一之,不惟不达吾道,并不知佛旨也。"[④] 而从陆王为学宗旨来看,显然,陆王与佛氏不同,"陆王教人存心尽性于人伦日用之中,禅学教人明心见性于三界万象之外,血脉宗旨,天渊分异"[⑤],

---

① 王心敬:《丰川全集(正编)》卷11《又与逊功弟》,清康熙五十五年(1716)额伦特刻本。
② 王心敬:《丰川全集(续编)》卷1《姑苏论学》,清康熙五十五年(1716)额伦特刻本。
③ 王心敬:《丰川全集(正编)》卷1《存省录》。
④ 王心敬:《丰川全集(正编)》卷17《与济宁赵荐清书》。
⑤ 王心敬:《丰川全集(续编)》卷3《姑苏纪略》。

因而若以陆王为禅而非之，则不仅惹陆王学者讥笑，更谈不上穷理知言。

三是陆王之学对于儒学具有重要、积极的意义。王心敬指出，程朱后学往往陷溺于支离闻见之中，现在得陆王"先立乎其大"和"致良知"说的提撕，自然对学问有补偏救弊的意义。当然，由于陆王在本体方面有所偏重，而其后学既不能守其原说，也不能会通其本旨，故未免于脱离实修工夫，但程朱与陆王并非像吾儒与佛老那样判然二分，属圣学与异端之别。所以，学者要各取所长，以融会贯通为主，而非汲汲于朱、王之辨，甚至"尊朱辟王"。他说："专尊陆王而轻排程朱，是不知工夫外原无本体，不惟不知程朱，并不知陆王；若专尊程朱而轻排陆王，是不知本体外无有工夫，不惟不知陆王，并不知程朱。"① 又说："为学不知尊德性，则流为俗儒之支离闻见；然徒知尊德性而不知道问学，亦类于二氏之溺空滞寂。……然却要知尊德性之功原在于道问学，而所以道问学之意亦原是为尊德性。"②

第二，返归孔孟，以《大学》为宗。不同于其师李二曲专从朱、王末流之弊来说明二者是相辅相成、缺一不可的，王心敬一方面强调对程朱、陆王要各取所长，以救其弊，另一方面则指出合程朱、陆王而一之，并非只为补偏救弊或为调停二家之说而已，而是学问本来就是本体与工夫、天德与王道、全体与大用合一的，而非分为两截的。为了证明这一点，王心敬用追本溯源的方式指出孔子、孟子的学问便是如此，这可以从《大学》一书中得到验证。他说：

> 孔、孟之学术本全体大用、本体工夫一以贯之，而后之学术或且详于本体而略工夫作用，或且独重作用工夫而略本体。……故今之学术欲合诸先生为一家，非漫然调停之也。③

> 古今道统学术之源流尽于全体大用、真体实功，惟《大学》"明新至善"乃于此包括无遗，真是会四渎百川之众流于沧海，更无一滴旁溢。明此者，六经四子乃得其宗传，百家众说乃得所权衡，吾辈遵闻行知乃不至差如旁蹊小径。④

---

① 王心敬：《丰川续集》卷14《寄无锡顾杨诸君》，清乾隆十五年（1750）刻本。
② 王心敬：《丰川全集（续编）》卷2《姑苏论学》。
③ 王心敬：《丰川全集（正编）》卷18《答友人论折中学术书》。
④ 王心敬：《丰川全集（正编）》卷1《语录一》。

王心敬指出，孔孟之学乃是全体大用、本体工夫一以贯之的，其具体表现就是《大学》一书中讲的"明新止至善"，而《五经》《四书》亦是会归于此，以全体大用、本体工夫一贯不偏为宗旨。所以，现在融合朱、王之学并非只是为了调和二者，使之不起争端，而是孔孟学术本是如此。这样，王心敬就通过返归孔孟，以《大学》为宗，为其"会通朱王"提供了一个"合法性"的依据。这可以说是王心敬对晚明以来"朱陆之辨"方面的进一步发展，也是其学的一个主要特征。

第三，重视经世致用。尽管李二曲鉴于晚明学风的空疏而主张"明体适用"，但其主要问题意识则在于"醒人心"，所以其学问重心还是在"默坐澄心，体认天理"上，强调对良知心体的把握。不过，王心敬则继承了李二曲的"明体适用"的学问之路，在重视心性修养的同时，对经世致用也给予了格外关注，在其著作《丰川续集》中可以看到他对礼制、选举、积储、备荒、水利、筹边、军事等众多现实问题进行了大量的讨论，可以明显感觉到王心敬对"适用"的重视在加强，这是清初关中王学的特点之一。

除了李二曲、王心敬之外，清初的关中还有武功的康吕赐（一峰，1644~1731）和彬县的王吉相（天如，1645~1689）亦以王学为宗。康吕赐以致良知为宗旨，以慎独为工夫，但可惜其著作已佚失，难以窥知其学之全貌。王吉相则为李二曲弟子，其学以发明王学"知行合一"之旨为主，重在躬行实践，有《四书心解》传世。

三

清初，除了关中地区，河北、河南、浙东、苏州等地王学也比较流行。关中王学与这些地区的王学有同有异。其相同处如：一是主张在良知本体上用功，挺立价值之源；二是强调躬行实践；三是重视经世致用，以纠正晚明王学"空谈良知"之风；四是在修养功夫上肯定静坐；五是反对朱、王门户之争，特别是只在口头言语上互相排斥诋毁，而主张力行程朱或陆王之学；六是反对时下的辞章记诵之学；等等。

尽管与各地王学有不少相同之处，但总的来看，关中王学的问题意识显得比较突出和明确，如李二曲认为当时的士子除了辞章记诵、举业功利之外，更不知学问为何事，所以他把"明学术，醒人心"看作自己的学术使命，以此来挽救世道人心，而王心敬则致力于寻求解决朱王门户之争，特别是"尊朱辟王"之风的方法，并将其作为自己一生的学术任务。因此，清初关中王学的现实感比较强，体现了关学"学贵有用"的性格，关中学者对王学的认同，并不是出于纯粹的理论兴趣或个人爱好，也不是受家庭、师门的传授和影响等，不像浙江余姚的姚江书院从明末至清康熙年间都是全国重要的阳明学讲学中心，而邵廷采（念鲁，1648~1711）就生活在这样一个环境之中，且其父、祖与老师韩孔当（遗韩，1599~1671）都属于阳明后学，故其学也是以王学为主。

如果说有什么不同之处，一是关中王学在气象规模上不如河北的孙奇逢（钟元，1584~1675）。孙奇逢也反对朱王门户之争，但他在对待二者上，并不像其他学者一样把朱、王之学只看作互救其弊、相辅相成，如车之两轮一样，而是认为朱、王之学是殊途而同归、百虑而一致。他说：

> 道原于天，故圣学本天。……夫天，大之而元会运世，小之而春夏秋冬，至纷纭矣，然皆天之元气也。诸大圣、诸大贤、诸大儒各钟一时之元气，时至事起，汤、武自不能为尧、舜之事，孔、孟自不能为汤、武之事，而谓朱必与陆同，王必与朱同邪？天不能以聪明全畀一人，尧、舜亦未尝尽尧、舜之量，孔子亦未尝尽孔子之量。孔子集大成矣，聪明不尽泄于孔子也。朱子集诸儒之大成，聪明岂遂尽泄于朱子乎？阳明格物之说，以《大学》未尝错简，论其理非论其人，何妨于道之一？[1]

> 学以孔子为昆仑，颜、曾、思、孟则五岳四渎也，濂溪以周，伊洛以程，横渠以张，紫阳以朱，象山以陆，皆能为其山川重，所谓小德川流，总之以海为归宿。其道理虽有迂直远近，朝宗于海则一。见不必相同，意不必相非。[2]

孙奇逢从"圣学本天"的观点出发，指出程朱、陆王皆"各钟一时之元气"，而且天也不能把聪明全付诸一人，所以尽管朱子是集诸儒之大成，

---

[1] 孙奇逢：《夏峰先生集》，中华书局，2004，第137~138页。
[2] 孙奇逢：《夏峰先生集》，第128页。

但"聪明岂遂尽泄于朱子乎",因此程朱与陆王之学,"其道理虽有迂直远近,朝宗于海则一",就像流水万派千溪,而总归于海一样。故在孙奇逢看来,朱、王之学不是一种互补的存在,而是殊途而同归、一致而百虑的,所谓"道问学与尊德性,原是一桩事,正不妨并存,见圣道之大,各人入门不同",所谓"建安亦无朱元晦,青田亦无陆子静,姚江亦无王伯安"[①]。可见,孙奇逢之学的气象和规模都是比较大的。

二是关中王学在思想上拘守于程朱、陆王之间,比较传统和保守,不像其他地区的王学常与其他学术相结合,或发展出新的思想理论来,或开辟出新的学问路径。如浙东余姚的黄宗羲(梨洲,1610~1695)一方面学主阳明,肯定"心即理";另一方面又认为"心即气也","心即气之灵处",而"心体流行,其流行而有条理者,即性也"[②],从而发展了心学理论,走出了一条"心气合一"的心学与气学交融的学问之路。而邵廷采则倡言"经学与心性之学本出一原,圣人作经,皆以发挥心性"[③],认为于经学之外别求心性,必失圣人作经之意而流于空谈,这即赋予了经学以新的意义,又避免了王学的空虚之病。邵廷采又非常重视史学,认为治史在于鉴古知今,以救时弊,从而推动王学走上经史之学的道路。另外,苏州的彭定求(南畇,1645~1719)亦在以陆王为学的同时,主张经学与理学相结合,认为"理莫备于六经,则舍理更何所为学"[④],反对考据家把经学只当作考据训诂,而主张在经中追求身心性命之理。

三是在会通程朱、陆王的具体方式上有所不同。清初关中王学主要以晚明冯从吾提出的"本体与工夫合一"的方式来融合会通朱、王。如李二曲说:"识得本体,若不继之以操存,则本体自本体。……所谓识得本体,好做工夫;做得工夫,方才不失本体。"[⑤] 王心敬也说:"无体不立,无用不达,无真本体则工夫亦并不真,无实工夫则本体亦并不实。"[⑥] 认为"本体即工夫之体段,工夫即本体之精神"[⑦]。而其他地区的王学多是从传统的

---

① 孙奇逢:《夏峰先生集》,第315~316页。
② 黄宗羲:《孟子师说》,第60页。
③ 邵廷采:《思复堂文集》,浙江古籍出版社,2012,第317页。
④ 彭定求:《彭定求诗文集》,上海古籍出版社,2016,第708页。
⑤ 李颙:《二曲集》,第455页。
⑥ 王心敬:《丰川全集(正编)》卷4《语录下》。
⑦ 王心敬:《丰川全集(正编)》卷1《语录一》。

"尊德性"与"道问学"来强调朱子与象山、阳明本人都是"德性""问学"合一的,只是到了后学才有了分别。如孙奇逢说:"博后约,道问学,正所以尊德性也;约后博,尊德性,自不离道问学也,总求其弗畔而已。"① "尊德性,道问学,说虽不一,本是一事。"② 邵廷采也说:"良知即明德,是为德性;致之有事,必由问学。尊德性而道问学,致良知焉尽之矣。故谓象山为尊德性,而堕于禅学之空虚,非尊德性也;谓晦庵为道问学,而失于俗学之支离,非道问学也。非存心无以致知,后人自分而晦庵、象山自合耳。"③

另外,四川的杨甲仁(愧庵,1640~1718)则从对"格物"的重新解释来融会朱、王之学。他指出,圣人之学原是心性之学,是从"不睹不闻、无声无臭"处下手,但后儒错把"格物"看作是向外穷理,以为若只在心性上做功夫,必然会遗弃人伦事物,堕入佛老空虚寂灭之中。杨甲仁认为,"格物"就像寻找水的源头一样,是要寻找道德价值的源头,亦即"格其明德至善之物",而不是向外追寻事物之理。他说:"格物是格其明德至善之物,即物有本末之本物,从性体上下手,格得天命底源头,千真万真,那后起不善之私欲自丝毫混杂污染不上。知就致止在至善明德,即止至善,意便诚,心便正了,这原是从内面作底工夫。"④ 又说:"圣门格物是格其明德至善之物,教人直认着性体去做,从本体下工夫,用工夫复本体,既得主脑,又非对治,故一了百当。"⑤ 这样,杨甲仁就通过对"格物"的重新定义,即不废工夫,又不离本体,工夫就在人伦日用、眼前事物上,而本体则在工夫之中,从而将朱、王之学融合起来。

以上三点是清初关中王学与其他地区王学相比而显现的一些主要差异,当然,这并不是全部。如不同地区王学对明代王门后学的评价也不尽相同,李二曲比较推重王龙溪之学,孙奇逢则推崇罗念庵,而黄宗羲与邵廷采都推尊刘宗周之学等,这些都可以从一个侧面反映出各家各地之学的某些特点。此外,对王学的一些概念和命题如"无善无恶"的理解各家也

---

① 孙奇逢:《夏峰先生集》,第342页。
② 孙奇逢:《夏峰先生集》,第86页。
③ 邵廷采:《思复堂文集》,第12页。
④ 杨甲仁:《愧庵遗著集要》卷2《下学录》,民国十年(1921)刻本,见《清代诗文集汇编》,第690页。
⑤ 杨甲仁:《愧庵遗著集要》卷2《下学录》,《清代诗文集汇编》,第692页。

不完全相同。

四

通过以上所述我们可以看到，清初关中以李二曲、王心敬为代表的王学学者以明确的问题意识为导向，在挺立心性价值本体的同时，又注重躬行实践和强调经世致用，从而形成了以"明体适用"和"全体大用、真体实功"为主要特色和学术宗旨的清初关中王学。同时，关中王学这一特点也造成了其学术性格上的保守和传统，不像清初其他地区的王学常常会与其他学术如气学、经学或史学相结合而发展出新的思想理论或新的学问路径来，更不用说和那些敢于挑战传统理学的学者如陈确、颜元、李塨等人相比了。然而反过来，保守性和传统性又使得关中在有清一代理学氛围都比较浓厚，即使是在"干嘉汉学"盛行的时候，关中地区仍主要是以传统理学（程朱理学）为主，从事考据、训诂的学者较少。

无论如何，清初关中的王学就像全国其他地区的王学一样，在乾隆年间逐渐衰落，程朱理学再次成为关中地区的学术主流。这种状况一直持续到清末，最后长安的柏景伟（子俊，1831～1891）和咸阳的刘光蕡（古愚，1843～1903）以良知学为基础，以经世致用为方向，结合西方的"新学"，开辟了关中王学发展的新道路，并赋予了王学新的时代意义。

试论阳明与赣南文化的"小传统"

◎黄吉宏*

摘要：真儒阳明客寓江右多年，在南赣大地上"立德、立功、立言"，惠泽广袤的社会空间，接续了南赣敬畏的圣域小传统与圣人兴社学以培育醇厚的世域风尚。其神道设教的内核与精神教化的助力，为士民互动之独特性"化乡"地域文化建构提供了重要的内外部条件。

关键词：阳明行状；兴社学；化乡

引 论

肇始于先秦以来的士阶层，其养塑的道统经历时性的礼仁沉潜而基本形成"天下有道则见"与"邦无道则隐"的社会治理双阀。就地域而论，历经宋明以来儒学在性理之学与心性之学的双重滋养下，儒学的道统在南赣逐渐向下化成地方性"乡宦"与"士绅"共治的"小传统"。

回溯"三代之治"，阳明与学生徐爱曾有一番议论，阳明特别强调师法其本，取其治道精义，"唐、虞以上之治，后世不可复也，略之可也。三代以下之治，后世不可法也，削之可也。惟三代之治可行。然而世之论三代者，不明其本，而徒事其末，则亦不可复矣！"阳明因循历代礼仪祭祀内化的敬畏之情，并在显性层面兴社学以助王纲教化，宣讲良知，申明三代之治的微言大义，将国之大事祀与戎的"国基"化成于治邑要在"化乡"的"地基"之上。清代陆世仪谓："以三代之治治天下，其要在于封

---

* 黄吉宏，博士，景德镇陶瓷大学副教授。

建，以三代之治治一邑，其要在于化乡，乡者，王化之所由基也。"① 儒学通过不同儒生"入乡随俗"的地域讲习、血缘联姻接续"学统"的地缘认同，尤其是江右王门及后学积极配合明中叶以后官方明伦纲常、赋役丈量等地方性事务，成为补益社会教化、上通下达不同里甲、卫所、社群的一支不可忽视的社会治理力量。以下兼顾历时性的行政区划与共生性的客家人集散地域之"南赣文化"，聚焦敬畏的圣域与淳厚的世域两个方面来论述阳明对南赣文化的"小传统"的影响。

一 敬畏的圣域：阳明与南赣祭祀崇奉的"小传统"

就人物与地域关系而言，正德十一年（1516）九月十四日，阳明升都察院左佥都御史，巡抚南、赣、②汀、漳等地，十月二十四日朝廷敕谕再下，十二月初二又对阳明上疏力辞批复："奉圣旨：王守仁不准休致。南、赣地方见今多事，着上紧前去，用心巡抚。钦此。"（《巡抚南赣钦奉敕谕通行各属》），不得已开拔的阳明于正德十二年（1517）正月十六日抵赣莅事，旋即开府理政，假以"十家牌法""选练民兵"、规制"书院社学"以启迪民智，经一年多平定了闽、赣、湖、广四省边界的匪乱，也为南赣文教事业与社会开化起到了重要的引领作用。

（一）阳明生前培植敬畏的圣域行状

阳明汲取历代儒学"开物成务"的礼仪明堂，通过宗教性的形式改造，并以日常乡村治理的人神契约、会盟程序为契合点，加以仪式化，给民众以崇高的集体仪式感。按《南赣乡约》记载：

---

① 《礼记·乡饮酒义》：吾观于乡，而知王道之易易也。《荀子·乐论》：吾观于乡，而知王道之易易也。《孔子家语·观乡射》：吾观于乡，而知王道之易易也。陆世仪：《治乡三约》，《陆子遗书》，清光绪二十五年刊本"自序"，第1页。

② 南安府，按《南安府志》卷三载，太祖洪武元年（1368）戊申设南安府，领大庾、南康、上犹三县，隶江西行中书省，九年（1376）以行中书省为承宣布政使司府属之，武宗正德十二年（1517）丁丑立崇义县，参见《北京图书馆古籍珍本丛刊》32，书目文献出版社，2000，第522页。赣州府建制，按嘉靖《赣州府志》卷一《沿革》载明洪武二年（1369）巳西改路为府，领县十：赣县、于都、信丰、兴国、会昌、安远、宁都、瑞金、龙南、石城。

试论阳明与赣南文化的"小传统"

> 当会前一日,知约预于约所洒扫张具于堂,设告谕牌及香案南向。当会日,同约毕至,约赞鸣鼓三,众皆诣香案前序立,北面跪听约正读告谕毕;约长合众扬言曰:"自今以后,凡我同约之人,只奉戒谕,齐心合德,同归于善;若有二三其心,阳善阴恶者,神明诛殛。"众皆曰:"若有二三其心,阳善阴恶者,神明诛殛。"皆再拜,兴,以次出会所,分东西立,约正读乡约毕,大声曰:"凡我同盟,务遵乡约。"众皆曰:"是。"乃东西交拜。兴,各以次就位,少者各酌酒于长者三行,知约起,设彰善位于堂上,南向置笔砚,陈彰善簿;约赞鸣鼓三,众皆起,约赞唱:"请举善!"[①]

上述赣南乡约中"知约""约正""约长""同约"各司其职,殊途同归于赞唱里的"止于至善",赋予原始儒家"隐恶扬善"功能所指以庄重的仪式感。"我要"之形式上的人人盟约之"人极",置换为"神要"之人神互动之"神极",前者本质上是一种社会伦理戒律,后者则是一种宗教伦理,最大的不同在于宗教伦理透过各类仪式或宗教行为更能强化百姓日用中集体有意识的"神正论"。如此,"为善去恶"的世俗节律抬升至"神明诛殛"这一更高的神谕般的惩罚心理机制中,更能补益儒学六合之外存而不论的超验空间。

除了从仪式上培植民众对"化乡"这一理想的秩序追求,阳明也充分重视树立个案以践履"儒礼"的祭法。在阳明靖乱征伐的过程中,时为宁都知县的王天与追随"征剿横水、桶冈诸贼","讨平宁藩",根据(《礼记·祭法》)圣王祭祀的理则,其"竟死勤事"的事迹符合因公殉职的祭祀标准,于是在《批宁都县祠祀知县王天与申》[②]中阳明顺从南赣宁都士民的民意,批准"建祠报祀",以慰慎终追远的祭祀"小传统"。

> 据宁都县申,看得知县王天与日随本院征剿横水、桶冈诸贼,屡立战功;后随本院讨平宁藩,竟死勤事;况其平日居官,政务修举,威爱兼行。仰该县即从士民之请,建祠报祀,用绅士夫之公论,以慰

[①] 《王阳明全集》,上海古籍出版社,2012,第509~510页。
[②] 《别录九·批宁都县祠祀知县王天与申》,《王阳明全集》,第517~518页。

小民之遗思。

就阳明个人的宗教情感而论：阳明本儒士，子虽不与怪力乱神，然亦深深浸染殷周以来烄祭巫舞祝厘或儒道佛融合下民间信仰兼容功能性神祇以祈雨的宗教性仪式烙印。史载阳明仕途的转折点在正德庚午年（1510），升庐陵县知县期间曾以身祷返风、血祭禳火，南赣任内至少有两次为民祈雨的辞章之文。见表1。

表1

时间	题名	内容
正德（1510）	钱德洪《王阳明年谱》	五年，庚午。先生三十九岁，在吉。升庐陵县知县……城中失火，身祷返风，以血禳火，而火即灭
正德丙子（1516）南赣作	《祈雨辞》	呜呼！十日不雨兮，田且无禾；一月不雨兮，川且无波；一月不雨兮，民已为疴；再月不雨兮，民将奈何？小民无罪兮，天无咎旱！抚巡失职兮，罪在予臣。呜呼！盗贼兮为民大屯，天或罪此兮赫威降嗔；民则何罪兮，玉石俱焚。呜呼！民则何罪兮，天何遽怒？油然兴云兮，雨兹下土。彼罪遏遍兮，哀此穷苦！
	《祈雨二首》	旬初一雨遍汀漳，将谓汀虔是接疆。天意岂知分彼此？人情端合有炎凉。月行已久虚缠毕，斗杓何曾解挹浆！夜起中庭成久立，正思民瘼欲沾裳。见说虔南惟苦雨，深山毒雾长阴阴。我来偏遇一春旱，谁解挽回三日霖？寇盗郴阳方出掠，干戈塞北还相寻。忧民无计泪空堕，谢病几时归海浔？

上述《祈雨辞》与《祈雨二首》皆收录于今《王阳明全集》中。前者亦见于清同治《会昌县志》，惟纪年以正德十二年（1517），似与《王阳明全集》中记载的"正德丙子（1516）南赣作"有出入，但从内容的精义看兼有历代呼天、忏悔、罪己、哀苦、哭命等请神境遇下为民请命的复杂情感，殊途同归于人神沟通的有求希应则祀的功能性动机。

综合《赣州府志》《会昌县志》文献：当时就任南赣巡抚不久的守仁靖乱闽漳南山民暴乱，从上杭途经会昌返赣，曾亲往翠竹祠祈"赖公侯王显应公"①，灵应有验，天降甘露，阳明赐额"功泽弘庇"，至今衍化成民间的赖公庙会，每年农历七月初六（赖公侯王显应公诞辰）行像攘神，从前一日农历七月初五至初八历时四天。《祈雨二首》中的"我来偏遇一春旱，谁解挽回三日霖"，结合阳明靖乱漳南后回师上杭多次祈雨有验，钱德洪《年谱》记载："四月班师，事三月不雨。至于四月，先生方驻军上杭，祷于行台，得雨。以为未足，及班师。一雨三日"兴之所至作《时雨堂记》②较为吻合。又诗中"月行今已虚缠毕"星宿虚、毕，推测当在正德十一年春四月。有明一代，作为少有的文武兼备的通才，阳明时常在诗与梦的真情流露中感叹命运的"不可说"，如《谒伏波庙二首》追忆十五岁时梦中所作之印可"今拜伏波祠下"行状之不偶然，亦曾感叹"从来胜算归廊庙，耻说兵戈定四夷"。面对战事风云变幻，虽云事上磨砺，然又事后流露人谋鬼谋，尚有人力所不及的耦合性，阳明《平八寨》中有征："岂是人谋能妙算？偶逢天助及师还。穷搜极讨非长计，须有恩威化梗顽。"③

从社会的宗教心理看：赣州自秦代以来民间庙宇就有崇奉功能神或因功而由人升格为神来祭祀的民间传统，加之历代的口口相传，神迹地域化的神话故事往往经久不衰。如明初宋濂《赣州圣迹庙灵迹碑》中的"石固"，集中体现了儒家宗教性祭祀所具有的先人后神、"以死勤事"的观念投影。

> 圣迹庙者，初兴于赣，渐流布于四方，所在郡县多有之。神盖姓石氏，名固，赣人也。生于秦代，即殁，能发祥焉。汉高帝六年，遣

---

① 《赣州府志》载："赖侯，楚人。晋代奉老子教（道教），隐居于荆山，后来到邙山，得飞升变幻之术，遂证元宗道家上神秩，初曰元帅，进嘉应侯，再进四海灵应王。前明寇乱，贼忽见赖字旗，惊为神助，遂却走。会昌两乡各建有祠，祈祷必应。阳明《昭告会昌显灵赖公辞》云：'维正德十二年，岁在丁丑五月乙亥，越五己卯，钦差巡抚南赣汀漳等处，都察院左佥都御史王守仁，昭告会昌受封赖公之神，为会昌民田稼禾旱枯，祷告灵神，普降时雨。至雩都，果三日之内大雨，赖神可谓灵矣。敬遣会昌县知县林信，具香帛牲礼代谢之诚。神其昭格，永终神惠，以阴骘会昌之民。谨告！'明吉水按察使周汝良有《翠竹祠碑记》云：灵祠在赣之会昌县南二里，祀封元帅赖公之庙也。翠竹者，环祠皆竹，翠郁可爱，故邑之八景，翠竹与焉。"

② 周建华：《成雄与成圣：王阳明巡抚南赣汀漳业绩另说》，《江西社会科学》2003年第6期。

③ 《外集二·谒伏波庙二首》，《平八寨》，见于《王阳明全集》，第658~659页。

懿侯灌婴略定江南，至赣。赣时属豫章郡，与南粤接壤。尉佗寇边，婴将兵击之。神降于绝顶峰，告于克捷之期，已而有功，馆神于崇福，里人称为石固王庙。

唐大中元年（847），民民闻谅被酒，为魅所惑，坠于崖下，符爽行贾长汀，舟几覆，咸有所祷，谅即返其庐，爽见神来护之。于是卜贡江东之雷冈，相率造新庙。埭石为像奉焉。相传庙初建时，天地为之晦冥，录事吴君暨司户萧君，令康黄二衙官先后往视，皆立化，二君亦继亡。逮今祀为配神云。自时厥后，神屡显嘉应……①

宋濂历陈"圣迹庙"从秦代肇始的石固其人，死而屡屡发祥的事迹，汉代化为协助懿侯灌婴克敌制胜的神谕，而被里人崇建"石固王庙"唐宋以来屡次显灵，或救民于水火旱涝、乞阴兵而助官军克敌制胜。宋五封至"崇惠显庆昭烈忠佑王"，赐庙额曰"嘉济"。元三易封为"护国普仁崇惠灵应圣烈忠佑王"，复更之以今额。宋元以来亦多有褒扬，这与《礼记·祭法》祭祀的功用不谋而合，"法施于民则祀之，以死勤事则祀之，以劳定国则祀之，能御大灾则祀之，能捍大忠则祀之"②。站在儒家的立场上，宋濂以为这些祭祀皆有功于国家，德被生民。紧接着宋濂将"圣迹庙"的事迹与儒家历代名臣"勤勤致敬"的事例，刘文粲因梦中征兆入乡选、宋濂自己现身说法神示祥瑞而入翰林的个人宗教体验，说明此祭祀祝厘的正当性，皆有助于善导教化，这些民间神祇虽不入史家正统传叙，但却以客家民间祭祀礼仪而深入一般民众的宗教行为或身心投影中。

除了对民间功能性神祇的崇奉外，儒学的宗教性也通过儒生对文教的播化德行而入祭祀的行列，并通过更高一级的官员不断地上达"化民成俗"的神格，如阳明受邀为贬谪的客寓官员所作《兴国守胡孟登生像记》谓：

自公之来，斩山斥地以恢学宫，洗垢摩钝以新士习，然后人知敦

---

① （明）宋濂：《赣州圣济庙灵迹碑》，《宋文宪集》卷四，见于陈垣《道家金石略》，文物出版社，1988，第1231~1233页；亦见于台湾缩印本《正统道藏》"正一部"，第54册，艺文印书馆，精装缩印本，1977；《道藏》（三家本），第32册，第841~843页。
② （汉）郑玄注、（唐）孔颖达疏、吕友仁整理《礼记正义》（下），上海古籍出版社，2008，第1802页。

礼兴乐，而文采蔚然于湖、湘之间；荐于乡者，一岁而三人。盖夫子之道大明于兴国，实自公始。公之德惠，固无庸言；而化民成俗，于是为大。祀公于此，其宜哉！"①

阳明与胡孟登为余姚同乡，又有相同经略南赣的从政经历，乡土情谊、民众请辞作记，显胡公之生前弘教伟业、敦礼兴乐的记载，立德为先，体现了二人对儒家超越性的"三不朽"观念的认同。

（二）阳明身后祀义精神的延续

阳明生前在赣不仅自己践履着儒学神道设教、经世保民之道，而且也得到时已离京南归的费宏等儒士的支持，在平定"宁藩之乱"中费宏亦曾为阳明出谋划策。阳明殁后，费宏以《周易·坤·文言》"积善之家，必有余庆"之"报本返始"的笔调写下《阳明王先生报功祠记》②以彰"赣人重义"之情，直追三代祀义之遗风。

> 经世保民之道，济其变而后显其功，厚其施而后食其报……公之去赣久矣，而人犹思之，复建祠以祀之。富者输财，贫者效力，巧思者模橡，善计者纠工，虚堂香火，无替岁时。报施之道，不于其存而于其亡，身后之事，未定于天下而私于一方，吾是以知赣人之重义也。孔子曰："斯民也，三代之所以直道而行也。"兹非三代之遗民欤？

桑林之祷，邓林之育，一切宗教性行为的内在敬畏之情，皆赖社土风物所衍，以成区际气象。按《送陈怀文尹宁都序》③谓："衣冠文物，辉映后先，岂非人之所谓邓林、渥洼者乎？宜必有环奇之材，绝逸之足，干青云而蹑风电者，出乎其间矣。"阳明将衣冠文物与宋元以来新道派的宗教性法力比兴，特以玄门驱役雷霆"干青云而蹑风电"的笔触描摹怀文气象，并追述其虽处江湖之远而有术士品藻人物以"望色"神异的意蕴，升格了儒士化乡"随遇而安"的孤往精神。儒家除了立定血缘宗法伦理之学

---

① 《王阳明全集》，第731页。
② 《王阳明全集》，第1225~1226页。
③ 《王阳明全集》，第865页。

理根基外，地域乡土情谊也是历代宦海沉浮的儒士借以扩大交往圈并在仕途上互相关照、文墨点赞的重要变量。结合对"同举于乡"的送怀文赴"百里之地"的宁都任职之序文，比照跟随过自己靖乱的宁都知县王天与仕途升迁轨迹，阳明笔下的文字意境，更多有先秦屈原怀才不遇的文人惺惺相惜之感。即便如此，阳明序中用典，即匠人石往齐国途径曲辕见到被世人当作神社的栎树处于材与不材之间，寄予《庄子》"无用之用是谓大用"的内向超越情怀。而众多如怀文一般的儒生寄情于庙堂之外的庙宇道观兴建、金石碑文的遗存请辞之文墨，也为民间培植士民共赴的敬畏之情找到了契理契机之世俗有形的象征空间。

举南赣客家文化迁徙播化的以许真君信仰之"万寿宫"区域营造为例，据统计有108所：赣州市及赣县30多所，兴国28所，宁都15所，于都5所（乡镇未计），会昌3所，石城2所，安远3所，瑞金、寻乌、信丰、龙南、大余各1所，定南4所，崇义7所，上犹6所。① 阳明遁世前抱病参访的大余丫山灵岩寺附近至今存有一巨石足印，相传为昔年许真君降孽龙时留下的脚印。从数量上看，兴国、宁都远远位居南赣城郭之外的辐射县邑前列，这与阳明后学对南赣的持续文教化成、儒道慧通净明忠孝之祀义是有内在关联互动的。

二 淳厚的世域：阳明与南赣社学教化的"小传统"

阳明倡导的书院讲习和民间社学，是开启民智、养塑民治、标识南赣诗礼之教、厚伦常风化的重要载体。② 从敬畏的神圣彼岸下达淳厚的此岸世域，阳明在靖乱稍息之际便着手以南赣社学为载体的化乡运动，通过教化的"牌谕""教条""名号"批立等系列举措，将典章制度的典范效用灌注于乡村儒学风教里社的"小传统"中。按邵廷采《明儒王子阳明先生

---

① 章文焕：《万寿宫》，华夏出版社，2002，第103页。
② 按黄宗羲评价："姚江之学，惟江右为得其传"，且"皆能推原阳明未尽之旨"，故"阳明一生精神，俱在江右"，该论大体中正。然守仁有"匡翼夫学校之不建也"的民间社学教化的心力设计可以寄予厚望，则需超越黄宗羲《明儒学案》对王门分化与阳明心学的宏观评价而进入南赣文教"下达"的广泛波及力方能见其"移风易俗""治道下移"的培植之功，此小传统对中国社会尊师重道、自治开化的践履损益颇有潜移默化的实心效能。

传》记载,阳明功成寇除后,于正德十三年(1518)班师回赣"立社学,举乡约,修濂溪书院,刻《大学古本》《朱子晚年定论》。所至会讲明伦"①,武夫介士、担镫之夫皆言下开悟,终身诚服。此记载较之《年谱》颇为笼统。《年谱》中更为具体,其导民风向善以"兴立社学"在四月②。阳明循《训蒙大意示教读刘伯颂等》校正"歌诗习礼"这一古人立教、童蒙养正的根本,可谓切近时务,此举乃是明初洪武大帝诏令"天下五十家立社学一所"③的"化乡"制度性的回归。

(一)兴社学牌、行教条心

正德十三年(1518)四月,阳明颁发的《兴举社学牌》牌谕云:

> 看得赣州社学乡馆,教读贤否,尚多淆杂;是以诗礼之教,久已施行;而淳厚之俗,未见兴起。为此牌仰岭北道督同府县官吏,即将各馆教读,通行访择;务学术明正,行止端方者,乃与兹选;官府仍籍记姓名,量行支给薪米,以资勤苦;优其礼待,以示崇劝。以各童生之家,亦各通行戒饬,务在隆师重道,教训子弟,毋得因仍旧染,习为偷薄,自取愆咎。④

学而未必传,习而未必录,然兴社学之牌假以主体的力行之心,对于南、赣所属各县教化未明的习气起到了比较好的助力王纲教化效果。阳明深切知察社学乡馆的外在制度性安排虽从明初帝王已有诏令,但至明中叶施行的实际效果来看,并不理想。个中主要矛盾,阳明以为除了各级官吏需的督促外,更需择优选拔"学术明正、行止端方"的名师,同时为了保证从业者的物质待遇,要求官府从实物性"量行支给薪米"以保障从业者的物质待遇。

阳明不仅对南赣地区社学师资的延揽不遗余力,而且对复三代圣贤之

---

① 邵廷采:《思复尝文集》卷一,见《王阳明全集》,第1287~1288页。
② 《王阳明全集》,第1027页。
③ 明初社学的制度性建设,随着时局的发展到明中叶渐松弛,各地执行不一,如《姑苏志》载:洪武八年,诏府、州、县每五十家设社学一所。本府城乡村共建七百三十所。岁久,渐废。清初社学,则多为地方家族式的"义学"所取代。参见王日根《明清民间办学勃兴的社会经济背景探析》,《中国社会经济史研究》1998年第2期。
④ 《王阳明全集》,第511页。

学、王道大行天下之"固穷之节"的乡士林司训亦关照有嘉。按《书林司训卷》①记载阳明途经彭泽时,"尝悯林之穷,使邑令延为社学师。至是又失其业。于归也,不能有所资给,聊书此以遗之"。凡为南赣靖乱或文教有功的名士皆乐于记铭或作序,如为光禄大夫柱国太子太保刑部尚书兼都察院左都御史致仕洪钟作《谥襄惠两峰洪公墓志铭》②,表彰其对江西、福建流贼甫定,倡导"平时令有司多立社学,以训诲其子弟,销其兵器,易之以诗书礼让,庶几潜化其奸宄。时以为知本之论"。又为慈溪杨明甫修高平县志作序③,显其"为政廉明,毁淫祠,兴社学,敦伦厚俗,扶弱锄强"化乡之举,评其"实皆可书之于志,以为后法"。

同时,对受教育者的不良习性严加戒饬。阳明从师生两方面共同发力,以养塑南赣整体社会的"隆师重道"氛围。为政在力行,通过阳明的整饬,南赣地区相当长时期内各个县邑的主要聚居地与官方学宫书院学田相配套,建立了社学以确保"化乡"举措的区域性覆盖。兹举以下嘉靖至清代南赣地区地方志记载为例说明之,见表2。

表 2

典籍	社学数目	备注
嘉靖赣州府志卷六	雩都2所	一在城隍庙左,一在城隍庙右
	信丰2所	
	兴国2所	一在城内,一在城南门外,正德丁丑(1517)知县黄泗建
	安远5所	五坊各一区,正德己卯(1519)知县邓守重修
	宁都4所	一在西关城内,一在南关城内,二在北关城外
	石城1所	
康熙南安府志卷六	大庾7所 南康5所 崇义2所	
康熙雩都县志卷三	2所	一在城隍庙左,嘉靖中与冯宅易地为尊经阁;一在庙右,每朔望讲乡约于此
同治赣县志卷二十二	6所	城内社学二,章水乡社学在高楼,长兴乡社学在梅林,大由乡社学在文潭,爱敬乡社学在兰塘

---

① 《王阳明全集》,第237页。
② 《王阳明全集》,第773页。
③ 《王阳明全集》,第866页。

从宋代至清初南赣名士汤斌规范儒家学统的正当性与连续性看，明中叶的阳明起到了承上启下的重要作用。按清同治《赣州府志》卷二十三记载"学校"一览综述："赣州文教始盛于宋，其地则周子、二程子辙迹之所到了，明王文成继之。"阳明以其心学的"知行合一"论为纲，对社学培植"淳厚的世域"更看重从内在的"德行心术"矫正着眼。按阳明《颁行社学教条》谓："各官仍要不时劝励敦勉，令各教读务遵本院原定教条尽心训导，视童蒙如己子，以启迪为家事，不但训饬其子弟，亦复化喻其父兄；不但勤劳于诗礼章句之间，尤在致力于德行心术之本。"[①] 持之以恒，士民同心，相向而行，从而渐渐达成"礼让日新，风俗日美"的理想效果。

（二）行典范牌，批师名号

社学化乡为一系统工程，阳明在治区内推行社学，行社学教条，在师资、物资、传习、刊刻出版等方面多管齐下，尤其重视树立典型示范的模范带头作用。倚重王门受业弟子为主体，在阳明知行合一精义的感召下，阳明生前身后的化乡举措得履一以贯之，并且忠实推演师说者在南赣以雩籍清流何廷仁、黄弘纲最为平实中正。

按《明史》记载："守仁之门，从游者恒数百，浙东、江西尤众，善推演师说者称弘纲、廷仁及钱德洪、王畿。时人语曰：'江有何、黄，浙有钱、王。'""然守仁之学，传山阴、泰州者，流弊靡所底极，唯江西多实践。"何、黄二人之中，黄弘纲既深得阳明生前激赏，一生又笃定阳明：洛村从其学、护灵柩、归乡葬、守其灵、理家务、诉其冤，于阳明从游数百的众多弟子中，羽扇纶巾，风骨高迈。透过黄弘纲专一护持守仁之心所腾化的儒宗格局，是师生彼此情志合一的真实写照。弟子是大海，只要大海不干涸，师傅将永生，事业铸恒基！按《罗田岩濂溪阁记》特以"王门五子"为例，说明阳明化乡治邑以雩都与雩籍地域学养教化成效特多，且人力维系独久。黄弘纲述记云："阳明先师倡学虔台，及门诸子，雩独多于他邑。"又云："虔台之学，及门虽多，惟袁子庆麟、何子春、何子廷仁、管子登，独久于余子。"阳明心学的事功垂范与南赣弟子的真切践道，

[①] 《王阳明全集》，第517页。

牢牢扭住了人才是一切学术慧命与社会事功的生命线这一主题，通过积极培植郡邑士绅骨干，将传统士大夫的上通路径转向地方性社会治理的下达事业，可谓深得"三代之治"的治理本怀。

王阳明为什么特别为雩邑建立社学颁发一道《行雩都县建立社学牌》牌谕呢？早在正德十二年（1517）五月，王阳明自漳南回赣途中，与门人弟子何廷仁、黄弘纲等人聚众讲学于罗田岩。何廷仁、黄弘纲同为雩都籍，且二人对王门后学的弘扬多有贡献，时人有"浙有钱王，江有何黄"之说。按《康熙雩都县志》卷三记载何、黄二人，尝与罗文恭（洪先）讲学于罗田岩右侧的"濂溪书院"。阳明有感于雩邑璀璨的文士民风，又得稍后相识的雩籍名士袁庆麟相助，聘为本府督导。

袁庆麟曾接受江西督学邵宝曾的邀请，主持白鹿洞书院，赣州知府吴珏也曾请他为郡学施教。正德十三年（1518）四月，袁庆麟回乡携所著《刍荛余论》到赣州专程拜谒王阳明，阳明语其文章为"从静悟中得来者也"。六月，袁庆麟为王阳明《朱子晚年定论》作跋并率先在雩都刊刻，对阳明著述的传播起到了重要的推广作用。经三年多的积淀，阳明首选雩都作为县邑社学推广下移的首发之地。正德十六年（1521）十二月二十七日，阳明颁行《行雩都县建立社学牌》：

> 照得本院近于赣州府城设立社学乡馆，教育民间子弟，风俗颇渐移易。牌仰雩都县掌印官，即于该县起立社学，选取民间俊秀子弟，备用礼币，敦请学行之士，延为师长；查照本院原定学规，尽心教导；务使人知礼让，户习《诗》《书》，丕变偷薄之风，以成淳厚之俗。毋得违延忽视，及虚文搪塞取咎。[①]

依靠官方与民间通力选材，师长尽心教导，延纳民间俊秀子弟入社学，雩都县邑民风彪悍、粗野盗薄之习气大为改观，府县之间合力治理社会风尚，逐渐有开物成务，民风淳厚之气象，这其中就有雩籍师长袁庆麟的功劳。袁氏卒后，阳明曾自为其书写诔文祭悼。

步入知天命之年的阳明，在南赣不仅经受住了正德十四年（1519）平

---

① 《王阳明全集》，第959页。

定"宸濠之乱"后三次献俘①、武宗幸臣诬陷谋反等平生"百死千难"的磨砺，而且开始将其始悟"真圣门正法眼藏"之"致良知"之教付诸治下的南赣践道质行，为其晚年出征广西平乱的前夜明嘉靖六年（1527）丁亥夏"天泉证道"埋下伏笔。按"天泉证道"，一般认为是阳明"四句教"公案的重要始基，然从历史的角度反观阳明学的地域性播化转进，天泉未必证道，充其量只是随方示教，夜色匆匆如许见于天泉桥上点破不同禀赋弟子的权宜之问罢了。阳明"回向三代"的自化与"因经导学"的化人，向来横亘着人心漫漫求索的鸿沟。《尚书》道心的精一允中和《大学》人心的知定安善，此二重"点心"本不可偏颇，然留给尘世阳明立教的时日不多了，在朝廷一而再再而三的督促下，抱着残破之躯的阳明就再次踏上靖乱的征程了，"行而上"的学理易简证悟，暂屠于"形而下"的躬行治理工夫了。天泉桥上示教后的次年，即嘉靖七年（1528）正月，阳明就在边陲广西少数民族地区布展其南赣化乡的实心行道了。

就南赣社学"化乡"治理的成功实践推广而论：社学师与生的主体基本物质诉求得以解决后，提振"得天下英才而教育之"的从业荣誉感就刻不容缓。这种精神的获得感，不仅有助于保证社学从业者队伍的稳定，而且有助于这项功业的可持续发展。阳明借典范的模范带头效果，由点及面，顺势而为，在少数民族地区施行。具体在《行雩都县建立社学牌》七年后，阳明在《批立社学师耆老名呈》中将此法运用到归化少数民族地区土人、乡老中，强调从心体上修缮实体实心的良法。此公文亦是阳明由天泉到黄泉之间最后一道有关社学的批呈。

嘉靖七年正月据思明府申称："要令土人谭劼、苏彪加以社学师

---

① 故宫博物院藏有王守仁书《铜陵观铁船歌》，为纸本长卷，行书，纵31.5厘米，横771.8厘米，分为歌序、歌词、署款三部分，文移录如下：铜陵观铁船，录寄土洁侍御道，契见行路之难也。青山滚滚如奔涛，铁船何处来停桡。人间剡木宁有此，疑是仙人之所操。仙人一去已千载，山头日日长风号。船头出土尚仿佛，后冈有石云船梢。我行过此费忖度，昔人用心无已忉。由来风波平地恶，纵有铁船还未牢。秦鞭驱之不能动，暴力何所施其篙。我欲乘之访蓬岛，雷师皷舵虹为缫。弱流万里不胜芥，复恐此成徒劳。世路难行每如此，独立斜风首重搔。阳明山人书于铜陵舟次，时正德庚辰春分献俘还自南都。款下印"阳明山人王伯安印"。按正德十四年（1519），王守仁时年49岁，与《外集二·归怀》所感，皆时为阳明遭遇政坛险恶与人生坎坷的复杂心理之写照，符契阳明"心学"乃其人生行路之难也。参见任昉《王守仁平定宁王宸濠叛乱三次献俘行迹考略——从故宫博物院藏王守仁书〈铜陵观铁船歌〉说起》，《故宫博物院院刊》2012年第1期。

名号；乡老黄永坚加以耆老名号。"看得教民成俗，莫先于学。然须诚爱恻怛，实有视民如子之心，乃能涵育熏陶，委曲开导，使之感发兴起；不然则是未信而劳其民，反以为厉己矣。据本县所申，是亦良法，但须行以实心，节用爱民，施为有渐，不致徒饰一时之名，务垂百年之泽始可。该道守巡官仍加劳来匡直，开其不逮。备行该府查照施行。[1]

在明代广西思明府教民以学的经验探索中，阳明批复以土人为榜样，加"社学"师名号于土人谭劼、苏彪，冠耆老名号于乡老黄永坚，感发土司乡宦士绅"诚爱恻怛"以兴民众匡直儒学教化的信心，可谓以人皆可以为尧舜的人性归化血亲不一的种性。阳明进而要求树立"节用爱民"为检验一切良法的标准，并告诫官员务必实心以实益，持之以恒，必当"有渐"之成效，其重视行政的执行力与心学力行的理念扣合。

结　语

回顾阳明居赣"传习讲学"与"靖乱事功"的主要历程，南赣既是其心学接续儒学宗教性"居敬持养"的敬畏的圣域道场，又是其践履社学平民化"知行合一"的化乡的淑世教场。礼祭祀义与社学垂范的治理举措，虽非阳明独创，但从南赣实施的成效看，神圣性与世俗性双行，接续了神道设教与助教伦常的"化乡"小传统。这一立德树人的守成之举可谓与时偕行，也促进了华夷融合对儒学的情与心的双重认同。

---

[1] 《王阳明全集》，第 529 页。

阳明学比较研究

内心修养与文化的社会功能

——试论席勒之《审美教育书简》与王阳明之《传习录》中修养与文化的关系

◎〔德〕施维礼（Wolfgang Schwabe）*

前　言

弗里德里希·席勒（1759~1805）在写《审美教育书简》时，对刚经历过法国大革命的欧洲提出他自己的文化论述。王阳明（1472~1529）在其《传习录》中同样对传统的儒家文化重新做反省而提出新的论述。两者都认为整个社会的改变必须从个人的修养开始。本论文对于两个思想家对修养的论述以及对修养、社会、传统文化三者之间的关联做一个比较。从此比较可以看出东方与西方文化在人格修养与文化的社会功能上的基本差别。

改革精神

席勒与王阳明在不同的时代与不同的文化背景相同提倡整个社会上大规模的文化改革。1795年席勒在写《审美教育书简》时，法国大革命结束没有几年，但是革命之后的政治与社会已经十分混乱。席勒一方面肯定法国大革命所提倡的自由与人权，另一方面无法否认法国大革命所引起的社会混乱。其《审美教育书简》试图找出法国大革命的理想为什么在现实中失败了。[①] 基于此分析，他提出自己的文化理论。他认为，社会失去了传

---

* 施维礼，佛光大学文化资产与创意系副教授。
① Schiller, 第15页。

统文化的约束之后，赤裸裸的人性主导了社会上与下层的行为。[1] 席勒认为，只有普遍审美教育可以取代过去传统文化对社会的统合功能[2]，并且审美教育的关键又在于个人内心中的修养。

个人内心中的修养刚好是王阳明的"心学"在当时中国与主流依朱熹为主的"道学"之间的最大的差别。除了反对当时流行的佛学与道教之外，王阳明试图透过对儒家传统的新诠释推动文化与社会上的改变。和席勒一样，王阳明认为，社会的问题必须透过文化上的革新才能解决。

基本论调

在提出革新的时候，两位哲学家针对社会问题之所在以及解决问题的方式有一些共通点：无论是席勒，还是王阳明，两者都认为，人的私心或私欲为核心问题之一。[3] 为了避免人的本能之直接展现，两者都从人的内心着手，认为人的反省能力可以打破狭窄的个人观点而达到一种具有普遍性的立场。[4] 在确立他们的哲学立场时，两者都提出新的人性论。在研究方法上，都强调他们个人的体会。[5] 他们虽然在思想上有新的观念，但所使用的哲学语言还是依循之前的哲学传统。席勒自觉地使用当时最进步的康德哲学概念来说明他的思想[6]，王阳明理所当然地使用宋明理学所发展的哲学语言。

---

[1] Schiller, 第 15~16 页。

[2] Schiller, 第 32 页。

[3] 王阳明经常指出，"人欲"成为个人行为偏差的主要原因。王阳明讨论《大学》中"至善"的问题指出："于事事物物上求至善，却是义外也，至善是心之本体，只是'明明德'到'至精至一'处便是，然亦未尝离却事物，本注所谓'尽夫天理之极，而无一毫人欲之私'者得之。"《阳明先生集要》，第 29 页。

[4] 王阳明认为，讨论人性问题往往不足，只有内心的反省才能够达到效果。王阳明讨论"格物"的问题时，指出："今为吾所谓格物之学者，尚多流于口耳。况为口耳之学者，能反于此乎？天理人欲，其精微必时时用力省察克治，方日渐有见。如今一说话之间，虽只讲天理，不知心中倏忽之间已有其多少私欲。盖有窃发而不知者，虽用力察之，尚不易见，况徒口讲而可得尽知乎？"，《阳明先生集要》，第 69 页。

[5] 席勒用"透彻与自己相处"（eingängige Umgang mit mir selbst）加以叙述此方法，见Schiller, 第 3 页。

[6] Schiller, 第 4 页。

修养论与基本理论预设

两位哲学家所提出的修养论都试图解决人的基本构造所造成的冲突。对王阳明而言，人的行为的基础有两种：一种是个人的私欲，一种是普遍的"天理"。席勒同样发现人的行为有两种互相矛盾的来源："感性"(Sinnlichkeit)与"知性"(Verstand)。① 从表面来看，两种基本冲突相当类似：王阳明所谈的"人欲"与人与物之间在感性上的联系有关，席勒直接把物与感官的联系叫作"感性"；王阳明的"人欲"在席勒的概念中叫作"感性冲动"(sinnlicher Trieb)，② 也就是物对于个人造成的吸引力的原因，即是私欲。相对的，两位哲学家都将能达到普遍性的能力与人的思维能力做联结。席勒所谈的"知性"能按照普遍的逻辑规则整理出物之间的普遍关系③，王阳明的"天理"直接等于物与物之间的普遍关系。无论是席勒还是王阳明，两者都认为，人必须透过反省的思维活动才能掌握普遍的"真理"或"天理"。

在这个共同的基础上，两位哲学家用不同的途径试图解决人性与社会的问题。席勒认为，"感性"与"知性"任何一方的强势都会扭曲人格，只有协调两者之间的关系才能使人格完整发展。在王阳明的哲学中，去"人欲"就等于合"天理"④，也就是说，王阳明单方面强调"天理"一方。

席勒调和"感性"与"知性"的原因与他对"感性"与"知性"的基本认知相关。负责与外界接触的"感性"不断地要求变化、多样性与差异（也就是上面所提的"感性冲动"），负责整理外来刺激的"知性"不断地试图找到永恒不变的普遍性、一贯性与相同性（席勒把这个意图叫作

---

① Schiller，第 50~51 页。
② Schiller，第 46 页。
③ Schiller，第 47 页。
④ 王阳明讨论内心工夫时，强调心的"真切"。心越"真切"，"人欲"越少，"天理"越明。先生问在座之友："比来工夫何似？"一友举虚明意思。先生曰："此是说光景。"一友叙今昔异同。先生曰："此是说效验。"二友憫然，请是。先生曰："吾辈今日用功，只是要为善之心真切。此心真切，见善即迁，有过即改，方是真切工夫。如此则人欲日消，天理日明。"见《阳明先生集要》，第 73~74 页。

"形式冲动"（Formtrieb）。① 对席勒而言，一个完全投入感官的享受的人与一个一直坚持自己永恒的规则的人一样有欠缺：一个是没有自我，一个是只有自我，两者的经验都不完整。前者因为缺乏规律性，根本没自我而因此不可能有经验；后者因为有一堆先入为主的规矩，就无法真实地感受外界。一个盲目，一个固执，二者都偏离人的可能性。②

王阳明似乎没有意识到人格僵化的危险。其实对王阳明而言，这个危险根本不存在。原因在于王阳明的"天理"与席勒的"知性"之间还是有重要的差别。席勒的"知性"与王阳明的天理之间最大的差异就在于，"知性"只是一个形式上的功能，"天理"本身是有内容的。此内容也包括人在"感性"上的恰当感受。③ 内与外在王阳明的思想中有互通的可能性。因为"天理"同时是内心的内容又是外界的真实④，王阳明不需要一个特殊的审美享受作为协调的媒介。席勒强调"感性"的理由在于，只有"感性"的满足能够保证人的幸福。相对的，王阳明似乎没有针对人的幸福做说明。显然他认为，人性的充分实践就能保证人一个安心与满足的心情。

王阳明能够对道德实践与幸福之间不做划分跟他对于"天理"的认定有关。依照他的设定，道德的实践本来就符合外界的事实。如同人内在动力的两面，外界本身也可以分成满足私欲的多变化的刺激与同时存在符合道德作为的普遍性与规律性。若排除世界的乱七八糟的刺激，这样的论述

---

① Schiller，第 42 页。
② Schiller，第 54~55 页。
③ 王阳明认为，外在的行为只是内心状态的衍生："爱问：'至善只求诸心，恐于天下事理有不能尽。'先生曰：'心即理也。天下又有心外之事，心外之理乎？'爱曰：'如事父之孝，事君之忠，交友之信，治民之仁，其间有许多理在，恐亦不可不察。'先生叹曰：'此说之蔽久矣，岂一语所能悟？今姑就所问者言之：且如事父不成，去父上求个孝的理；事君不成，去君求个忠的理；交友治民不成，去友上、民上求个信与仁的理都只在此心，心即理也。此心无私欲之蔽，即是天理，不须外面添一分。以此纯乎天理之心，发之事父便是孝，发之事君便是忠，发之交友治民便是信与仁。只在此心去人欲、存天理上用功便是。'"（《阳明先生集要》，第 29~30 页。）
④ 王阳明用《中庸》所提的"未发"与"已发"的概念来说明这个关系。问："宁静存心时，可为未发之中否？"先生曰："今人存心，只定得气。当其宁静时，亦只是气宁静，不可以为未发之中。"曰："未便是中，莫亦是求中功夫？"曰："只要去人欲、存天理，方是功夫。静时念念去人欲、存天理，动时念念去人欲、存天理，不管宁静不宁静。若靠那宁静，不惟渐有喜静厌动之弊，中间许多病痛只是潜伏在，终不能绝去，遇事依旧滋长。以循理为主，何尝不宁静；以宁静为主，未必能循理。"（《阳明先生集要》，第 49 页。）在这一段，王阳明强调，行动之前的未发之中为行动时的基础。

十分合理。对于不相信外界有道德规律的席勒而言,这种没有规律性的乱七八糟的状态就符合人的感性,因此它有它存在的价值且必须被认可。

修养论与文化

为了调和"感性"与"知性"的运作,席勒提出审美的"游戏冲动"(Spieltrieb)作为人格发展的唯一可能。在审美的欣赏中,人的"感性"与"知性"同时被刺激。原因在于,在一个美丽的艺术作品中,两种冲动都能够获得满足[1]。一个美丽的艺术品同时满足了要求多样性的"感性",和要求规律性的"知性"。席勒在提倡审美的文化功能的同时,否定传统文化在道德上的约束性。[2] 在这样的情况之下,席勒希望用审美感受中的自由感来取代传统文化在道德上的约束性。

王阳明对传统文化的态度比较温和。虽然他不认同主流的文化观,但他认同传统文化本身。他只不过要求大家以一个新的方式重新认定传统文化的内容。在《传习录》的对话录中,王阳明以他的新见解重新探讨尧舜以来的传统文化以及四书的篇章[3],但是他始终不否定文化传统本身。因为王阳明基本上接受传统的道德观,他也不需要另外提出一个审美经验来取代传统的道德观。

结　语

在诸多东方与西方文化的对照当中,西方的矛盾论与东方的和谐精神被当作两个文化之间的最基本差别。形式逻辑在这种论述被当作西方文化

---

[1] Schiller,第89页。
[2] 席勒根本不认为过去的政治制度有道德基础。他把过去的政治制度叫作"自然政府"(Naturstaat),"自然"与"道德"在他思想中为对立的概念。见 Schiller,第17页。
[3] 王阳明以她心见解认可儒家传统的方式,在此段十分清楚:"圣人之所以为圣,只是其心纯乎天理,而无人欲之杂。犹精金之所以为精,但以其成色足而无铜铅之杂也。人到纯乎天理方是圣,金到足色方是精。然圣人之才力,亦是大小不同,犹金之分两有轻重。尧、舜犹万镒,文王、孔子有九千镒,禹、汤、武王犹七八千镒,伯夷、伊尹犹四五千镒:才力不同而纯乎天理则同,皆可谓之圣人;犹分两虽不同,而足色则同,皆可谓之精金。"《阳明先生集要》,第75页。

的主干，《易经》中的阴阳调和被视为东方思维的来源。在席勒与王阳明的思想对照中，我们可以发现，席勒以"游戏冲动"协调"感性"与"知性"的冲突的思维方式比较符合东方的"阴阳"思维，而王阳明以"去人欲，存天理"的二分法比较像西方绝对性的思维方式。值得注意的是，席勒的调和还是基于他形式与功能上的分析；王阳明的绝对冲突并不是形式上的矛盾，而是内容上的绝对冲突。

席勒思想在形式与功能上的冲突还能协调，王阳明在内容上的绝对差异无法用协调来解决。这样的思想排他性十分的强，儒家一向偏向道德上的教化的倾向，其根源在此。席勒无法直接提倡道德教化的主要原因也在于，他不相信外界或人内心原先有道德性的内容。[1] 人只能透过审美的经验达到道德自觉。因此，推动文化成为他唯一改善社会的途径。

---

[1] Schiller，第 102~103 页。

阳明学的当代价值研究

王阳明的知行论及其道德教育上的意义

◎〔韩〕朴成浩[*]

导　言

"知行"是儒家哲学的重要概念，心理学中因作为组成整体概念体系的中介概念而意义重大。[①] "知行"首次见于《尚书》"说命中"的"非知之艰，行之惟艰"中。宋代新儒学中所讲的"知行合一"，"知"并非探索和认识对外在客观事物的物理性，归根结底是想认识存在于"心"的性理。或者"行"意味着完成和实现自我为根本目的的道德实践。

新儒学则通常把《大学》中"格物致知"视为获得"知"的重要的方法论。朱子（1130~1200）所讲的"格物"是深度分析外在客观事物的"理"，达到通晓的境界。[②] 相反，阳明（1472~1528）所阐述的"格物"则是纠正内在主观的心，恢复本体的"正"。[③] 朱子与阳明在"格物"的见解上有差异，其一是主张所谓"达到物"，是依赖于外部事物的认识活动，二则认为"纠正物"指内在的主体倾向。

朱子所讲的"致知"的"知"包含两个内容。《大学章句》的"补格物致知传"中的"人心之灵莫不有知"中"知"指的是主体的认识能力——"能知"。相反，"其知有不尽也"中的"知"则指认识的结果——"知识"。这样，"致知"的"知"指人的认识能力和知识，因此

---

[*] 朴成浩，博士，圆光大学韩国阳明学会理事。
[①] 蒙培元：《理学范畴系统》，人民出版社，1998，第318页。
[②] 《四书章句集注》，《大学章句》第一章："格，至也。物，犹事也。穷至事物之理，欲其极处无不到也。"
[③] 《传习录》上："格者，正也，正其不正，以归于正也。"

"致知"作为"格物"的结果,泛指认识能力的提升和知识的扩充。

朱子的"知"的概念是中国哲学基本范畴所呈现的多义性之一。"无"的范畴也有本体的"无",工夫的"无"境界的"无"等多种用法和意思。本论文围绕着概念的多义性观点,分析阳明的"知行合一"说中的"知"和"行"的双重意义和结构,"知行合一"说并非针对作为当代学术界主流思想的朱子的先知后行说的简单反驳,而其意在于确认以道德实践为基础的实证性理论体系。目的是通过于此,对阳明的"知行合一"说,探索"心"的层面的理解和积极的实践途径。

本文为了全面理解阳明的知行合一说,分析其基本脉络和根本目的,以先行研究为基础,说明阳明的知行论中的"知"具有"条理创出的主体""自觉的是非判断""能动的实践意志"等多重意义,"行"为"隐:去恶"和"显:为善"的双重结构。而且对阳明的知行论的道德教育的意义做了一个简单的剖析。

一 知行本体和立言宗旨

正德三年(1508),37岁的阳明降职到了龙场。他第一次提出"知行合一说"是龙场悟道以后的第二年,在贵阳书院讲演时。[①] 他的弟子徐爱详细记录的阳明的"知行合一"的内容。徐爱认为,一个人明明知道应该孝敬父母,尊敬兄长的道理,却无法做到孝道和恭敬,这就是证明"知"和"行"是相互区别的两种事。对此,阳明是这样说的。

> 先生曰,此已被私欲隔断,不是知行的本体了。未有知而不行者,知而不行只是未知。圣人教人知行,正是要复那本体,不是看你只恁地便罢。(中略)又如知痛,必已自痛了方知痛;知寒,必已自寒了;知饥,必已饥了。知行如何分得开?此便是知行的本体,不曾有私意隔断的。[②]

[①] 《王阳明全集》卷33,《年谱》一,第1355页:"是年先生始论知行合一,始席元山书提督学政,问朱陆同异之辨,先生不语朱陆之学,而告之以其所悟,书怀疑而去,明日复来,举知行本体,征之五经诸子,渐有省往复数日豁然大悟。"

[②] 《传习录》上。

王阳明的知行论及其道德教育上的意义

阳明认为,"知"却不能"行"的原因是"知行"本体的私欲所阻断,并非"知"和"行"是两个不同概念而有先后顺序。这里指的"本体"是原义,知和行的本源的意思是相互有关联的,分开知行的所有现象,都是有违知行本源的意思。① 阳明的知行本体的概念,相通于包括行的属性的"真知"② 概念。那么,阳明对知行的本体的理论依据是什么?其实,知和行的解释的差异在于,源于对心和理的关系的不同解释上。朱子学中的心把本性视为存在于自己内心的道德性原理(天理),但心本身不能成为天理。心只能追随所谓天理的本性,起到他律性作用。因此,首先要通过即物穷理,了解客观事物的定理,才能把自己的行为结合到道德规范里,获得道德人格的秩序。这就是朱子的先知后行说所阐述的道德伦理上的意思。③ 相反,阳明主张心即理,把心解释为"创出符合情景的条理的道德主体"。④

> 理也者,心之条理也。是理也,发之于亲则为孝,发之于君则为忠,发之于朋友则为信,千变万化至不可穷竭,而莫非发于吾之一心。故谓端装精一为养心,而以学问思辨为穷理者,析心与理为二矣。⑤

阳明所说的条理不是固定法则,是指根据情景的,基于生命变化的扩大的合理性。⑥ 阳明学中的心是根据主体的道德原理,可自律性地判断是非与好坏,其"知"包含自发的实践性。所以知行在"心"里面包含着"合一"的动因。结果,批判先知后行说的核心在于,"心"在外求"理",知行终一分为二。知行本体的理论依据为心即理,即心里面求"理"。因此,阳明是这样说的。

> 心一而已。以其全体恻怛而言谓之仁,以其得宜而言谓之义,以

---

① 陈来:《有无之境》,北京大学出版社,2013,第89页。
② 《朱子文集》卷72:"真知未有不能行者。"
③ 《朱子语类》卷9,《论知行》4条目:"致知力行,用功不可偏。偏过一边,即一边受病。(中略)但只要分先后轻重。论先后,当以致知为先。论轻重,当以力行为重。"(程端蒙录)
④ 金世贞:《王阳明的生命哲学》,清溪,2008,第232~238页。
⑤ 《王阳明全集》卷8,《书诸阳伯卷》。
⑥ 郑仁在:《阳明学的精神》,世昌出版社,2014,第97页。

其条理而言谓之理，不可外心以求仁，不可外心以求义，独可外心以求理乎。外心以求理，此知行之所以二也。求理于吾心，此圣门知行合一之教。①

阳明说，了解对知行合一学的立言宗旨，即，明白主张的根本目的，才能理解自己的知行合一说。② 换句话说，了解提出知行合一说的目的，就是理解整体知行合一说的重要依据。阳明在与弟子黄直的问答中指出，当时学知识的态度可分为知和行两种，所以萌发一种念想虽不是善念，但只要还未成为行，就不要去制止，即："我今说个知行合一，正要人晓得一念发动处便即是行了。发动处有不善，就将这不善的念倒克了。须要彻根彻底，不使那一念不善潜伏在胸中，此是我立言宗旨。"

阳明认为的知行合一的立言宗旨，是把意念的萌发也都归为已执行的行为。而且若知道心中萌发了不善的念想（知），应为消除该念想而努力（行），虽然还未转到"行"，但如果放任，那么知和行就一分为二了。不善的念想，应斩草除根，心中不留一丝不善的念想，这才是阳明所说的知行合一的宗旨。

阳明阐明的意思，不是简单地把知说成行，把行说成知。知和行是知行本体，即，其本源的含义中相互包含着对方，这与心即理的命题有内在的不可分割的理论有关系。这就是阳明批判先知后行说，提出知行合一的根本原因。另外，阳明的行为范畴里还要包括未付诸行动的心理行为。阳明认为心中不善的意念也应消除，应斩草除根，不能留一丝潜在的不善。认为不善的私意，会阻碍知行的本体，成为拆分知行的根本原因。这是阳明提出知行合一说的根本目的，也是日后将其归为致良知的必然理由。

在阳明学中，致良知的意思是"恢复心中本体良知"和"扩充心中本体良知"。其中，前者的意思是消除阻碍良知的发现、流行的个本欲望，彻底恢复心中本质属性。阳明对消除私意，恢复良知的必要性，是这样阐明的。

---

① 《传习录》中。
② 《传习录》上："如今苦苦定要说知行做两个，是甚么意？某要说做一个，是甚么意？若不知立言宗旨，只管说一个两个，亦有甚用。"

> 若良知之发，更无私意障碍，即所谓充其恻隐之心，而仁不可胜用矣。然在常人不能无私意障碍。所以须用致知格物之功，胜私复理。即心之良知，更无障碍，得以充塞流行，便是致其知。①

普通人也天生带有心中本体——良知，但私意在意念萌发阶段已经介入。这里所说的私意，并不是具体行为中的恶或本体上有实体的恶，而是指意念，其范围是有限的。因此，消除私意不是在心的本体上消除，而在其萌发阶段，在意念阶段就应该进行消除。阳明在《大学问》中对此有明确的阐述。

> 然心之本体则性也。性无不善，则心之本体本无不正也。何从而用其正之之功乎？盖心之本体本无不正，自其意念发动而后有不正，故欲正其心者，必就其意念之所发而正之。②

恢复心的本体——良知，意思是在意念上应消除私意，这是良知成为实践行为的前提条件。同样，为了不让知行的本体因私意所阻断，应与立言宗旨所主张的一样，哪怕还处在未表现成具体行为的状态，但只要心中有不善的意念，应进行消除，斩草除根，不留一丝潜在的念想。总之，阻断心中本体—良知的也是私意，切断知行本体的也是私意，这两种不同概念都是最终要通过消除私意，达到恢复及呈现本体的相同目的。这就是提倡致良知以后，知行合一归为致良知的内在的理由之一。

二 王阳明知行论的重层结构

（一）知的重层的意思

阳明说："良知自知，原是容易的。只是不能致那良知，便是知之匪艰，行之惟艰。"③ 阳明在知行论中阐明，"知"虽为一般的法则，但并非

---

① 《传习录》上。
② 《大学问》。
③ 《传习录》中。

是对义务规范认识论层面的领悟或知识，而是"良知"。而且"良知"是所谓的天理，致知格物是把我内心的良知，实现于各事物中。① 此处以阳明的这些观点为依据，为了体现前面陈述的知行合一说的根本目的，对"知"的重层含义进行如下三点的分析。

1. 条理创出的主体

阳明主张"此心在物为理"②，在心的关联性中说明"理"，进而主张"如此心在事父则为孝，在事君则为忠之类"。③ 这里，阳明所说的"理"不是指对象事物中内在的事物的客观性存在原理或法则，是指我在与对象建立关系的过程中，从内心创出的具体的实践行为的"条理"。因此，阳明主张"心一而已。以其全体恻怛而言谓之仁，以其得宜而言谓之义，以其条理而言谓之理"④，把"理"定义为心的"条理"。

根据阳明的观点，天地万物的生命受到伤损时感受到疼痛的"仁"，或自己应遵循的实践依据的"意"，还有作为符合情景的实践条理的"理"等，都不是依赖于外在法则或规范，而是从人的内心，即，自己的心中创出的。可以说，体现"仁"、实现"意"、实践"理"的所有行为也是从心开始的。如果从心创出的仁、义、理为"知"，那么体现"仁"、实现"意"、实践"理"的行为为"行"⑤。阳明又这样说。

> 此心无私欲之蔽，即是天理，不须外面添一分。以此纯乎天理之心，发之事父便是孝，发之事君便是忠，发之交友治民便是信与仁。……此心若无人欲，纯是天理，是个诚于孝亲的心，冬时自然思量父母的寒，便自要求个温的道理。夏时自然思量父母的热，便自要求个清的道理。这都是那诚孝的心发出来的条件。⑥

阳明认为心未被私欲遮住的状态叫"天理"，是良知本来的属性。其

---

① 《传习录》中："若鄙人所谓致知格物者，致吾心之良知于事事物物也。吾心之良知，即所谓天理也。致吾心之良知之天理于事事物物，则事事物物皆得其理矣。致吾心之良知者，致知也。事事物物皆得其理者，格物也。"
② 《传习录》下。
③ 《传习录》下。
④ 《传习录》中。
⑤ 金世贞：《王阳明的生命哲学》，清溪，2008，第365页。
⑥ 《传习录》上。

"天理"的心,就是面对父母、皇帝、朋友、百姓时,相应的孝道、忠诚、信任、耿直,按季节自然而然地孝敬父母的道理就是良知的主体性作用。进而,阳明对天地万物的感应有如下的阐述。

> 大人之能以天地万物一体也,非意之也,其心之仁本若是,其与天地万物而为一也。……见鸟兽之哀鸣觳觫,而必有不忍之心焉,是其仁之与鸟兽而为一体也。……见瓦石之毁坏,而必有顾惜之心焉,是其仁之与瓦石而为一体也。①

阳明所述,大仁把天地万物视为一体,并不是有意或虚假的,只是心中"仁"本源的属性而已。大仁是通过万物一体的仁心,面对其他存在者的疼痛和破坏时,和他们成为一体,成为感受疼痛的痛觉的主体。② 通过以上内容,我们知道阳明所说的"知"(良知)不仅存在于人类世界,包含并非遵循与天地万物感应时有意识地适用并固定的外部定理,而是主体性地不断创出适合的新的实践条理的,所谓"随时变易"③的意思。

2. 自觉的是非判断

阳明指出,"知是心之本体,心自然会知,见父自然知孝,见兄自然知弟,见孺子入井,自然知恻隐,此便是良知,不假外求"④,提及"知"的自然性判断能力。还表现为"知"是"以其发动之明觉"⑤或"指意之灵明处"⑥。对于阳明来说,"知"就是良知的自觉性判断作用。即"知"包括与天地万物的感应过程中,由良知而形成的,针对对象生命的完整性、自觉性的是非判断和相关实践条理。⑦ 还有,"行"指由良知的自觉性判断触动的意志,在与对象的感应过程中,通过身体履行到实践行为的意思。良知可以对自己的意念形成自觉性是非判断,依照这样的良知的判断,实践善的意念,消除不善的意念。在这里,如果良知的自觉性判断属于"知",那么为善去恶则属于"行"。

---

① 《大学问》。
② 金世贞:《关怀与共生的儒家生态哲学》,松木,2017,第259~279页。
③ 《传习录》下,"良知即是易。"
④ 《传习录》上。
⑤ 《传习录》中。
⑥ 《传习录》中。
⑦ 金世贞:《王阳明的生命哲学》,清溪,2008,第370页。

阳明所说的"知"的自觉性是非判断，通过"无知"和"无不知"的概念，可以解释为其本源的属性和主体性作用。

> 先生曰，无知无不知，本体原是如此。譬如日未尝有心照物，而自无物不照，无照无不照，原是日的本体。良知本无知，今却要有知，本无不知，今却疑有不知，只是信不及耳。①

阳明认为，良知本体原本没有知道（无知），但却无不知。这里，无知和无不知并不是并列关系，是前者决定后者的关系。即，是无知才无不知。但理论上两者是相矛盾的关系。那么，无知和无不知的正确含义是什么呢？我们从"日未尝有心照物"中找到其答案。没有太阳照射，并不是说真的没有太阳光射，而是照的含义下，没有照事物的心，即没有虚假以及固定性等一切私意，故没有不自照的事物。这里说的无自照的事物，只是强调作用的平等性，并不是指其作用的结果的同等性。

同样，对良知的无知并不意味着对良知无"知"的作用。无不知也并不指通过理论化、概念化的知识积累。阳明反而警戒地指出，知识越渊博，人欲越多；才能和能力越强，天理则越模糊不清。②但没有"悟"就等于昏睡或失去生机的枯木或熄灭的炭火一样，如同死亡。③良知中没有"知"是指良知的本源的属性，没有"不知"是指良知的主体性作用。即，良知是哪怕对对象没有设定虚假或固定的判断标准，只要接触（无知）事物，便自动进行符合的是非判断（无不知），若心为无忍辱的单纯的天理（无知），则每次接触事物便自然的按情景判断是非（无不知）。

3. 能动性实践意志

阳明的朋友顾东桥主张学习的顺序有差异，比如说，知道是饭才会吃，知道是汤才会喝，知道是衣服才会穿，知道是路才会走。这是通过见闻形成的认识的内容和判断为"知"，根据此判断的行动为"行"。对此，

---

① 《传习录》中。
② 《传习录》上："后世不知作圣之本，是纯乎天理，却专去知识才能上求圣人。以为圣人无所不知，无所不能，我须是将将圣人许多知识才能，逐一理会始得。……知识愈广而人欲愈滋，才力愈多而天理愈蔽。"
③ 《传习录》上："自朝至暮，少至老，若要无念，即是己不知。此除是昏睡，除是藁木死灰。"

阳明是这样说的。

> 夫人必有欲食之心，然后知食，欲食之心即是意，即是行之始矣。食味之美恶，必待入口而后知，岂有不待入口而已先知食味之美恶者邪？（中略）知汤乃饮，知衣乃服，以此例之，皆无可疑。①

在这里，阳明所说的"知"已超越了认知的范畴，是属于"想要做什么的心"，包括动机、欲望等在内的意志范畴。阳明对"知"的认识并不是对客观对象的认识的内容或判断，是作为认识和判断的主体的良知。这个良知与主体自己的欲望或意念有着密切的关联性。想要吃的心，想要走的心等都是欲望，即"意"。如上，阳明把心中萌发的意志作用的"知"视为行为的开始。这相通于"知为行的开始，行为知的完成"。②

阳明又认为："心者身之主也，而心之虚灵明觉，即所谓本然之良知也。其虚灵明觉之良知感应而动者谓之意。有知而后有意，无知则无意矣。知非意之体乎？意之所用，必有其物，物即事也。……凡意之所用，无有无物者，有是意即有是物，无是意即无是物矣。物非意之用乎？"③ 意思是，良知作为心的英明的自觉性，若通过对象的感应，判断情景的是非，创出具体的实践条理时，这触动于能动的实践意志，实践意志终究是通过身体，履行为具体的实践行为。

同样，通过与父母的感应，自觉地领悟父母冷的时候给他们温暖，热的时候给他们清凉为"知"，那么这个"知"表现为想给他们温暖或清凉的实践意志，最终真正实现为给他们温暖或清凉的实践行为。从此不难理解，原来自觉性判断和实际性实践行为之间实践意志是起到中介作用的。随之，从实践意志的角度，良知是实践意志的主体，实践行为是实践意志的作用。所以自觉性判断、实践意志等的触发，实际性实践行为都是根据良知展开的综合的一个过程。

综上所述，阳明的知行论所指的"知"即是良知，并不是简单地对外在的客观世界的认识论的"知"，而是在与对象的感应过程中，包括创出

---

① 《传习录》中。
② 《传习录》上。
③ 《传习录》中。

符合主体性情景的实践条理,对是非进行自觉性判断、能动地触发实践意志的重层性。这样的"知"的重层性,也是前面所述的知行合一说的立言宗旨,即消除私意,恢复知行本体的体系必然要求。

(二) 行的重层结构

1. 隐:去恶

阳明明确表示,"良知本是明白,实落用功便是,不肯用功,知在语言上,转说转胡涂"①,实际上没有实践行为,却只用嘴说话是无法实现良知。阳明提及提倡自己的知行合一的根本目的时阐述如下。

> 我今说个知行合一,正要人晓得一念发动处便即是行了。发动处有不善,就将这不善的念倒克了。须要彻根彻底,不使那一念不善潜伏在胸中,此是我立言宗旨。②

这句中重要的是阳明说的"一念发动处便即是行了"这一句。因此,阳明所说的"行",具备了特殊的结构和范畴。换句话说,阳明所说的"行"是超越所谓的行动所包含的所有身体活动,也包括了人的意识、思维、情感等内在的心理活动。阳明又用知行合一解释了《大学》中的"好好色"的句子,看好色属于"知",喜好色是属于"行"。看好色是一种自觉,通常属于"知"的范畴,但喜好色是一种心理活动,"行"是外在的客观的行为,所以喜好色很难属于该范畴。但范畴属于主观形式,并非以此来判断对与错,重要的是利用范畴如何解决当前面临的问题。"一念发动处便即是行了"可以理解为,从去恶角度针对"萌发的念想虽为不善,但未付诸行动时就不要制止"当时的风气和态度,意在纠正该风气和态度而采取的积极性作用。

事实上,阳明是为善去恶,即实践善的诚意,消除恶的私意视为"行"。这超出了一般意义上的实践行为的概念。为善是伴随着实际性的身体的实践活动,可以说成"行",但去恶在意念阶段消除私意,反而不伴随身体的实践活动,所以一般不能说是"行"。因此,阳明所说的"行",

---

① 《传习录》下。
② 《传习录》下。

超出了通常的"行"的范畴，包括了克服·消除从心萌发的，看不见的私意的自觉性活动。

2. 显：为善

事实上，阳明主张的"一念发动处便即是行了"，从为善去恶的道德修养的角度分析，只是强调去恶的一面。如果萌发的意念为善，那么，把这种萌发的念想，可以视为善行吗？阳明的主张是可以适用为去恶，但适用为善是有局限性的。那么，如何解决为善的问题呢？阳明对朱子学的先知后行说，进行了严厉的批判。

> 今人却就将知行分作两件去做，以为必先知了，然后能行，我如今且去讲习讨论，做知的工夫，待知得真了，方去做行的工夫。故遂终身不行，亦遂终身不知。此不是小病痛，其来已非一日矣。某今说个知行合一，正是对病的药，又不是某凿空杜撰。知行本体，原是如此。①

阳明说，阳明的知行合一的处方对象，不仅包括萌发的不善的意念，只要未"行"不要去制止的态度，也包括先通过学习知识，学到真知识才能实践学习的态度。这是不仅强调前面提到的去恶问题，还强调积极的为善。即，知道不善，即便是微不足道的，也要及时消除；知道为善，即便它是微不足道的，也要及时行，都在强调实践。

阳明指出，"真知即所以为行，不行不足谓之知"②，分析"知"和"行"在实际性实践活动过程中带有"合一"的含义，或指出"知如何而为温清之节，知如何而为奉养之宜者，所谓知也，而未可谓之致知。必致其知如何为温清之节之知，而实以之温清，致知其如何为奉养之宜者之知，实以之而奉养，然后谓之致知"③，强调具体的实践行为，即为善。这样，阳明的知行论中，"行"在去恶为善的伦理实践中，根据不同对象具有隐显的重层结构。

---

① 《传习录》上。
② 《传习录》中。
③ 《传习录》中。

三 王阳明"知行论"的道德教育意义

阳明看到的当时的世界是心和理、知和行分开的矛盾的世界。在相互矛盾相对立的世界中,《大学》的学、问、思、辨、行也分为知和行,随之形成了终生未知又未行的学风。这在当今道德教育中诱发同样的问题。朱熹重视知行关系中的"知",他的见解强调"通过教课学习的心性涵养"为基础。这种现象是把"知"局限在狭隘的道德规范相关的知识或伦理学理论相关知识上,加深了道德教育的弊端——知行的乖离。

阳明的具体教育方案的核心是学习和实践的合一教育。他主张知行合一说,重视实践行为。王阳明的学、问、思、辨、实践都是学习,没有只学不实践者,孝道或射箭是亲自实践或真正射箭后才能说学习了。他主张世上的一切学的东西,如果没有实践就不能说自己已经学了,因此学的开始既是实践。王阳明说的学习并不是与实践无关的学习,是包括了在现场所经历的直接实践经验的过程。

现在道德教育的最大问题在于,"知"却不实践于"行"。为了解决道德中"知"和"行"不一致的乖离问题,我们应正确分析了解阳明的知行合一说的正面观点和现在的道德教育为什么需要该理论,并分析该如何适用等问题。

阳明所说的学习是并不是与实践无关,是包括现场中直接积累实践经验的过程。因此,实践经验没有时间的先后性,是同时开始、同时执行、同时完成的"合一"过程。王阳明所说的人的"知"的知性活动是"行"的主义,即支撑人的行为,决定"为什么","往哪儿走"的理念、方向,等等。在这种意义上"行"是"知"的学习。换句话说,有了行,有了实际上体验,才能有真正的"知"。因此,他认为,知就是行的开始,行就是知的完成。

把阳明的知行论用于道德教育中的多种论议学习和与生活有密切相关的事例中,让学生们关注现实社会的道德问题,有助于解决该问题。生动的讲课有助于形成合理的判断力以及道德性实践,对强化价值判断力有很大效果。还有,以知行合一说为重点的课程教育,并不是以

"知"为主的抽象的教育，或学习现有、现成东西的权威性教育，而是在"现在，这里"，学习者自主参与，以自己最单纯的新的体验，学习真理的实践性体验主义教育。这就是王阳明的具体行为的练兵场上磨炼的（事上磨炼）的教育方法，也是追求理论和实践合一的"知行合一"的教育方法。

结　语

本文从概念的多义性观点出发，分析阳明的知行合一说中的"知"和"行"的重层性和结构，意在证明知行合一说是以道德实践为基础的，具有实证性的理论体系，探索对阳明的知行合一说的深层理解和实践意义。进行符合该目的论议，首先要分析其基本脉络和根本目的，理解阳明的知行合一说的整体性。阳明知行论中的"知"即良知，具有"条理创出的主体""自觉的是非判断""能动性实践意志"等重层意思，从"隐：去恶"和"显：为善"的重层结构分析了"行"。

学习恢复心的本体—良知，是指在其意念中消除私意，这是良知履行为实践行为的前提条件。同样，不被知行的本体——私意所切断，如同立言宗旨所说，即便未显现在具体行为上，但心中有不善的意念，应及时消除，并斩草除根，不留一丝一毫。这种切断心中的本体——良知的是私意，切断知行本体的也是私意，终究通过消除私意，恢复和呈现本体，达到同一目的不同的概念。这是其提倡致良知以后，把知行合一归为致良知的内在的理由之一。

阳明的知行论中所说的知即是良知，并不是对单纯的外在客观世界的认识论的"知"，包含在与对象的感应中，具有能主体性地创出符合情景的实践条理，且对是非进行判断，能动性地触发实践意志的重层意思。这种知的重层性，即前面提到的知行合一说的立言宗旨，即消除私意，恢复知行本体的必然要求。

阳明说，阳明的知行合一的处方对象，不仅包括萌发的不善的意念，只要未"行"不要去制止的态度；也包括先通过学习知识，学到真知识才能实践学习的态度。不仅强调前面提到的去恶问题，还强调积极的为善。即：知道不善，即便是微不足道的，也要及时消除；知道为善，即便它是微不足道的，也要及时行，都在强调实践。这就证明，阳明的知行论中的"行"，在去恶为善的伦理实践中，根据不同对象，具有不同的隐显的性层结构。还有，阳明的知行合一说，在提供解决"知"和实践背离的现阶段教育问题的理论依据上，有其道德教育的重大意义。

第四次工业革命时代下的共同体与阳明学的应用价值

——以人性教育领域为中心

◎ 〔韩〕赵智善*

一 第四次工业革命时代的特征

"第四次工业革命"是指以 ICT（Information and Communication Technology）为基础，在数据、生物学、物理学等多领域突破界限，相互融合的技术革命。第四次工业革命的特征为超链接性（Hyper‐connection）和超智能性（Hyper‐intelligence）。

我们已经步入超链接性社会。发达的信息通信技术将现实世界与虚拟世界相连接，将事物与网络相连接，使所有人与物的超越时空的连接成为可能。这种现象正在加速发展，而这种变化势必会给人类的生活带来巨大的变化。

不仅如此，第四次工业革命时代还具有"超智能化时代"的特征。"超智能化"是指人工智能（AI）与大数据相融合而形成的人工智能技术及相关产业结构的"超智能化"。如今，人工智能（AI）与大数据间的融合日益活跃。在这样的超智能化、超链接性社会中，作为与机器共存的人，我们将从何处寻求属于人类的固有性与本质性，又将如何应对这一变革呢？

二 第四次工业革命时代人性教育的必要性

第四次工业革命时代正以超越以往人类经历过的任何一次产业化过程

---

* 赵智善，韩国忠南大学哲学系副教授、博士。

的速度展开。第四次工业革命以数据革命为基础,在经济、工业等社会各领域掀起了以往未曾经历过的变化。第四次产业革命引领下的这些变化,不只局限于科学领域和经济领域。同时还引导了对于法律性、伦理性责任的问题,哲学思维问题,以及教育的作用与课题等众多相关问题的讨论。特别是在教育领域,培养适用于未来社会的人才的教育的作用与课题显得尤为重要。如此,第四次工业革命时代的教育当何去何从?

第一,超智能化指的是人工智能本身通过知识的融合与创造创意性地来解决问题的现象。超智能化发达之后,那么向来被认为是人类所独有的学习、认知、判断能力领域也将由机器代替。这就意味着人类的学习能力及智能将不再是人类固有特性的保证。如此一来,人类的智能之外,还将由什么来保证人类的固有性呢?笔者认为,人类所独有的固有特性乃是机器无法代替的人性,以及维持与存续共同体的关爱与共感。在人与机器的界限日渐模糊的当今社会,人类的本质性的确立无比重要。因此,应当更加强化与人类本质性相关的人性教育,以此来彰显人性与关爱、共感这一人类固有特性。

第二,第四次工业革命时代具有超链接性特征,它以信息通信技术为媒介,超越时间空间,将物与物,人与物相连接。这种超链接现象,产生了多样化形态的、相互间的网络系统,一个相互关联、复杂多样的共同体构建而成。所以,当今时代,共同体中应当遵守的共同体伦理和共同体意识的重要性更加突出。正因如此,在人性教育中,对象间的沟通和矛盾的解决方法也显得尤为重要。

总而言之,在以超智能化和超链接化为特征的第四次工业革命时代中,时代所要求的人性教育就是讲求个人层面上的本质意识的形成和共同体层面上的共同体意识的教育。

三 未来人性教育中阳明学的应用价值

前面提到,第四次工业革命时代需要通过人性教育来寻求人类的本质性,在超链接性的共同体当中恢复共同体意识、解决矛盾纠纷。接下来考察确立人类本质性和恢复共同体意识的方法,即囊括了道德性、社会性、关爱与共感意识的概念——良知,并借此来探讨第四次工业革命时代阳明哲学中人性教育的应用价值。

(一) 共感能力（真诚恻怛）

第四次工业革命的时代，可持续发展的人性教育方法必须要反应不断变化的共同体关系。那么超级链接，强调共存与协作的第四次工业革命时代所要求的人性教育是怎样的呢？第四次工业革命时代所要求的人性教育，应当要使所有处于多样化个体共同生存的共同体中的个人，养成作为一个共同体成员归属感，并强化其责任感，由此来巩固其在共同体中的自我认同感。为此，培养共感能力的教育就成为必需。

儒学重视关系性，是关于关系联结的卓越的思维体系。比如说，儒学强调的"仁"或"忠恕"，乃至"五伦"都是规定人与人之间的关系性的道德条目。阳明也在揭示选择圣学之路的原因的语句中强调了学问的共同体作用。

> 吾儒养心，未尝离却事物，只顺其天则自然就是功夫。释氏却要尽绝事物，把心看作幻相，渐入虚寂去了，与世间若无些子交涉。所以不可治天下。①

阳明通过圣学所阐述的不仅是道德自我的实现，同时也趋向与他者共存的自我。对阳明而言，对自我的认识不可与共同体分离开来，因此，个人的道德本性必须在共同体中通过适当的关系的确立来完成。

> 知是心之本体，心自然会知。见父自然知孝，见兄自然知弟，见孺子入井，自然知恻隐。此便是良知，不假外求。②

良知在与父母、兄弟的关系中分别体现为"孝"与"悌"的社会行动。在人与人的关系中，良知能够自然而然地主导与适合于各具体情况的"社会行动"（孝、悌、忠、信）。良知之所以能够根据各种具体情况主导相适应的道德行动，是因为良知具备"真诚恻怛"的能力。良知的"真诚恻怛"是说良知以共感能力来实现"真诚恻怛"，个人与他人关系间隙因此而消除，伤痛因此得以共鸣，天理（良知）是通过孝悌忠信的社会道德

---

① 《传习录》下，《黄省曾录》，270 条目。
② 《传习录》上，《徐爱录》，8 条目。

在我们的日常生活中反应并实现的。

> 盖良知只是一个天理自然明觉发见处,只是一个真诚恻怛,便是他本体。故致此良知之真诚恻怛以事亲,便是孝,致此良知之真诚恻怛以从兄,便是弟,致此良知之真诚恻怛以事君,便是忠。①

真诚恻怛之心的发见之处并不是与日常生活相背离的,而是在与邻里他人共同生活的日常之中。人的良知就是通过与日常生活中所面临的对象的每一瞬间的共感而实现的。因此,良知脱离了日常生活,脱离了与他人的关系的联结就不可能实现。

今天,我们正面临着第四次工业革命的潮流。人类首先应当解决对未来的不确定性问题,维持社会发展。但社会的维持不是单纯靠共同体成员的机械性的合作就能实现,而是要在构成共同体的个人相互间的共感与关爱中,对自身的私欲加以节制的同时,又要使多样化的个人的固有特性得以发挥,如此才能实现。因此,在共同体中构建自我、培养并实现共感能力和共同体意识的教育必须重视。阳明哲学强调"我"所具有的真诚恻怛之心在共同体中的发见,以此来构建健全的共同体。体现良知发见的教育绝不只是满足个人的道德实现的教育,而是超越了个体之"我",面向全体共同体成员的教育。因此,可以说在第四次工业革命时代背景下,阳明哲学的教育哲学价值就在于防止超个人化现象而产生的人际疏离,在日益复杂的关系网中维持共同体意识。

(二) 消除私欲以解决矛盾

世界经济论坛关于未来社会的人才应具备的素质问题所指出的关键词是社会情绪学习技术[social and emotional learning (SEL) Skills],其核心就是与他人良好的交流和协作的能力及素质。因此,未来的人性教育在于培养为共同体成员间矛盾纠纷提供解决方案的能力,培养掌握社会情绪学习技术,进而构建社会统合的能力。为了探寻实现社会统合问题中阳明哲学中的人性教育应用价值,我们首先要考察一下阳明是如何看待妨碍社会统合的反社会性行动的产生原因的,其次考察阳明哲学所揭示的解决矛盾

---

① 《传习录》中,《答聂文蔚二》,189条目。

纠纷的方法。儒学思想中，关于"恶"的问题的阐述离不开人的欲望的问题。阳明也是如此，他在认可人原本所具有的良知的同时，也承认私欲的存在。他认为私欲是引发竞争与争斗的原因，必须要消除这个私欲。① 与良知相反的私欲会助长生存在共同体中的各成员间的矛盾，使他们忘却相互依存的关系而走向对立，歪曲共同体的关系。以下阳明阐述了因人的私心而断绝相互关系的阴暗现象。

> 是以人各有心，而偏琐僻陋之见，狡伪阴邪之术，至于不可胜说。……妒贤忌能而犹自以为公是非，恣情纵欲而犹自以为同好恶。相陵相贼，自其一家骨肉之亲，已不能无尔我胜负之意，彼此藩篱之形，而况于天下之大，民物之众，又何能一体而视之？则亦无怪于纷纷藉藉，而祸乱相寻于无穷矣。②

为了社会的维持和存续，有碍于共同体生活的私欲应当被消除；并且这个私欲也会遮蔽与他者形成共感的良知，因此必须要去除掉。那么阳明所揭示的去除私欲的方法是怎样的呢？

阳明认为，心即天理，所以心乃是工夫的出发点。③ 阳明以心为工夫之出发点的原因在于，他认为良知与心无二。在阳明看来，良知就是天理。④ 因此阳明认为，私欲遮蔽了天理（良知），要将私欲的根源一一找出来，"拔本塞源"，使心达到纯粹的天理（良知）状态。这样，一切的心的作用都将成为"心体之流行"。

> 若有妨碍，理亦宜去，去之而已。偶未即去，亦不累心。若着了

---

① 《传习录》中，《答聂文蔚》，180条目："后世良知之学不明，天下之人用其私智以相比轧，是以人各有心，而偏琐僻陋之见，狡伪阴邪之术，至于不可胜说；外假仁义之名，而内以行其自私自利之实，诡辞以阿俗，矫行以干誉，揜人之善而袭以为己长，讦人之私而窃以为己直，忿以相胜而犹谓之徇义，险以相倾而犹谓之疾恶，妒贤忌能而犹自以为公是非，恣情纵欲而犹自以为同好恶，相陵相贼，自其一家骨肉之亲，已不能无尔我胜负之意，彼此藩篱之形，而况于天下之大，民物之众，又何能一体而视之？则亦无怪于纷纷藉藉，而祸乱相寻于无穷矣。"
② 《传习录》中，《答聂文蔚》，180条目。
③ 《传习录》下，《黄以方录》，321条目："故我说个心即理，要使知心理是一个，便来心上做功夫，不去袭义于外，便是王道之真。此我立言宗旨。"
④ 《传习录》中，《答欧阳崇一》，169条目："良知是天理之昭明灵觉处，故良知即是天理。"

一分意思，即心体便有贴累，便有许多动气处。……只在汝心。循理便是善，动气便是恶。①

阳明拔本塞源的工夫作为一种培养与他人、共同体共存的人的教育方法可应用到人性教育当中。在共同体生活中，抛却个人的利己之心，通过成员间的交流沟通消除矛盾、寻求解决方案，这样的过程可使学习者认识到合作的重要性。未来的人性教育的趋向就是培养共同体意识，解决成员间的矛盾。所以说，将心中的私欲在其萌芽的瞬间彻底克服的②"拔本塞源"工夫法，是消除矛盾之根源——私欲，保存并实践良知的工夫法。应该说，第四次工业革命时代，这种"拔本塞源"的过程作为以共同体的维持和存续为目标的共同体层面的人性教育方法，具有其应用价值。

（三）关系性自我观的形成与实现

如今，人类的理性能力得到无限开发，日益发达，甚至取得了可称为"第四次工业革命"的科学发展成就。然而与此同时，人类也面临着诸如气候异常引发的自然灾害、新型疾病等新的灾难。环境学家们认为，这类现象已经超出了自然的自我净化范围，是由于自然的破坏而发生的。现在，哪怕是为了生存，我们也应当从以人类为中心认识世界的无关系性世界观中脱离出来。与西方的人类中心主义不同，东方关于人与自然的观点强调人类与自然的关系性。阳明认为万物的价值与人的价值等同，以下引文很好地体现了他强调、重视人与自然的关系性的观点。

> 大人者以天地万物为一体者也。其视天下犹一家，中国犹一人焉。……大人之能以天地万物为一体也。非意之也，其心之仁本若是，其与天地万物而为一也。……是故苟无私欲之蔽，则虽小人之心，而其一体之仁犹大人也。一有私欲之蔽，则虽大人之心，而其分隔隘陋犹小人矣。故夫为大人之学者，亦惟去其私欲之蔽，以自明其明德，复其天地万物一体之本然而已耳。③

---

① "传习录"上，《薛侃录》，101条目。
② "传习录"下，《黄直录》，226条目："发动处有不善，就将这不善的念克了。须要彻根彻底，不使那一念不善潜伏在胸中。此是我立言宗旨。"
③ 《王阳明全集》卷26，《大学问》。

阳明的"大学问"很好地体现了他的"天地万物一体"的观点。这个观点认为，人的作用是将作为道德本性的良知扩充到宇宙万物的范围，自然万物与我为一体。在阳明看来，达到了与天地万物为一体的目标的人，是具有了圣人之心的人，这也正是阳明所向往的理想形象的人。

> 夫圣人之心，以天地万物为一体，其视天下之人，无外内远近。凡有血气，皆其昆弟赤子之亲，莫不欲安全而教养之，以遂其万物一体之念。天下之人心，其始亦非有异于圣人也，特其间于有我之私，隔于物欲之蔽，大者以小，通者以塞，人各有心，至有视其父子兄弟如仇仇者。圣人有忧之，是以推其天地万物一体之仁以教天下，使之皆有以克其私去其蔽，以复其心体之同然。①

圣人不执着于自身利益，而视万物为一体，是实现了万物一体的存在。圣人之心以天地万物为一体，因此无内外之分，亦无远近之分。即，无论任何存在皆不分而视之，以同样的观点，同样的感情，体察天下所有存在。阳明的圣人观中就蕴含着这种不以天下万物分而视之的关系性。天地万物一体说是阳明良知论的深化境界，在此基础上的人性教育，将囊括人与天地万物在内的共同体视为关系形成中发挥中枢性作用的存在，是以关系性的自我形成为教育目的的教育。而完成了关系性自我的模型在阳明哲学中就是圣人。

第四次工业革命时代相适应的人性教育所要构建的关系性自我，是在超链接化的社会成员间、不同国家间，甚至高度强化的人工智能之间也能够相互共感、沟通的关系性自我。阳明哲学强调通过与所有对象的关系联结来实现关系性自我的形成，这正是阳明哲学在第四次工业革命时代人性教育的应用价值所在。

结　语

超链接化、超智能化为特征的第四次工业革命时代的变革是不可违逆的时代潮流，这个潮流已经开始了。人工智能的超智能化现象要求人类从

---

① 《传习录中》，《答顾东桥书》，142条目。

知性之外寻求人类独有的固有性和本质性。并且，超链接化现象要求我们养成新的共同体意识和更高级的问题解决能力，为迎接未来更加复杂多样的共同体做准备。为了维持人类存在的持续性，必须要做好应对时代的变化的准备。与此同时，在教育方面，与以"超链接""超智能化"为特征的第四次工业革命时代相符合的教育功能也是时代的要求，让我们为解决这一教育课题而努力。

第四次工业革命时代我们追求的教育有以下几点。首先，人类区别于机器的人类独有的固有性，应当从人类的共感能力中寻求，第四次工业革命时代的教育就是要培养这个共感能力的教育。阳明的良知具有真诚恻怛的能力。良知的真诚恻怛作为一种共感能力，发见于日常生活中具体情况发生的每一瞬间，真诚恻怛的良知，使得个人与他人能够消除隔阂，共感伤痛。为了形成共同生存的共同体，阳明哲学强调我所具有的良知在共同体中的发见。作为一种共感能力的真诚恻怛的良知有所发见的教育，应当是超越了个人的，为共同体全体成员的教育。

其次，尽管人具有共感能力，但人类社会还是有无尽的争斗与纠纷，这是为什么？消除争斗与纠纷、实现社会统合是人性教育的重要课题。为了解决这一人性教育课题，我们探寻了阳明哲学中的人性教育价值，即以去除私欲来解决矛盾。私欲与良知相反，正是这个私欲助长共同体成员间的矛盾，使之相互对立，从而造成共同体关系的歪曲。因此阳明主张以"去人欲，存天理"的拔本塞源的工夫法实践共同体社会的共存与生活，以此来去除私欲。拔本塞源的方法作为一种解决矛盾纠纷的人性教育方法，在共同体关系及结构更加复杂的第四次工业革命时代具有重要意义。

最后，第四次工业革命时代所要求的人性教育是构建关系性自我的教育，在他人与共同体间，甚至高度强化的人工智能间，也能实现相互沟通的关系性自我。阳明眼中的天地万物，并不是与自身无关的对象。天地万物一体说正是阳明良知论的深化境界，以此为根据的人性教育强调在包括人类与天地万物在内的共同体中，人是关系形成中发挥中枢性作用的存在。因此，立足于阳明的天地万物一体说的人性教育就是以关系性的自我形成为教育目标的教育。

第四次工业革命时代的阳明学之意义与价值
——以王阳明的教育观为中心

◎〔韩〕金容载*

引 言

从整个人类的历史来看,旧石器时代大约开始于70万年前,新石器时代大约开始于一万年前。接着,经过青铜器与铁器时代之后,人类文明逐渐进入农业经济社会。而且,在西方文明进入大航海时代之后,他们不但发现新大陆,且依靠廉价的劳动力开创了工业革命时代。18世纪后期蒸汽机的发明揭开了第一次工业革命的序幕,而且到19世纪后期,随着电力的发明,以大量生产为主的制造业得以发展。这样的变化是正式开启机械化与工业化时代的信号。到20世纪后期,随着网络的出现,人类文明进入了知识与信息共享的全球性的体制。① 这样,从旧石器时代到第一次工业革命时代,人类文明经过了很长的时间才得到发展。可是,从第一次工业革命(18世纪后期)到帝国主义时代,而再到知识与信息共享的时代(20世纪后期的第三次工业革命),其整个时间只不过200年而已。

罗素或托夫勒等著名学者指出,在以工业化或机械化为骨干的世界体系(从18世纪到20世纪)中,西方世界可以保持中心的地位。但到21世纪中期以后,世界的中心与周边的关系有随时逆转的可能性。这意味着什么?网络让世界各国变得更加紧密。知识与信息也不再是少数人所垄断

---

* 金容载,韩国诚信女子大学教授。
① 这一时期,世界各国呼喊"全球化"的口号,强调共同繁荣,但个别国家面临着内在矛盾,进入低增长时代。

的，而成为可以共享的商品。可是在面临这样的文明革命时，人类所感到的，比起惊讶，恐惧更先，例如现在很多人担心机器人会夺取我们的工作机会。我们都知道，随着职业的结构发生变化，我们社会不断发生冲突与纠纷。更何况现在是第四次工业革命开始的人类社会的转换期。[①] 人工智能机器人的登场将必然导致大量失业，且会引起价值观的转移及职业结构的变化。第四次工业革命可能会给人类带来前所未有的迅速变化。

由于人工智能的发展，我们不能停留于人际关系的空闲，而为了生存可能需要考虑与机器人如何构成关系。这样的想象并不是虚幻的。如果人工智能不光取代人类的劳动，进而像人类那样具有情感的话，人类与人工智能之间好像可以出现友谊，甚至需要考虑如何建立共同体。不仅如此，我们社会的各种生活方式或制度有可能面临全面性变化的局面。例如，儒家传统所强调的"五伦"关系也会丧失其存在基础。我们甚至有可能需要创造"六伦"或"七伦"等新德行。

在这样的状况下，我们人类不得不重新提出有关人类本质的问题，且对这些问题不断加以反省。从传统儒学的理想来看，自然不是剥削的对象，而是敬畏的对象。儒家强调，人类以外的他者并不是人类的手段或工具，而是具有固有价值的共存对象或伙伴。我们现在要做的是，重新建立人类的价值体系与道德原则，以探讨如何实现人之为人的本质与义务。

一 良知：在寻找幸福之前，我们应该思考什么才是人的真正本质与生命

"良知"一词在阳明学占有核心地位，同时是在儒家经典中富有哲学性的概念之一。这个概念原先出现于《孟子》一书，和"良能"一起出现。我们要注意，"良能"在时间和空间上先于"良知"。人们生来就不学习而会落实行动（良能），人之所以这样行动，其中必有不学习而会做是

[①] 所谓"第四次工业革命"一词首次出现于2016年的达沃斯论坛。这个社会的核心基础是AI（Artificial Intelligence）技术、ICT（Information Communication Technology）技术、Big Data 技术、Mobile 技术等。

非判断的道德智慧（良知），如同康德的定言令式。①

"良知"这一哲学概念并不是为了享受"幸福生活"而需要的前提条件，而是为了肯定每个人能够又应当享受真正的生命而需要的前提条件。与人工智能的发展同时，幸福的含义也逐渐具有多种多样的面貌，因此每个人的幸福的判准也会天差地远。虽然如此，我们绝不可忘记我们所以感到幸福的前提条件，即是为人所当为的义务。这是为了享受真正的生命与生活不可缺少的判准。阳明学不但可以帮助我们在当代社会中探索人类的终极理想，且可以给我们提示人类行为的动力与根源。人工智能绝对不可能有良能和良知。

如果我们再上溯到其渊源，阳明学所强调的良知，不但是孟子所提出的概念，同时是与孔子所说的"仁"具有内在连续性。"仁"是在人与人之间产生的德性之总称，又是内在于人性的普遍原理。这同时含有审美感性层面。"仁"与"良知"指的是天生的知识与行为方式的起点，像我们在发痒时就挠，在闻到臭味时就掩鼻一样。不仅如此，"仁"与"良知"不限于天生的行为，进而含有是非判断的能力，即包括区分善与恶或是与非的能力。孔子说："由也，千乘之国，可使治其赋也，不知其仁也。"这一段话也可以从同一个脉络中理解。

数字通信（digital）时代急剧发展，我们却开始怀念模拟通信（analog）时代。笔者将这两个词结合起来称为"Digilog"。所谓"缓慢的美学"也是代表"Digilog"时代的感性之口号。在人工智能时代的环境下，我们人类将更加渴望人情味，而且会被充满情感的姿态与性格吸引。

对于做坏事和恶行的人，我们通常骂他而说"你就不是人"。我们嘲笑他，鄙视他。但现在情况发生了变化。人工智能有可能会用嘲讽的口吻说："你们只不过是人类而已。"过去，告诫与批判只在人际关系中发生，但时代已经有所变化。我们人类不久会被具备大容量的大数据与运算法则的程序嘲笑和指责。在这个时代，我们再也不能说"错误为人类的一部分"。为了消除失误，人工智能登场了。而且只有使用完美的人工智能的人才不会犯错误。只有这样的人才能够成为周围称赞和羡慕的对象，又成

---

① 康德的著名"定言令式"是如此：第一，"只依据那些你可以同时愿意它成为普遍法则的准则行动"；第二，"行动时对待人性的方式是，不论是自己或任何一个他人，绝对不能当成只是手段，而永远要同时当成是目的"。

为受到尊敬的领袖。

笔者认为,如果说在第四次工业革命时代里有能够重新回顾人类的哲学,那么可以说这是阳明学。为什么呢?因为阳明学是十分重视人类的主体性、能动性、创造性的哲学。阳明学的新作用就是加强以"良知良能"为基础的人性和品德教育,而且可以迅速地制定与此相符的教育课程。这里所说的教育的关键在于保持人之为人的价值的人性教育或人格教育。应该注意的是,阳明学所说的人格教育不能像过去那样在东方与西方哲学(或东方与西方伦理学)的框架下被构成。因为,到目前为止,整个教育只着重于精神层面,尤其是形而上方面的理性层面,无法兼顾理性、感性、意志三个因素。这样的教育理论过于强调理性对感性或意志的控制能力。与此不同,在人工智能时代,我们必须从感性层面去重新观察人类。当然,与逻辑能力相关的人类理性也该充分发挥其作用。但我们不可忘记,东方哲学基本上是基于以道德为主的情感层面的,而不是基于以逻辑为主的理性层面的。无论王阳明的"良知"还是孔子的"仁",都在理性与感性的调和与均衡上理解人类的道德性。

二 亲民:我们要重视的不是对"优劣"的区分,而是对"差异"的肯定,亲民就是这种关怀与同感的符号

"亲民"一词也常常出现于阳明学思想中,且富有哲理性的概念。[①]"亲"表示良知自然呈现出来而扩大到社会关系的形态。这里蕴含着我和他人之间的"关怀"与"同感"。就是说,这里所说的"宽容"并不意味着承认"优劣"之分的态度,而是意味着承认彼此间的"差异(多样性)"的态度。

被称为韩国的王阳明的霞谷郑齐斗(1649~1736),他虽然身为贵族(两班),且生活在身份制度严格的朝鲜时代,还主张"废除奴婢制度,废

---

① 朱子的《大学章句》采取"新民"。但王阳明固守"亲民"一词。这里所谓"亲"是从"父母(亲)"的意思延伸出来的。其内涵就是说,像父母与子女关系一样,君主与百姓的关系也应当保持亲密的关系。如此看来,亲民的关系不是基础于逻辑关系或对利益的考量上,而基础于人与人之间的自然情感或亲近感。

除两班制度",甚至主张"给予妇女改嫁的权利"。[①] 这就是"良知"的发用和扩充,也是人情味的出发点。阳明学之力量就根源于"亲民"。阳明学所以能够改善世界的动力在于"亲民"思想的扩充。如果面对"定理(以往的原则)"无法解决现实的问题时,阳明学却着眼于每个人都具有的普遍良知,以重新创造具有适宜性的新原则。这是为我们提供从"过去有过的"原则转移到"未来该有的"原则之力量。如《论语·学而》所说:"学而时习之",孔子也强调该顺着时代精神而承担其责任。

以格物穷理的累积而达到豁然贯通的境界,这就是朱子学工夫理论的关键所在。如此,朱子学重视对外在对象的探索与理解。与此不同,阳明学所关注的是内在于人心的纯粹本然之良知,以及如何确立人类之能动性和主体性的问题,所以更着重于人之为人的本质。其过程或完成就是所谓"致良知"。以对人类本来面目的无限信赖为基础,阳明学十分肯定我们足够建立富有创造性与变革力量的人文主义文化。我们在此了解阳明学的当代意义所在。

三 反主知主义:王阳明充实地继承孔子的教育哲学

就韩国社会而言,养育小学生或中学生的父母在孩子放学回家时,通常问道:"今天在课堂上学习什么?"或"今天好好听老师的话吗?"可是犹太人具有不同的教育观。他们问孩子:"今天在课堂中向老师提问什么?"真正的学习或工夫是什么?它应该不是跟着老师死记硬背。在日常生活的多样多彩的经验中,自己不断提出有哲学性的质疑的过程,这才是真正的学习或工夫。

有趣的是,韩国的父母所强调的"学习",即"今天在课堂上学习什么?"的提问所蕴含的学习,接近培养理论知识的"学文"概念。反之,犹太人所谓"学习"所指的是"学问"概念,即在不断提出质疑中探索自己的价值观与理想的过程。值得一提的是,传统儒学所强调的不是"学文"概念,而是"学问"概念。从儒家传统来看,孔子所说的学习的终极目标不在于成为很有逻辑的知识分子,而在于实践博学、审问、笃行,以

---

① 郑齐斗:《霞谷集》卷22,《札疑》。

达到道德人格。

我们不难发现在《论语》中不断提及学问（学）与实践（行）或语言（言）与实践（行）的关系，例如说："子曰，'弟子，入则孝，出则悌，谨而信，泛爱众，而亲仁。行有余力，则以学文。'"孔子被称为"万世师表"，用现代语言来说，其身份可说是私立大学的校长。他在子贡与漆雕开所提供的学堂里专心教书。他除了从事大司寇的几年之外，几乎没有直接参与政治活动。这里引文中的"弟子"，不是指一般老百姓的子孙，而是指贵族的子孙或年轻官僚。其理由是什么？如果考察古代房屋的结构，可以知道"出"或"入"这些字只能使用于父母与子孙的对空间有所区分的贵族家庭。由此可以知道，孔子的一句话，是为了警告或教训贵族子孙或年轻官僚的。孔子的劝告，其意思是说，真正的学问不在于背诵文字，而在于具体实践。就知行的先后问题而言，这意味着实践优先于知识。[①]

在孔子的语言里，"孝""悌""谨""信""爱众""亲仁"等都属于具体实践。孔子的意思是说，在这六个实践之后，还有剩余力量，就学习文献知识（学文）。值得注意的是，如前面所说，这段话的末尾所使用的也不是"学问"而是"学文"。"学文"只不过是学习文献而已。背诵文字或读书是次要的，具体行动才是首要的。如此说来，孔子的教育观含有以具体实现为先的"反主知主义"特质，就是说理性知识的累计仍然是第二次性的。

王阳明的"知行观"也与孔子的观点有密切关系。朱子学的教育观偏向于形上学或理论知识（思辨知识）层面，且重视对天理的探究，故未必符合于以"实践儒学"为主的先秦时期的孔孟思想。所以，在朱子学系统里"格物穷理"工夫占有核心地位。换句话说，接触客观对象（即物）而研究万事万物的理（穷理）的过程，即运用人类理性而增加对万事万物的知识的主知主义的过程成为朱子学的教育方向。这里所谓"主知主义（intellectualism）"是指比起意志或情感更重视知性或理性的教育哲学之一。这当然要求"先知后行"的态度。这样的教育思想的终极目标归结于荒凉

[①] 下一段内容也含有"行有余力，则以学文"的态度。"子夏曰：'贤贤易色，事父母能竭其力，事君能致其身，与朋友交，言而有信，虽曰未学，吾必谓之学矣。'"

的理性主义或区分优劣的合理主义一路,故其目的也偏向对理论知识的掌握。过去,不少士大夫固守这样的哲学,追求取得进士第和身份上升。多数官僚也不能脱离同样的价值观,属于既得权力阶层的执政者也采取了伏地不动的态度。因此,我们无法期待他们发挥改革力量和实践能力。

到明代,王阳明"知行合一论"的目的之一就是突破"主知主义"教育哲学的限制。从学习者的角度来看,"工夫"一词可以取代"教育"一词。"工夫"一词源于"功扶"。就学习者而言,工夫是为了成功而做的不断努力的过程。值得注意的是,"功扶"应该带着具体实践。只通过书上的理论学习或死记硬背的活动,不能达到"功扶"境界。"功扶"一词含有身体锻炼的意思,类似于练武功的意思。这锻炼贯穿于心与身两面,且带着培养人格的含义。孔子也认为,心的锻炼才是真正的工夫,也是好学者的重要条件。在他看来,好学者的心就是能够控制愤怒的本然之心,同时是不重犯同样的错误的反省之心。[①] 总之,我们可以说,"功扶"就是包括身心的修养与内心的反省这两个层面的实践过程,同时是养心的工夫。

以上所说的工夫不异于"致良知"工夫,也归结于"事上磨练"的反省与修养过程。"致良知"可以说是圆满呈现良知(心的本体)的工夫,也是完成人性的过程。"致良知"的关键在于如何扩充人之为人的本来面目的问题。它绝不是像朱子学那样着重于探究外在事物的理,而且"事上磨练"是不断反省我的良知是否圆满呈现的过程。我们应该扩充良知而达到扪心无愧的状态。到这样的境界之后,我们的知识与行为才能合一。王阳明的教育和工夫,包括知行合一的实践,而借此我们可以发挥以万物为一体的感应能力,且参与全人类的和平共存。我相信,面对第四次工业革命时代的巨大变化,阳明学的哲学思想足以让我们不但可以寻找真正自我,且守护人之为人的本质。

[①] 《论语·雍也》,"哀公问:'弟子孰为好学?'孔子对曰:'有颜回者好学,不迁怒,不贰过,不幸短命死矣,今也则亡,未闻好学者也。'"

图书在版编目（CIP）数据

王学研究.第十一辑／陆永胜，刘继平主编.--北京：社会科学文献出版社，2020.3
ISBN 978-7-5201-5466-6

Ⅰ.①王… Ⅱ.①陆…②刘… Ⅲ.①王守仁（1472～1528）-哲学思想-文集 Ⅳ.①B248.25-53

中国版本图书馆 CIP 数据核字（2019）第192243号

王学研究（第十一辑）

主　　编／陆永胜　刘继平

出 版 人／谢寿光
责任编辑／卫　羚

出　　版／社会科学文献出版社·人文分社（010）59367215
　　　　　地址：北京市北三环中路甲29号院华龙大厦　邮编：100029
　　　　　网址：www.ssap.com.cn
发　　行／市场营销中心（010）59367081　59367083
印　　装／三河市尚艺印装有限公司

规　　格／开　本：787mm×1092mm　1/16
　　　　　印　张：18　字　数：286千字
版　　次／2020年3月第1版　2020年3月第1次印刷
书　　号／ISBN 978-7-5201-5466-6
定　　价／89.00元

本书如有印装质量问题，请与读者服务中心（010-59367028）联系

版权所有 翻印必究